rororo

Katrin Halfmann, Jahrgang 1969, ist Erzieherin, Diplom-Psychologin, Berufsschullehrerin und Mediatorin (BM). Sie unterrichtet an einer Fachschule mit Fachrichtung Sozialpädagogik und Heilpädagogik. Darüber hinaus ist sie freiberuflich als Mediatorin tätig, erstellt psychologische Gutachten im Rahmen von Adoptionen und bietet Fortbildungen für Lehrkräfte und Unternehmen an. Sie lebt in Lübeck.

Katrin Halfmann

Haltung

Ein Praxisbuch für
mehr Professionalität im
pädagogischen Alltag

Mit einem Vorwort von
Friedemann Schulz von Thun

Rowohlt Taschenbuch Verlag

3. Auflage Februar 2026
Originalausgabe
Veröffentlicht im Rowohlt Taschenbuch Verlag,
Rowohlt Verlag GmbH, Kirchenallee 19, 20099 Hamburg, März 2023

Covergestaltung zero-media.net, München
Coverabbildung FinePic®, München
Satz aus der Franziska bei Dörlemann Satz, Lemförde
Druck und Bindung CPI books GmbH, Leck
ISBN 978-3-499-01003-3

Kontaktadresse nach EU-Produktsicherheitsverordnung:
produktsicherheit@rowohlt.de

FSC
www.fsc.org
MIX
Papier | Fördert
gute Waldnutzung
FSC® C083411

Inhalt

Vorwort von Friedemann Schulz von Thun 9

Einleitung 13

1 Was ist Haltung? – Eine Begriffserhellung 19

1.1 Im Zentrum einer Haltung stehen Einstellungen, Überzeugungen und Werte 22

1.2 Haltungen können generell oder sehr spezifisch sein 23

1.3 Der «ganze» Mensch hat (bzw. ist) seine Haltung 24

1.4 Hinter Haltungen verbirgt sich innere Vielfalt 27

- 1.4.1 *Das Innere Team* 27
- 1.4.2 *Vielfältige Haltungen innerhalb einer Person* 31
- 1.4.3 *Haltung als Ergebnis innerer Vielfalt* 33

1.5 Haltungen entstehen früh und entwickeln sich lebenslang 34

1.6 Haltungen sind beständig und beweglich zugleich 38

1.7 Haltungen können mehr oder weniger bewusst oder reflektiert sein 41

1.8 Haltungen sind mehrdimensional 43

- 1.8.1 *Die vier Seiten einer Haltung zu anderen* 43
- 1.8.2 *Wirkungen auf das Gegenüber* 46
- 1.8.3 *Wirkungen auf die eigene Person* 49

2 Was macht eine Haltung professionell? 52

2.1 Haltung reflektieren – nachdenkliche Gespräche mit sich selbst 59

- 2.1.1 *Wie ich wurde, wer ich bin* 60
- 2.1.2 *Was mich leitet und wie ich sein will* 78
- 2.1.3 *Wie ich jetzt bin* 80

2.1.4 *Was mich hält* 81
2.2 Haltung finden – Werte und Tugenden 84
2.2.1 *Würde* 84
2.2.2 *Tugenden* 94
2.3 Haltung einnehmen – Verantwortung übernehmen 116
2.3.1 *Verantwortlichkeit für die eigentliche Aufgabe* 117
2.3.2 *Verantwortlichkeit für das eigene Fühlen, Wollen, Denken und Handeln* 123
2.3.3 *Verantwortlichkeit für die eigene Wirkung* 130
2.3.4 *Grenzen der eigenen Verantwortlichkeit* 131
2.4 Haltung (er)leben – ganz bei mir und ganz bei dir 132
2.4.1 *Präsenz* 133
2.4.2 *Begegnung* 139
2.4.3 *Pädagogische Beziehung* 146
2.5 Haltung wahren – die Kunst der Selbststeuerung 158
2.5.1 *Selbstkompetenzen* 158
2.5.2 *Innere Führung – das Oberhaupt* 162
2.5.3 *Erstreaktion und professionelle Zweitreaktion* 166
2.6 Haltung zeigen – Zivilcourage im beruflichen Alltag 171
2.6.1 *Was ist Zivilcourage?* 171
2.6.2 *Hilfreiche innere Teammitglieder für zivilcouragiertes Verhalten* 174
2.6.3 *Innere Bedenkenträger* 176
2.7 Haltung verkörpern – die innere Profimannschaft 178
2.8 Haltung schützen – Umgang mit Stress 191
2.8.1 *Stress schadet der Haltung* 191
2.8.2 *Ist das Oberhaupt am Ruder?* 195
2.8.3 *Innere Stressverstärker* 198
2.8.4 *Wechselwirkungen zwischen inneren und äußeren Bedingungen* 204
2.8.5 *Professionelle Haltung erhöht die Stressresistenz* 206

3 Haltung weiterentwickeln – aber wie? 209

3.1 Weckrufe 210
3.2 Inspirationen 213
3.3 Fachwissen 214
3.4 Reflexion von Praxissituationen 216
3.4.1 *Der Blick auf die eigene Haltung – ein Haltungscheck* 217
3.4.2 *Der Blick auf die innere Vielfalt – die Arbeit mit dem Inneren Team* 228
3.4.3 *Der Blick auf den anderen – der Perspektivwechsel* 235
3.4.4 *Der systemische Blick – Teufelskreise und Auswege* 239
3.4.5 *Den Blick weiten – vielfältige Hypothesen* 243
3.4.6 *Der Blick auf das Gute – aus dem Gelingen lernen* 244
3.4.7 *Einen neuen Blick wagen – das eigene Denken in Bewegung bringen* 245
3.5 Innere Teamentwicklung 246
3.5.1 *Stärkung eines Teammitglieds* 247
3.5.2 *Transfer eines Teammitglieds aus einem anderen Lebensbereich* 248
3.5.3 *Die Integration unliebsamer innerer Anteile* 249
3.5.4 *Neueinstellung eines Teammitglieds* 253

4 Gemeinsam Haltung zeigen – Kultur entwickeln 255

4.1 Ansteckende Wirkungen 257
4.2 Führungskultur 258
4.3 Kollektive Reflexion 260
4.3.1 *Wie wir wurden, wer wir sind* 260
4.3.2 *Was uns leitet und wie wir sein wollen* 261
4.3.3 *Wie wir jetzt sind* 262

4.4 Feedbackkultur 263
4.5 Fehlerkultur 265
4.6 Kollegiale Unterstützung 268

Nachwort 272

Danksagung 279
Literatur 281

Vorwort
von Friedemann Schulz von Thun

Der Begriff «Haltung» wird seit einigen Jahren viel gebraucht und auch sehnsuchtsvoll beschworen. Es komme darauf an, Haltung zu bewahren, zu zeigen, zu wagen! Dahinter steckt der Wunsch, dass besonders Menschen mit Macht und Einfluss deutlich *für* etwas stehen und dann auch *dazu* stehen und *dahinter*stehen – statt mit geschmeidiger Rhetorik auf den wechselnden Wogen der Opportunität zu surfen. Wenn etwa Wirtschaftsführer oder Politikerinnen nicht nur auf Profitabilität oder Stimmengewinne setzen (das müssen sie natürlich auch!), sondern in erkennbarer Verantwortung für das Gemeinwohl handeln, dann dürfen wir Hoffnung schöpfen für unser Land, für unseren Planeten.

Haltung! Was ist das eigentlich? Kann man sie beobachten, messen? Nein, aber man kann sie ergründen. Sie ist etwas «Zugrundeliegendes» und kann sich in Standpunkten und Entscheidungen zeigen, in Äußerungen und Verhaltensweisen, in Einstellungen und Ausrichtungen der Persönlichkeit und auch in der Körpersprache. Nicht jede Haltung verdient eine positive Wertung. Die Forderung «Ausländer raus!» drückt z. B. durchaus eine klare Haltung zur Migrationsfrage aus – aber ist sie auch menschlich wertvoll und politisch klug?

Katrin Halfmann geht all diesen Fragen nach, und zwar besonders und speziell für die Pädagogik – für den Umgang mit Kindern und Jugendlichen. Denn da fängt alles an, und was hier gelingt und misslingt, hat noch lange Folgewirkungen, sowohl für das individuelle Leben als auch für das gesellschaftliche Miteinander.

Ich habe ihr Buch mit großem Gewinn gelesen, und zwar in allen vier Abschnitten: (1) Haltung – was ist das eigentlich? (2) Was zeichnet eine Haltung im pädagogischen Kontext als professionell aus? (3) Wie kann ich eine Haltung, die Menschlichkeit und Professionalität miteinander verbindet, entwickeln und weiterentwickeln? Und (4) wie schaffen wir gemeinsame Haltungen in der Kultur unserer Institution?

Allein schon dieser klare Aufbau ist eine starke Säule der Verständlichkeit. Wichtiger noch dürfen Sie in diesem Buch eine immerwährende Verknüpfung von allgemeinem Gedanken und konkretem Praxisbeispiel erwarten. Katrin Halfmann ist als Psychologin und Pädagogin viel im Einsatz gewesen, hat viel erlebt und klug reflektiert. Gerade in prekären Situationen kommt es auf die Haltung an – so viel verstehen wir bald! Besonders hier wird sie erkennbar, und besonders hier benötigen wir sie als inneren Kompass, um auch ohne differenziertes Nachdenken erst einmal handlungsfähig zu sein: Die Stunde der Reflexion schlägt dann später.

Was hat das Thema «Haltung» in einer Reihe «Miteinander-reden-Praxis» zu suchen? Wann immer jemand in einer verzwickten Situation vor der Frage steht «Wie reagiere ich hier am besten?», dann ist vor jeder Verhaltensempfehlung und vor jedem Verhaltenstraining die Vorfrage zu klären: Wie stehen Sie dazu? Welche Haltung nehmen Sie dazu ein? Davon hängt Ihre stimmige Kommunikation ab! Angenommen, Ihr vierjähriges Kind lügt Sie an. Wie beurteilen Sie die Situation? Sehen Sie darin einen schweren Vertrauensbruch, eine nahezu kriminelle Verfehlung? Dann würde es passen, dem Kind ernsthafte moralische Vorhaltungen zu machen und womöglich eine schwere Strafe zu verhängen – jedenfalls die Sache nicht auf die leichte

Schulter zu nehmen. Wenn Sie hingegen der entwicklungspsychologischen Erkenntnis folgen, dass Kinder nicht nur lügen, um einer Strafe zu entgehen, sondern damit auch eine «kognitive Eigenständigkeit» experimentell erproben, dann werden Sie vielleicht auf das «Flunkern» mit augenzwinkernder Gelassenheit reagieren wollen. Das heißt: Sie gehen mit einer anderen Haltung an die Sache heran – an die Sache und an den Menschen. Weiterhin ist es möglich und sogar wahrscheinlich, dass Sie in dieser Frage mehrere Seelen in Ihrer Brust haben: Die eine ist schwer enttäuscht und empört, eine andere ist belustigt über die kindliche Kreativität, die dem Flunkern zugrunde liegt. Und nun? Wahrscheinlich sind beide inneren Wortmeldungen nicht dumm, und die Weisheit und pädagogische Professionalität entsteht in der Vereinigung beider Haltungen, sodass es weder zu einer Kriminalisierung noch zu einer Bagatellisierung kommt.

Insbesondere das Modell vom Inneren Team und das Wertequadrat kommen hier zum Tragen, und es trifft sich gut, dass Katrin Halfmann «vor 100 Jahren» bei mir Kommunikationspsychologie studiert hat. Weiterhin entdeckt sie das gute alte Kommunikationsquadrat als ein Modell, das die vierfache Ausrichtung einer Haltung anderen gegenüber vor Augen führt. Die Autorin bedient sich all dieser Modelle und bereichert sie oft mit liebevollen und kreativen Visualisierungen – so wird uns als Leserin, als Leser die geistige Arbeit zur Freude.

Und noch etwas ist besonders: Immer wieder werden Sie mit inspirierenden Fragen eingeladen, die Inhalte und Gedanken auf sich selber zu beziehen, nach eigenen Beispielen zu suchen und mit Ihrer eigenen Praxis anzudocken.

Meine Haltung zu diesem Buch: ein spannendes und wichtiges Thema, kundig entfaltet – ein echter Gewinn nicht nur für Pädagog:innen! Ich lege es Ihnen ans Herz – und sollten Sie ähnlich ticken wie ich, werden Sie es nicht bereuen, es durchgelesen und auch ein wenig durchgearbeitet zu haben!

Friedemann Schulz von Thun,
März 2022

Einleitung

Wenn Sie in verantwortlicher Position mit Menschen arbeiten, kommt es auf Ihre Haltung an.

Stimmen Sie dem zu? Könnten Sie anderen erklären, was diese Aussage konkret bedeutet?

Der Begriff «Haltung» oder auch «professionelle Haltung» wird viel verwendet, aber selten konkretisiert. Es gibt offenbar ein implizites Wissen darüber, was (für den Einzelnen) eine (professionelle) Haltung ausmacht, denn Haltung wird in der Praxis immer wieder eingefordert, ohne sie näher zu definieren. Eine Haltung scheint auf das Gegenüber spürbar zu wirken und einigermaßen treffsicher erkannt zu werden. Schon als Kind hatte ich – wie alle Schulkinder – einen deutlichen Eindruck von der Haltung meiner Lehrkräfte. Nun habe ich als Lehrerin, Psychologin und Fortbildnerin die Aufgabe, eine professionelle Haltung zu praktizieren und andere bei der Reflexion und Entwicklung ihrer Haltung zu unterstützen. Dafür muss ich jedoch verstehen, um was es genau geht.

Auf der Suche nach Erklärungen habe ich Fachliteratur durchforstet und die gelebte Praxis in den Blick genommen. Aus meinem ursprünglichen Anliegen, den Begriff «professionelle Haltung» in seiner praktischen Bedeutung zu verstehen, um schließlich angehende Profis bei der Entwicklung einer solchen unterstützen zu können, ist letztlich dieses Buch entstanden. Es besteht aus vier Teilen:

Was genau ist das – Haltung? Dieser Frage gehe ich im ersten Kapitel nach und erläutere acht Merkmale, die Haltungen kennzeichnen. Im beruflichen Kontext ist eine professionelle (pädagogische) Haltung gefragt. Was wir uns darunter vorstellen können und welche vielfältigen Anforderungen sie zu erfüllen hat, ist Inhalt des zweiten Kapitels. Kaum jemand bringt eine solche Haltung von Anfang an mit. Wir können sie bewusst (weiter)entwickeln. Wie das möglich ist, stelle ich anhand von konkreten Methoden und Praxisbeispielen im dritten Kapitel vor. Das vierte Kapitel erweitert den Blick von uns als Person auf ein ganzes Team, eine Institution. Unsere Haltung kann in Zusammenarbeit mit gleich bzw. ähnlich Gesinnten eine besonders hohe Wirksamkeit entfalten. Wie dies gelingen kann und welche Fallstricke lauern können, ist Gegenstand dieses letzten Kapitels.

Um Haltungen sichtbar, fühlbar und schließlich auch bearbeitbar zu machen, verwende ich kommunikationspsychologische Modelle, die Friedemann Schulz von Thun entwickelt bzw. in die breite Öffentlichkeit getragen hat – allen voran das Innere Team (Schulz von Thun, 1998). Nach meiner Erfahrung eignet es sich besonders gut, um in der Selbstreflexion und der Reflexion von erlebten Praxissituationen an der Professionalisierung der eigenen Haltung zu arbeiten. Alle Modelle stelle ich jeweils an der Stelle des Buches vor, an der sie erstmals Verwendung finden, und vertiefe sie im Zuge der weiteren Kapitel. Eine ausführliche Einführung in die praktische Anwendung für den Eigengebrauch finden Sie in Kapitel 2.2.2 und 3.4.

Die zahlreichen Praxisbeispiele stammen aus dem «echten» Leben, d. h. aus meinem Umgang mit Studierenden, Lehrkräften und anderen pädagogisch Tätigen. Aus Datenschutzgründen sind sie durch erfundene Namen anonymisiert und teilweise stark verfremdet.

Mein Anliegen ist es, Sie dazu einzuladen, mitzudenken und Ihre eigenen Erfahrungen mit dem zu verbinden, was Sie lesen.

Dafür finden Sie immer wieder Impulse zur Selbstreflexion. Ich verwende dabei absichtsvoll die «Du-Form», um Sie direkter anzusprechen.

Meine kleinen Illustrationen mögen Ihnen zur Veranschaulichung dienen und Sie dazu ermutigen, gegebenenfalls selbst zum Stift zu greifen. Nach meiner Erfahrung können Zeichnungen helfen, eine innere Distanz zu dem zu bekommen, was uns gerade beschäftigt, Verworrenes auf den Punkt zu bringen und dem ernsthaften, analytischen Blick auf eine Situation etwas Intuition, Leichtigkeit und Humor an die Seite zu stellen – vor allem dann, wenn sie keinem künstlerischen Anspruch zu genügen haben.

Wenn Sie in einem pädagogischen Arbeitsfeld tätig sind, wie z. B. in einer Schule, Kita oder der Jugendhilfe, gehören Sie zu denen, auf deren Haltung es ankommt. An Sie habe ich beim Schreiben gedacht. Sie werden sich in einigen Praxisbeispielen möglicherweise wiederfinden. Doch auch wenn Sie in einem anderen Arbeitsfeld zu Hause sind, können Sie profitieren – der Ruf nach einer professionellen Haltung beschränkt sich nicht auf die Pädagogik.

Das vorliegende Buch enthält keine neue Theorie zum Begriff der Haltung. Mein Ziel ist es, den Haltungsbegriff in unmittelbarem Zusammenhang mit der gelebten Praxis zu erfassen. Dabei erhebe ich keinen Anspruch auf Vollständigkeit. Es ist der Versuch, Klarheit zu schaffen, d. h. ein umfassenderes und genaueres Bild davon zu vermitteln, wovon wir sprechen, wenn wir sagen: «Auf die Haltung kommt es an!»

Zugleich möchte ich Ihnen Impulse für einen persönlichen Entwicklungs- und Professionalisierungsprozess geben. Hier zu investieren lohnt sich! Eine professionelle Haltung ist ein gut geeichter innerer Kompass, der uns auch dann Orientierung im beruflichen Alltag bietet, wenn es turbulent und schwierig zugeht. Davon profitieren einerseits wir selbst und andererseits die Menschen, um die es bei unserer Arbeit geht.

Wenn Sie sich beim Lesen fragen, ob eine pädagogische Haltung, die sich professionell nennen kann, tatsächlich menschenmöglich ist, möchte ich Sie ermutigen. An sich selbst und seiner Weiterentwicklung zu arbeiten, betrachte ich nicht als Mühsal, sondern als einen absichtsvoll initiierten Wachstumsprozess, der freudvollere und weniger belastende berufliche Beziehungen und eine höhere Arbeitsqualität verspricht. Es geht mir nicht darum, Ihnen eine mustergültige Haltung als Blaupause anzudienen. Ich will Sie einladen, sich selbst besser kennenzulernen, Ihre Wirkung auf andere zu erkunden, Ihrem Wesen und Ihren Werten treu zu bleiben und sich zugleich auf einen Entwicklungsweg zu begeben. Dabei strebe ich an, was Friedemann Schulz von Thun «Souveränität höherer Ordnung» nennt. Er grenzt sie vom Ehrgeiz einer «Souveränität erster Ordnung» ab, sich jederzeit makellos und brillant zu präsentieren (Pörksen und Schulz von Thun, 2014).

«Die **Souveränität höherer Ordnung** strebt ebenfalls an, den Herausforderungen des Lebens gewachsen zu sein, gewachsen zu werden, mit allen dafür erforderlichen Kompetenzen. Jedoch gestehe ich mir hier Schwächen, Irrtümer und Begrenzungen zu, auch dass ich zuweilen ratlos, melancholisch, empfindlich, hilfsbedürftig, gelähmt und unbedacht bin, mich womöglich schuldig gemacht habe. Und indem ich dies nicht als kläglich angehörig, sondern als menschlich zugehörig ansehe, erkenne ich es als Teil der humanen Realität an. Mir fällt, indem ich mir Fehlbarkeit zugestehe, kein Zacken aus der Krone – im Gegenteil: Die Krone der Menschlichkeit wird jetzt erst wirklich» (Pörksen und Schulz von Thun, 2014, S. 87–88).

Wir können unsere Haltung also auch und besonders im Umgang mit uns selbst kultivieren!

Wenn Sie sich gerade in Ausbildung oder Studium befinden, wird es Ihnen vorrangig darum gehen, die Weichen für eine erfolgreiche pädagogische Arbeit in der Zukunft zu stellen. Wenn Sie dagegen bereits in der Mitte oder am Ende Ihrer beruflichen Laufbahn angekommen sind, wird Ihr Blick zunächst auf Ihre bisherige Praxis fallen. Vielleicht sind Sie bereits seit Langem dem Haltungsbegriff auf der Spur und finden hier vertraute Gedanken wieder. Wo auch immer Sie gerade stehen und wie auch immer Ihr Arbeitsalltag aussieht – sollte ich Sie zum Mit- und Weiterdenken, zu Ideen für Ihre gelebte Praxis oder zur Selbstreflexion inspirieren können, hat es sich für mich gelohnt, dieses Buch zu schreiben.

1 Was ist Haltung? – Eine Begriffserhellung

Ein Blick in die Praxis: *Es ist Freispielzeit in einer Kindertagesstätte. Wie immer ist es trubelig. Die Erzieherin hat damit zu tun, bei Bedarf zu assistieren, zu ermutigen, zu trösten, Freude zu teilen, mit einzelnen Kindern das gemeinsame Frühstück vorzubereiten, die Einhaltung von Regeln einzufordern, Streit zu schlichten und den Überblick zu behalten. Moritz braucht Hilfe beim Toilettengang. Die Erzieherin kommt mit ihm in den Waschraum und sieht dort den dreijährigen Igor. Er steht vor dem Waschbecken und hält seine beiden Hände dicht unter den Wasserhahn. Mit der Bewegung seiner Hände lenkt er den kräftigen Wasserstrahl mal gegen den Spiegel, mal gegen seinen Körper, mal nach rechts oder links. Die Erzieherin sieht auf dem Boden große Pfützen, Igors Kleidung ist vorne schon ganz durchnässt. Er scheint die Erzieherin und Moritz nicht zu bemerken, blickt konzentriert auf seine Hände und leckt sich immer wieder das Wasser von seinen Lippen.*

Versetze dich in die Situation der Erzieherin. Welche Gedanken und Gefühle würde diese Situation in dir auslösen? Wie würdest du spontan reagieren?

Schauen wir uns hypothetisch die unterschiedlichen Reaktionen von drei verschiedenen Erzieherinnen an.

Inga Schmidt reagiert ärgerlich und ruft mit vorwurfsvoller Stimme: «Ach herrje, Igor! Mach sofort das Wasser aus! Was soll das denn? Ab jetzt darfst du nicht mehr ohne Begleitung in den Waschraum!» Sie denkt daran, dass Moritz Zeuge des Schauspiels ist und nicht auf die Idee kommen sollte, diese «Sauerei» nachzumachen. Man weiß ja nie!

Catarina Faller ruft staunend: «Wow, Igor! Du kannst das Wasser ja in alle Richtungen lenken! Das spritzt ordentlich, was?» Ihr war aufgefallen, dass Igor in der Kita äußerst zurückhaltend ist und kaum eigene Initiativen zeigt. Sie freut sich, dass er hier offenbar aus eigenem Antrieb das Wasser und seine Eigenschaften erkundet und dabei ganz in seinem Element ist. Ihr ist bewusst, dass Kinder durch solche Experimente viel lernen können.

Betül Akgül reagiert gestresst: «Oh nein! Mach schnell aus! Schau doch mal, wie es hier aussieht! Du bist ja klatschnass!» Sie denkt daran, dass es gleich Mittagessen gibt und vorher alle Kinder zum Händewaschen ins Bad müssen. Wann soll sie das hier alles trocken kriegen und Igor auch noch komplett umziehen?

Die spontane Reaktion der jeweiligen Erzieherin wird vor dem Hintergrund ihrer pädagogischen Haltung erfolgen. Doch was genau ist da im Hintergrund, das deutlich spürbar das jeweilige Verhalten beeinflusst? Die Kolumnistin Mely Kiyak schreibt über Menschen, die sie als Vorbilder empfindet: «Die Haltung, die ihrem Handeln zugrunde liegt, ist wie ein Licht. Es beleuchtet ihr Tun, wo sie auch stehen, wo sie auch gehen» (Kiyak, 2018, S. 47–48). Was aber verbirgt sich hinter diesem Licht? Und was führt dazu, dass es leuchtet?

Der Begriff «Haltung» ist ein Konstrukt, d. h., wir gehen fest davon aus, dass es Haltungen gibt, können sie aber nicht direkt beobachten oder gar messen. Wir können psychologische Konstrukte wie Intelligenz, Kreativität oder eben auch Haltung nur mithilfe von beobachtbaren Indizien annähernd beschreiben – was in der empirischen Wissenschaft «Operationalisierung» genannt wird. Sie in ihrer Gänze zu erfassen bleibt ein

Vorhaben, welches über die reine Beschreibung von Sichtbarem hinausgeht. Die Empirie stößt hier an ihre Grenzen. Schon in der Antike haben sich Philosophen wie Aristoteles unter den Begriffen «hexis» und «habitus» mit Haltung befasst (Roick, 2016, S. 25 ff.). In den letzten 20 Jahren sind Forschende der ethischen und anthropologischen Philosophie, der Psychologie, Pädagogik, Schulpädagogik und der Hirnforschung diesem Konstrukt verstärkt auf der Spur. Sie betrachten und beschreiben Haltung aus verschiedenen wissenschaftlichen Perspektiven und kommen zu Definitionen oder Beschreibungen, die Übereinstimmendes enthalten, aber auch unterschiedliche Aspekte fokussieren und benennen. In der Gesamtschau der gesichteten Literatur und nach eingehender Auseinandersetzung mit dem Phänomen Haltung kristallisieren sich folgende wesentliche Aspekte heraus:

Die acht Aspekte von Haltung

1. Im Zentrum einer Haltung stehen Einstellungen, Überzeugungen und Werte.
2. Haltungen können generell oder sehr spezifisch sein.
3. Der «ganze» Mensch hat (bzw. ist) seine Haltung.
4. Hinter Haltungen verbirgt sich innere Vielfalt.
5. Haltungen entstehen früh und entwickeln sich lebenslang.
6. Haltungen sind beständig und beweglich zugleich.
7. Haltungen können mehr oder weniger bewusst oder reflektiert sein.
8. Haltungen sind mehrdimensional.

1.1 Im Zentrum einer Haltung stehen Einstellungen, Überzeugungen und Werte

Das, was wir als richtig, sinnvoll und wertvoll empfinden, ist Kern unserer Haltung. Dies können Einstellungen sein wie beispielsweise «Schwule sind besonders hilfsbereit und fürsorglich», Überzeugungen wie «Jedes Fehlverhalten hat seinen guten Grund, den es zu erforschen gilt», oder Grundwerte wie «Die Würde des Menschen ist unantastbar». Einer Haltung können einzelne Glaubenssätze zugrunde liegen wie «Wer dazugehören will, muss sich anpassen» oder Grundüberzeugungen wie «Vertrauen ist gut, Kontrolle ist besser!». Begriffe wie «inklusive Haltung» oder «systemische Haltung» kennzeichnen ganze Haltungspakete. Im Paket der inklusiven Haltung stecken z. B. das Anerkennen und Würdigen von Verschiedenheit, das Bemühen um Teilhabemöglichkeiten für jeden Menschen und die Orientierung an Ressourcen. Die systemische Haltung beinhaltet u. a. die Überzeugung, dass jeder Mensch Situationen auf seine sehr individuelle Weise erlebt, d. h., seine eigene subjektive «Wahrheit» bildet, und dass bei Fehlverhalten oder psychischen Beeinträchtigungen meist nicht ein einzelner Mensch, sondern das Zusammenspiel von Menschen «gestört» ist. Grundhaltungen oder Geisteshaltungen beinhalten, neben einem Geflecht von Werten und Überzeugungen, ein Grundgestimmtsein anderen Menschen, sich selbst und der Welt gegenüber. Wir können z. B. eine wohlwollende, misstrauische, vertrauensvolle, zuversichtliche oder ängstliche Grundhaltung haben. Dies hat Auswirkungen auf unser Menschenbild. Es kann besagen, dass Menschen grundsätzlich gut oder schlecht sind – oder beides zugleich.

1.2 Haltungen können generell oder sehr spezifisch sein

Haltungen sind immer gerichtet – wir haben eine Haltung zu anderen, zu uns selbst oder zu bestimmten Sachverhalten oder Fragestellungen (Kurbacher, 2016, S. 150). Diese enthält immer auch Bewertungen der Situation bzw. des Gegenübers. Im Grunde bereitet uns unsere Haltung innerlich auf das vor, was kommen mag, und versetzt uns in einen Zustand, der uns dabei behilflich sein kann, eine Situation einzuordnen, gegebenenfalls Entscheidungen zu treffen und entsprechend zu reagieren.

Stelle dir folgende Situation vor: Du bist zu Hause, es klingelt. Du öffnest die Tür. Vor der Tür stehen zwei Zeugen Jehovas, die mit dir über Gott sprechen wollen.
Mit welcher Haltung begegnest du ihnen? Was empfindest du? Was sagt dein Bauchgefühl? Was denkst du? Wie ist deine Körperhaltung? Wie könnte deine Haltung von deinem Gegenüber wahrgenommen werden?
Nun stelle dir vor, vor der Türe stehen nicht die zwei Zeugen Jehovas, sondern ...
... ein Nachbarskind, das sich ausgesperrt hat und nun nicht weiß, was es machen soll;
... zwei Polizisten mit ernster Miene;
... der Paketbote mit einem bestellten Paket;
... eine Freundin – Überraschungsbesuch!
Mit welcher Haltung begegnest du deinem jeweiligen Gegenüber? Was empfindest du? Was sagt dein Bauchgefühl? Was denkst du? Wie ist deine Körperhaltung? Wie könnte deine Haltung von deinem Gegenüber wahrgenommen werden?

Wir haben unterschiedliche Haltungen unterschiedlichen Menschen oder Menschengruppen gegenüber, die zum Ausdruck kommen, wenn wir an sie denken, ihnen begegnen oder über sie sprechen. Zusätzlich können wir Haltungen bestimmten Situationen gegenüber einnehmen – so kann es sein, dass wir eine sehr offene, liebevolle Haltung unserer Freundin gegenüber hegen, aber Überraschungsbesuche nicht schätzen und daher ungewöhnlich distanziert reagieren, wenn sie plötzlich vor der Tür steht.

Die Philosophin Frauke Annegret Kurbacher (2016) unterscheidet einen weiten und einen engen Haltungsbegriff. Im weiten Sinne haben wir Grundhaltungen, die uns kaum bewusst sind. Sie sind da, haben sich im Laufe unserer Sozialisation entwickelt und bilden die Basis unseres Tuns, ohne dass wir darüber nachdenken. Dagegen gibt es auch Haltungen im engeren Sinne, die wir zu bestimmten Fragen, Menschen oder Sachverhalten bewusst und selbstbestimmt einnehmen. Hier fühlen wir uns autonom und frei und können absichtsvoll Haltung entwickeln und zeigen. So können sich unsere Haltungen z. B. auf konkrete Fragen beziehen wie «Wie stehe ich zum Gendern in der Schriftsprache?» oder auf Grundsätze des Lebens oder Zusammenarbeitens.

1.3 Der «ganze» Mensch hat (bzw. ist) seine Haltung

Einstellungen, Überzeugungen und Werte allein machen noch keine Haltung aus. Eine Haltung wird nicht nur im Kopf gedacht, sondern mit «Leib und Seele» gelebt. Sie kommt von Herzen. In ihrer Definition von «Professioneller pädagogischer Haltung» sprechen Kuhl, Schwer und Solzbacher von «authentischem Selbstbezug» (Kuhl et al., 2014, S. 107). Wir machen uns unsere Einstellungen, Werte und Überzeugungen so zu eigen, dass sie sich in unserem Denken, Fühlen, Wollen und Handeln niederschlagen und ein Teil von uns und unserer Identität werden.

Unsere innere Haltung uns selbst und der Welt gegenüber zeigt sich in gewisser Weise daran, wie wir stehen und wie wir uns bewegen – geduckt und unterwürfig, steif und starr, aufrecht und offen. Haltungen haben eine mentale und körperliche und immer auch eine emotionale Seite. Unsere Überzeugungen beeinflussen unsere Gefühle und umgekehrt. Wer davon ausgeht, dass Obdachlose betrunken und gewalttätig sind, empfindet vermutlich Unbehagen beim Zusammentreffen mit ihnen oder allein schon beim Gedanken an Obdachlose und macht einen Bogen um sie. Dieses Unbehagen kann dazu führen, weitere ablehnende (Vor-)Urteile zu entwickeln wie «Obdachlose täuschen ihre Armut nur vor» oder «Obdachlose sind an ihrem Elend selbst schuld». Dies wiederum beeinflusst unseren Willen, uns für sie (politisch oder praktisch) einzusetzen oder gerade nicht.

Wenn wir dagegen etwas mit einer Haltung der liebevollen Fürsorge tun – z. B. das Nachbarkind unterstützen, welches sich ausgesperrt hat –, äußert sich dies in unserer Gefühlslage, Mimik, Gestik und Stimme. Unsere Haltung zeigt sich darin, was wir tun, und vor allem, wie wir etwas tun.

Haltungen können sich auch in der eigenen Körperwahrnehmung niederschlagen. Das passende Bauchgefühl ist ein meist verlässlicher Indikator, ob eine Haltung stimmig ist. Wenn wir z. B. aufgrund von Einrichtungsregeln oder dem Erwartungsdruck anderer Menschen Erziehungsmaßnahmen umsetzen, die uns und unserer Grundhaltung eigentlich zuwiderlaufen, sind diese (hoffentlich) von einem flauen Bauchgefühl begleitet. Es hat sich im Laufe unserer Sozialisation als Wegweiser entwickelt und tut dies weiterhin. Wenn unsere Haltung und die ihr zugrunde liegenden Werte von anderen verletzt werden, merken wir das in aller Regel in Form von körperlichem Unbehagen, vielleicht sogar körperlich spürbarer Empörung – Bauchgrummeln, Engegefühl in der Brust, Verspannung u. v. m. Das Bauchgefühl zeigt uns, ob eine Haltung wirklich verinnerlicht ist.

Wir können uns Haltungen durch Überzeugungen aneignen, also vom Kopf ausgehend, sie können aber auch intuitiv und in gelebter Praxis, sozusagen aus dem Bauch heraus, entstehen und zu einem Teil von uns werden. Die zugrundeliegenden Überzeugungen werden uns erst dann bewusst, wenn unsere Haltung in Konfrontation mit anderen gerät, wenn sie «herausgefordert wird» (Weber-Guskar, 2016, S. 189).

Ein starkes Rückgrat kann gegebenenfalls notwendig sein, um sich gegen äußere Widerstände den eigenen Überzeugungen und Werten gemäß zu verhalten, um Haltung zu zeigen. Haltung zeigen kann in anderen Situationen wiederum bedeuten, sich aus Taktgefühl oder um seiner Werte willen selbst zu kontrollieren, sozusagen sich selbst gegenüber Rückgrat zu zeigen, die eigenen Impulse nicht ungebremst nach außen zu tragen und die eigenen Bedürfnisse zurückzustellen. Die Philosophin Eva Weber-Guskar (2016) spricht von «Haltung als Selbstverhältnis, in dem man Emotions- und Handlungsdispositionen gestaltet» (Weber-Guskar, 2016, S. 188–189). Wir regulieren unsere Gefühle und unser Verhalten mehr oder weniger stark, wenn wir Haltung zeigen. Haltung impliziert daher nicht nur Einstellungen und Werte, sondern auch die Art und Weise, wie wir mit ihnen und unseren Emotionen umgehen. Der Mensch ist also in seiner Einheit gefragt!

1.4 Hinter Haltungen verbirgt sich innere Vielfalt

Häufig kann von innerer Einheit allerdings nicht die Rede sein. Mal will der Kopf anders als der Bauch, mal ist das Rückgrat den Anforderungen der eigenen moralischen Ansprüche einfach nicht gewachsen. Wir Menschen sind vielschichtige und vielfältige Wesen mit unterschiedlichen Impulsen, Meinungen, Gefühlen und Erwartungen. Manchmal alles zur selben Zeit. Vor allem in nicht eingeübten Situationen, die unmittelbare Reaktionen erfordern, zeigt sich unsere Haltung – aber auch unsere innere Vielfalt. Wie häufig stehen wir verdattert da und wissen nicht weiter, sind innerlich hin- und hergerissen oder handeln wie ferngesteuert und ärgern uns später darüber.

1.4.1 Das Innere Team

Das **Modell des Inneren Teams** des Kommunikationspsychologen Friedemann Schulz von Thun (1998) eignet sich gut, um die Prozesse sichtbar zu machen, die sich in Bezug auf unsere Haltung(en) im Inneren abspielen. Es geht davon aus, dass es in einem Menschen zu einer Situation oder einer Fragestellung normalerweise unterschiedliche Impulse, Gedanken oder Gefühle gibt, die verschiedenen inneren Anteilen zugeordnet werden können. Wir sind selten mit uns selbst «ein Herz und eine Seele», sondern bemerken, wenn wir genauer in uns hineinhören, meistens verschiedene Stimmen, die sich zu Wort melden und sich nicht immer einig sind. Im Modell des Inneren Teams betrachten wir diese als **innere Teammitglieder**, die alle eigene Gefühle, Interessen oder Bedürfnisse haben und untereinander eine eigene Dynamik entwickeln. Einige sind laut, andere leise und zaghaft. Einige melden sich schnell, andere erst eine Weile später.

So kann es sein, dass in der eingangs beschriebenen Wasserhahn-Situation alle drei Erzieherinnen sowohl etwas Ärger («Ach herrje, muss das jetzt sein?!») als auch etwas Stress («Wie soll ich das alles wieder trocken kriegen?») als auch etwas Freude («Wow, Igor lernt ganz viel!») empfinden – das eine mehr, das andere weniger. Entscheidend für ihre Reaktion ist, welcher Impuls schnell zur Stelle ist, welcher dominiert, welchen sie zulässt und welchen oder welche (es kann auch eine Kombination von mehreren sein) sie schließlich in welcher Form äußert.

Trotz unserer inneren Vielfalt sprechen wir nicht von «Wir», sondern von «Ich». Das, was wir dabei «Ich» nennen, ist die Führungskraft unseres Inneren Teams, die Schulz von Thun das **Oberhaupt** nennt. Wie eine gute Teamleitung muss das Oberhaupt zusehen, wie es alle unsere inneren Teammitglieder unter einen Hut kriegt, um als Gesamtperson handlungsfähig zu sein. Es versucht idealerweise, alle im Blick zu behalten und angemessen einzusetzen.

Eine vertiefte Betrachtung des Oberhauptes und seiner Bedeutung für eine professionelle Haltung findet sich in Kapitel 2.5.2.

Das Modell des Inneren Teams lebt von seiner Visualisierung. Dabei geht es nicht um Schönheit oder künstlerische Qualität, sondern um Praktikabilität. Einfache Strichmännchen reichen. Es wird zunächst ein Kopf mit einem großen Bauch aufgemalt. Hierein werden dann nach und nach die Inneren Teammitglieder eingezeichnet, die sich zu einer konkreten Fragestellung zu Wort melden. Sie bekommen alle einen passenden Namen und eine typische Botschaft in eine Sprechblase geschrieben. Gegebenenfalls werden sie mit Gesten, Symbolen oder einem passenden Gesichtsausdruck versehen. Der Kopf steht für das Oberhaupt.

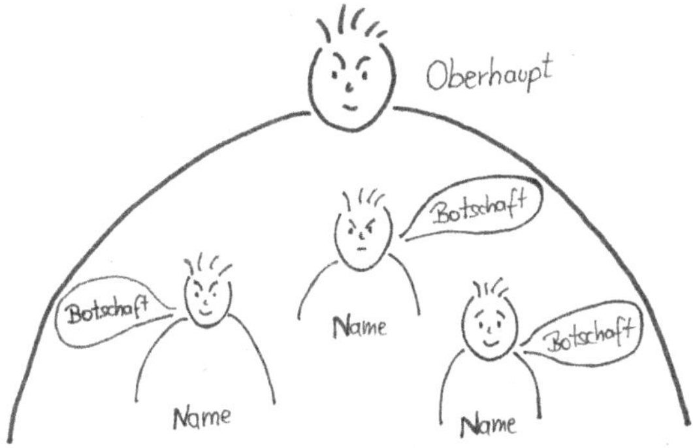

Das Modell des Inneren Teams (vgl. Schulz von Thun, 1998)

Das Aufmalen ist wichtig, weil sich die Wirkung des Modells erst voll entfalten kann, wenn wir unsere inneren Anteile und die dadurch entstandene Dynamik bildlich vor uns sehen. Dadurch können wir uns von dem, was in uns vor sich geht, emotional leichter distanzieren und es von außen betrachten. Indem die inneren Teammitglieder als «Wesen» bildlich dargestellt werden, aktivieren wir unterschiedliche Hirnregionen, die jeweils für analytische oder eher assoziative Prozesse zuständig sind. Diese Verbindung ermöglicht es uns auch, unseren Blick zu erweitern und uns von einseitigen Bewertungen und Interpretationen zu lösen. Nachhaltige und auch kreative Lösungen werden hierdurch wahrscheinlicher.

Die Erzieherin Catarina Faller spürt in der oben beschriebenen Situation mit Igor zunächst die «Pädagogin» in sich, die Igor und seine Entwicklung im Blick hat. Sie freut sich über jeden kleinen Fortschritt und nimmt wahr, dass er heute in der Kita etwas Neues wagt.

Auch die «Bildungssensitive» in ihr vermutet, dass es sich hier keineswegs um Unsinn oder Böswilligkeit handelt, sondern um einen spontan entstandenen kindlichen Forschungsprozess. Sie ist davon überzeugt, dass sich Kinder beim Spielen selbst bilden. Ihre Haltung ist offen und neugierig. Sie hat das Vertrauen, dass Igor einen subjektiv guten Grund dafür hat, mit dem Wasser zu experimentieren, und interessiert sich dafür.

In ihr meldet sich aber auch die «gestresste Alltagsmanagerin», die genervt reagiert und der Experimentierfreude von Igor Grenzen setzen möchte. Sie trägt hier die Verantwortung, der Tagesablauf muss weitergehen, und es bleibt an ihr und ihrer Kollegin hängen, dafür zu sorgen, dass das Bad und Igors Kleidung trocken und benutzbar sind.

Auch eine «Ressourcenbewusste» macht auf sich aufmerksam. Ihr ist es ein Anliegen, mit der kostbaren Ressource Trinkwasser sparsam hauszuhalten.

Als ungutes Gefühl macht sich schließlich eine «Grenzwächterin» bemerkbar. Ihr ist es wichtig, Kindern gutes Benehmen beizubringen. Sie weist darauf hin, dass Igor solche Experimente nicht nach Belieben überall machen sollte und dass es auch nicht gut wäre, wenn nun alle Kinder, z. B. beim Händewaschen vor dem Essen,

Inneres Team von Catarina Faller zur Wasserhahn-Situation

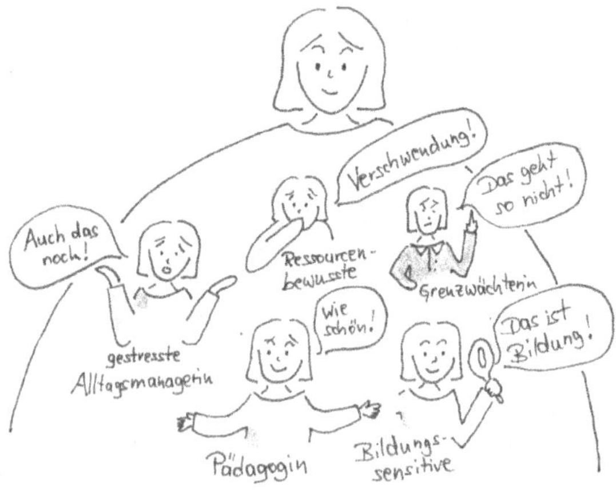

mit Wasser im Bad herumspritzen. Igor sollte lernen, auch auf die Bedürfnisse und Grenzen anderer Rücksicht zu nehmen.

1.4.2 Vielfältige Haltungen innerhalb einer Person

Nicht selten kommt es innerhalb einer Person zum Kampf verschiedener Haltungen. Mehrere innere Teammitglieder ringen dann darum, Gehör zu finden und sich durchzusetzen.

Der Referendar Lukas Hempel hat noch eine recht unklare Haltung – man könnte auch sagen, unterschiedliche Haltungen – zu der Frage, wie mit Lernenden umzugehen ist, die häufig der Schule fernbleiben.

Wenn er mit dem Kollegen G. spricht, der ein konsequentes Vorgehen mit schulrechtlichen Konsequenzen anmahnt, wird der «Ordnungshüter» in ihm wach: «Ich denke auch, da müssen wir hart vorgehen. Wo kämen wir hin, wenn jeder kommt oder nicht kommt, wie es ihm gefällt!?»

Später spricht er mit dem Kollegen L. Dieser macht darauf aufmerksam, dass es für die Jugendlichen meist «gute» Gründe gibt, warum sie fehlen. Diese herauszufinden müsste oberstes Gebot sein. «Das leuchtet mir ein», findet Lukas. «Vielleicht liegt ja irgendeine Not vor! Wir müssten sie auf jeden Fall ansprechen und fragen, was los ist. Durch gnadenlose Sanktionen machen wir vielleicht alles noch schlimmer!» Der «Empathische» in ihm ist nun ganz in seinem Element.

Zu Hause klagt sein Sohn: «Schule ist ätzend! Wir machen nichts, was mich interessiert!» «Hm», entgegnet Lukas nachdenklich, «was müsste denn passieren, dass sich Schule für dich lohnt?» In ihm meldet sich plötzlich ein «Qualitätsbewusster», der darüber nachdenkt, ob die Schule wirklich so gestaltet ist, dass sie von Lernenden als sinnvoll erlebt wird.

Schulz von Thun bezeichnet es als «reziproke Hervorlockung», wenn wir uns von der Ausstrahlung unseres Gegenübers so beeinflussen lassen, dass die dazu passenden inneren Stimmen hervorgelockt und aktiv werden (Schulz von Thun, 1998, S. 249ff.).

Dieses Phänomen des Herauslockens einzelner Teammitglieder durch das Gegenüber kann auch kontrastierend bzw. «komplementär» (ebd.) sein. In Diskussionen ertappe ich mich hin und wieder dabei, dass ich Haltungen vertrete, die im Gespräch noch nicht vertreten sind, die aber, aus meiner Sicht, zur Vervollständigung einer – in der Sache – angemessenen Haltung eine wichtige Rolle spielen sollten. So kommt es zu einer Art Kontrastverstärkung. Wenn mein Gegenüber einseitig die Vorteile von etwas herausstellt, übernehme ich zuweilen die Rolle des kritischen Bedenkenträgers und umgekehrt.

1.4.3 Haltung als Ergebnis innerer Vielfalt

Die Innere Vielfalt kann lästig sein und innere Konflikte heraufbeschwören. In ihr verbirgt sich allerdings auch eine große Chance. Wenn eine Haltung von mehreren inneren Teammitgliedern gemeinsam getragen wird, im Idealfall vom gesamten Team, ist sie wesentlich bedachter und ausgewogener und wird einer Situation in ihrer Vielfältigkeit sehr wahrscheinlich gerechter, als wenn einzelne Teammitglieder ihre eigenen Haltungen durchzusetzen versuchen. Es ist die Aufgabe des Oberhauptes, aus den Einzelstimmen ein Team zu machen, das an einem Strang zieht.

Der Referendar Lukas Hempel kann, wenn er als Oberhaupt seine drei oben skizzierten Überzeugungen in einen Austausch miteinander bringt, mit seinen inneren Teammitgliedern zu einer ausgewogenen Haltung finden, die zwar Ambivalenzen enthält, aber gangbare Wege eröffnet.

Die Erzieherin Catarina Faller findet eine Lösung, mit der alle fünf inneren Teammitglieder gut leben können. Aus mehreren Haltungen, die zunächst miteinander konkurrieren, wird auf diese Weise eine, in der sich alle fünf wiederfinden. Sie erkennt und würdigt Igors Initiative und sein kindliches Forschen (die «Pädagogin» und die «Bildungssensitive» in ihr sind zufrieden) und sorgt zugleich dafür, dass er sein Experiment zeitnah beendet und den Wasserhahn ausstellt (die «Ressourcenbewusste» ist erleichtert). Sie gibt Igor Lappen, um das Bad trockenzuwischen, während sie Moritz beim Toilettengang hilft (die «Alltagsmanagerin» fühlt sich entlasten), und beteiligt ihn somit daran, die Folgen seines Experimentes zu beheben (die «Grenzwächterin» ist einverstanden). Danach hilft sie ihm beim Anziehen trockener Kleidung.

Erinnere dich an eine Praxissituation, die du als herausfordernd erlebt hast. Wer war beteiligt? Was ist geschehen? Was war die Herausforderung für dich?
Nun erhebe dein Inneres Team zu dieser Situation. Skizziere dafür einen Kopf mit großem Rumpf. Welche Stimme meldet sich zuerst in dir, wenn du an die Situation denkst? Gib ihr einen passenden Namen, male sie als innere Figur in den Rumpf und schreibe ihr eine typische Botschaft in eine Sprechblase. Wer meldet sich noch? So erhebe nun ein Teammitglied nach dem anderen – bis du den Eindruck hast, die ganze Komplexität deiner inneren Stimmung ist erfasst. Es kann sein, dass sich einige Stimmen sehr schnell melden, andere nur zögerlich. Auch können sich Namen ändern. Nun schaue dein Inneres Team zu dieser Situation an. Tausche dich mit einer anderen Person darüber aus.
Es geht hier noch nicht darum, Lösungen zu finden, sondern darum, dir zunächst einen Überblick über deine momentane innere «Wahrheit» zu verschaffen.

1.5 Haltungen entstehen früh und entwickeln sich lebenslang

Wenn wir darauf schauen, wie es zu Haltungen kommt, gelangen wir schnell an die persönlichen und kulturellen Wurzeln des jeweiligen Menschen, seine Biografie und Sozialisation. Und diese beginnt bei der Geburt bzw. noch davor.

Wir kommen (fast) orientierungslos auf die Welt. Wesentliche Grunderfahrungen aus dem Mutterleib bringen wir allerdings alle mit: die Erfahrung der engen Verbundenheit mit einem anderen Menschen und die Erfahrung des eigenen Wachstums, der eigenen Entwicklung. Der Neurobiologe Gerald Hüther geht davon aus, dass jedes neugeborene Kind hieraus ein feines Gespür dafür entwickelt hat, was es braucht, welcher Umgang mit ihm richtig wäre und wann sein Alarmsystem anspringen muss (Hüther, 2018, S.107ff.). Aus diesen Grunderfahrungen entsteht ein erster innerer Kompass, der uns bereits bei der Geburt zur Verfügung steht. Im weiteren Verlauf seiner Entwicklung ist das Kind von seinen Bezugspersonen und der Art und Weise, wie sie mit ihm interagieren, abhängig. Je nachdem, wie liebevoll, prompt und verlässlich die Bezugspersonen die Bedürfnisse eines kleinen Kindes wahrnehmen und befriedigen und wie das Kind in Verbundenheit seine Umwelt erkunden kann, werden aus bloßem Gespür die Erfahrung von Selbstwirksamkeit und das Erleben seiner selbst als eigenständig handelndes Subjekt (Hüther, 2018, S.121). Es entwickelt hierdurch in den ersten zwei Jahren eine Vorstellung vom eigenen Selbst, von Bindung und Autonomie.

Unsere Haltung entwickelt sich mit unserer persönlichen Reife. Handelt das kleine Kind noch vorrangig impulsiv und an eigenen Bedürfnissen orientiert, verinnerlicht es im Kindergarten- und Grundschulalter nach und nach soziale Normen und Erwartungen. Es orientiert sich mehr und mehr an Konventionen und Regeln und sorgt dafür, dass auch andere nicht ausscheren («Das darf man nicht!» «So muss das sein!»). So sichert es sich ein Gefühl von Zugehörigkeit. Wir alle haben Einstellungen, Werte und Überzeugungen von anderen übernommen, denn von Anfang an sind wir von ihnen umgeben und können uns ihnen schwerlich entziehen. Im Schulalter fangen Kinder an, nach und nach selbstständiger und kritischer zu denken und scheinbar Bewährtes zu hinterfragen («Ist das wirklich so?»). Sie beginnen, sich eine eigene Meinung zu bilden. Diese wird – häufig im Jugendalter, aber manchmal auch später oder nie – zunehmend individualistischer und freier von Konventionen. Wenn unser persönlicher Reifungsprozess weiter voranschreitet, sind wir schließlich als Erwachsene mehr und mehr in der Lage, uns selbst zu reflektieren, unsere eigenen Impulse und Ansichten zu relativieren, mit Empathie andere Perspektiven zu bedenken, uns und andere auch mit schwachen Seiten und nach Misserfolgen zu akzeptieren und schließlich immer mehr das Wohl aller und das große Ganze im Blick zu haben. Bestenfalls erreichen wir letztlich annähernd das, was wir «Weisheit» nennen. Diese Entwicklung vollzieht sich allerdings sehr individuell und nicht ohne unser Zutun, endet gegebenenfalls mittendrin und ist mit Rückfällen verbunden. In unserem Inneren Team tummeln sich unterschiedlich reife Teammitglieder.

Häufig begleiten uns die inneren Leitsätze unserer frühen Bezugspersonen, wie «Ehrlichkeit währt am längsten!» oder «Ohne Fleiß kein Preis!». Einige haben wir später eventuell überdacht und verändert oder ganz über Bord geworfen. Viele sind uns allerdings nicht bewusst und entziehen sich unserem Zugriff. Dadurch können sie «unzensiert» auf unser Erleben und Verhalten wirken.

Unsere eigenen Erfahrungen und die uns umgebende Kultur prägen die Selbstverständlichkeit, mit der wir andere wahrnehmen. Der Philosoph Andreas Urs Sommer stellt fest, dass «Haltung immer etwas ist, was sich im Austausch mit anderen, in der Reibung an anderen erst formt» (Politycki & Sommer, 2019, S. 6).

Unbewusst oder auch bewusst haben wir von Vorbildern gelernt, die unsere Vorstellungen geprägt haben. Vielleicht haben wir uns auch berühren lassen von besonderen Begegnungen, Erlebnissen, Büchern, Filmen oder mündlichen Erzählungen – auch diese können unsere Überzeugungen beeinflussen, wenn wir uns ihnen gegenüber öffnen und sie sich mit unseren bestehenden Vorstellungen und Erfahrungen verbinden können. Auf diese Weise entstehen z. B. kulturelle Prägungen. Vielfältige Perspektivwechsel und intensives Zuhören können neue Welten erschließen und die bisherige Sicht der Dinge ergänzen oder gar grundlegend verändern. Voraussetzung dafür ist eine gewisse Offenheit. Intuitiv neigen wir allerdings dazu, uns nur solche Informationsquellen zu suchen, die unser bestehendes Weltbild bestätigen.

Menschen unterscheiden sich auch hinsichtlich ihrer vorherrschenden emotionalen Grundstimmung. Einige bringen z. B. durch sichere Bindungserfahrungen ein hinreichendes Urvertrauen mit und interpretieren ungewisse Situationen eher positiv und zuversichtlich, andere hegen eine eher pessimistische Erwartungshaltung und vermuten in unklaren Situationen Schlimmes. Selten gibt es Philanthropen und Misanthropen in Reinform, doch sind einige Menschen z. B. generell eher misstrauisch anderen gegenüber, vor allem Fremden, andere eher vertrauensvoll. Dies hat Einfluss darauf, mit welchen Werten und Einstellungen sich eine Person verbunden fühlt und wie groß die Offenheit ist, sich auf neue Erfahrungen einzulassen.

Auch persönliche Lebenserfahrungen und Krisen können Haltungen verändern. Menschen entwickeln unterschiedliche Strategien, mit Krisen umzugehen, die wiederum ihre Haltungen beeinflussen. Nach der Diagnose einer schweren Erkrankung kann sich z. B. eine ängstliche, resignierte, eine kämpferische oder auch eine achtsame, selbstfürsorgliche Haltung verfestigen.

Auch in einer Ausbildung oder im Studium wird sich unsere Haltung durch neues und differenzierteres Wissen weiterentwickeln und somit professionalisieren. Vor dem Hintergrund entwicklungspsychologischer Kenntnisse wird eine Krippenerzieherin z. B. Trotzanfälle von Zweijährigen nicht als persönlichen Angriff werten und sich nicht mit ihnen in einen Machtkampf begeben, sondern eher Ruhe bewahren, klare Grenzen setzen und dem Kind dabei helfen, seine Emotionen zu regulieren.

1.6 Haltungen sind beständig und beweglich zugleich

Mit dem Begriff Haltung assoziieren wir *Halt* und damit etwas Stabiles. Wer sich einmal wertschätzend verhält, dem unterstellen wir noch keine wertschätzende Haltung. Nur die beständige Wiederholung von wertschätzendem Verhalten in unterschiedlichen Situationen lässt uns auf eine solche schließen. Haltung bildet demnach etwas Zugrundeliegendes, ein Muster, welches mit einer gewissen Verlässlichkeit auftritt und unser Verhalten steuert.

Um zu verstehen, wie es zu der Beständigkeit von Haltungen kommt und welchen Nutzen sie für uns hat, werfen wir einen Blick auf die Prozesse in unserem Gehirn: Wir stehen in unserem Alltag immer wieder vor kleinen oder großen Handlungsentscheidungen, bei denen die Umstände nicht immer eindeutig und die Folgen nicht immer abzusehen sind. Wir müssen entscheiden, wie wir eine Situation oder einen Sachverhalt einschätzen und bewerten, was wir tun oder nicht tun, sagen oder nicht sagen. Dies erfordert Wahrnehmungs- und Denkprozesse, die viel Energie kosten. Unser Gehirn verbraucht, selbst wenn wir nichts tun und nichts denken, 20 % der vom Körper bereitgestellten Energiemenge (Hüther, 2018, S. 94). Wenn es anfangen muss zu denken, abzuwägen und Entscheidungen zu treffen, wird der Verbrauch um ein Vielfaches höher. Daher liegt es nahe, Komplexität zu reduzieren, Abläufe möglichst effizient zu organisieren und möglichst viele Automatisierungsprozesse zu etablieren, um Energie zu sparen. Wir kennen das bereits von motorischen Aufgaben wie dem Fahrradfahren. Wenn das Radfahren erst einmal erlernt und verankert ist, müssen wir uns keine Gedanken mehr machen, wie wir unser Gleichgewicht verteilen, lenken und treten. Es reicht zu wissen, in welchem Tempo wir wohin fahren wollen. Wir haben in diesem Fall ein übergeordnetes Handlungsmuster erlernt – das Radfahren.

Solche übergeordneten Muster gibt es auch in Bezug auf unser Wahrnehmen, Denken und Verhalten in sozialen Situationen – unsere Haltungen. Sie sind im Frontalhirn als komplexe Netzwerke verankert (Hüther, 2018, S. 96). Wie ein innerer Kompass leiten sie uns durch den Alltag und erleichtern es uns zu entscheiden, wie wir Situationen bewerten und wie wir uns in ihnen verhalten. Aus unseren Haltungen leitet sich schließlich ab, was uns berührt, was uns wichtig ist und was uns kaltlässt. Unsere vielen Erfahrungen speisen nach und nach auch unsere Intuition, unser Bauchgefühl.

Wir streben nach innerer «Kohärenz», einem Zustand von Stimmigkeit und Schlüssigkeit. In diesem Zustand kann unser Gehirn recht energiesparend funktionieren, und wir bleiben auf diese Weise in unserer inneren Komfortzone. Daher tun wir zunächst alles, um unsere bereits bewährten Haltungen beizubehalten und uns nach ihnen zu orientieren. Sie geben uns *Halt* und weisen uns im besten Fall wie ein Kompass die Richtung durch unwegsames Gelände.

Je mehr neue Eindrücke wir erfahren, je mehr Herausforderungen wir zu bewältigen haben, desto häufiger kommen wir allerdings in einen Zustand der inneren Inkohärenz. Unsere Haltungen kollidieren dann möglicherweise mit neuen Erfahrungen oder veränderten Rahmenbedingungen. Um wieder innere Kohärenz zu finden, müssen wir Haltungen gegebenenfalls anpassen und verändern – wir müssen dazulernen und uns weiterentwickeln (Hüther, 2016, S. 99). Da dies aber mit Energieaufwand verbunden ist, neigen wir unter Umständen dazu, uns solchen Erfahrungen zunächst zu verschließen. Wir bleiben dann in unserer altbekannten und vertrauten Komfortzone und versuchen alles, was uns irritieren könnte, auszublenden. Wenn ich z. B. der festen Überzeugung bin, dass Inklusion nicht gelingen kann, weil ich mich damit überfordert fühle, Kinder mit unterschiedlichsten Voraussetzungen und Bedürfnissen gemeinsam zu unterrichten, werde ich vermutlich wenig inneren Antrieb verspüren, mir Schulen anzuschauen und bei Lehrpersonen zu hospitieren, bei denen Inklusion schon lange überwiegend gelingend gelebt wird. Ich müsste dann den anstrengenden Zustand der inneren Inkohärenz aushalten und gegebenenfalls meine Haltung überdenken und sie möglicherweise revidieren. Wenn ich zu einem solchen Hospitationsbesuch genötigt würde, könnte ich, um meine innere Kohärenz zu wahren, nach Fehlern in der dortigen inklusiven Praxis suchen oder Gelingendes auf besondere Rahmenbedingungen etc. zurückführen. Unser Gehirn ist erfinderisch, um innere Kohärenz zu wahren und kurzfristig Energie zu sparen.

Wenn wir zumindest dosiert innere Inkohärenzen zulassen und aushalten, entwickeln wir uns weiter, machen neue Erfahrungen, erlangen neues Wissen und positionieren uns immer wieder neu, denn die Anforderungen an uns variieren und wechseln in einer sich ständig verändernden Welt. Stellen Sie sich vor, Sie hätten jetzt noch unverändert Ihre Haltungen sich selbst, anderen und anderem gegenüber, die Sie als 14-Jähriger hatten. Wozu würde dies führen? Würden unsere Haltungen immer stabil bleiben, ohne zugleich beweglich zu sein, wären sie starr und eng. Sie wären voller Vorurteile, die keine Chance hätten, relativiert zu werden, und sie wären unserer Lebensbewältigung wie auch unseren Beziehungen zu anderen Menschen wenig dienlich.

1.7 Haltungen können mehr oder weniger bewusst oder reflektiert sein

Wir können nicht nur nicht kommunizieren (Watzlawick et al., 1969, S. 50 ff.), sondern auch nicht keine Haltung haben (Kurbacher, 2016, S. 152). Eine wie auch immer geartete Haltung zu anderen, zu bestimmten Sachverhalten oder zu sich selbst hat jeder Mensch. Es gibt Haltlosigkeit, aber keine Haltungslosigkeit – es sei denn zu etwas (einem Thema, einer Situation, einem Menschen), das wir nicht kennen.

Mit welcher Haltung putzt du deine Wohnung? Mit welcher Haltung begegnest du der Kassiererin im Supermarkt? Mit welcher Haltung begegnest du schwerbehinderten Menschen? Welche Haltung hast du zu ehrenamtlicher Arbeit in einem Hospiz?
Welches Gefühl breitet sich jeweils bei diesen Fragen in dir aus? Welche Gedanken gehen dir durch den Kopf? Welche Körperhaltung stellt sich ein?

Unsere Haltungen können, wie gesagt, uns oder anderen bewusst und / oder unbekannt sein. In jedem Fall aber zeigen sie ihre Wirkung. So sehen andere Menschen möglicherweise Haltungen bei uns, die wir selbst weit von uns weisen würden. Umgekehrt sind wir uns vielleicht einzelner Haltungen sicher, die für Außenstehende aber nicht wahrnehmbar sind.

Als mein Sohn in der dritten Klasse, einer Integrationsklasse, Schwimmunterricht hatte, fragte ich ihn: «Was haben denn dann Lara und Henni (die beiden Mädchen mit Down-Syndrom) gemacht?» Er antwortete mit einem strengen Blick und einer genervten Stimme: «Mama, du hast vielleicht Vorurteile! Die waren natürlich auch dabei!» Es ist unangenehm, sich bei Haltungen ertappen zu lassen, die der eigene innere «Moralwächter» ablehnt oder für überholt erklärt. Sie haben sich ins eigene Denken und Handeln eingeschlichen und halten sich möglicherweise hartnäckig.

Haltungen, die uns nicht bewusst sind, haben eine ebenso große Wirkung wie die uns bewussten. Sie zu erkennen und zu reflektieren bedeutet, Licht ins Dunkel zu bringen, aus unbewusst bewusst zu machen. Nur so können sie absichtsvoll bearbeitbar werden. Um ein vollständiges Bild der eigenen Haltungen zu bekommen, brauchen wir Feedback, wie unsere Haltungen bei unserem Gegenüber ankommen und ob sie auch das bewirken, was sie zu bewirken vorgeben.

Sich einer Haltung bewusst zu werden heißt allerdings noch nicht, sie auch zu reflektieren. Dies setzt voraus, dass wir auch darüber nachdenken, ob diese Haltung das erfüllt, was uns wichtig ist und richtig erscheint. Erst durch Reflexion entsteht eine absichtsvolle, umsichtige Haltung, bei der die Wirkung auf das Gegenüber mitgedacht ist.

1.8 Haltungen sind mehrdimensional

«Wenn meine Lehrerin den Raum betritt, fühlt sich das so an, als würde sich eine eiskalte Hand um meinen Nacken legen», sagte der achtjährige Linus zu seiner Mutter.

Ist es die pädagogische Haltung der Lehrerin, deren Wirkung hier von dem Kind so plastisch in Worte gefasst wird? Wir können es vermuten. Ob ihr bewusst ist, was sie bei Linus auslöst? Ob dies der Haltung entspricht, die sie als richtig empfindet, bzw. der Haltung, die sie ihre eigene nennt? Wie beeinflusst die geschilderte Wahrnehmung Linus' Verhalten im Unterricht, seine Lernbereitschaft, seine Problemlösungsfähigkeiten bei schwierigen Aufgaben, seine Bereitschaft, sich zu beteiligen, etwas zu wagen, auszuprobieren, sein Interesse am Thema?

1.8.1 Die vier Seiten einer Haltung zu anderen

Unsere Haltung zu anderen Menschen beinhaltet, wie bereits oben erläutert, Einstellungen, Überzeugungen und Werte, die sich auf diese Menschen beziehen (**Sachinhalt**).

Zugleich enthält unsere Haltung auch eine Aussage über uns selbst in Bezug zu diesen anderen Menschen – wie uns ihnen gegenüber zumute ist und was uns in Bezug auf sie wichtig ist. Persönliche Interessen, Bedürfnisse und Gefühle nähren unsere Haltung (**Selbstkundgabe**).

Da sie auf andere Menschen bezogen ist, enthält unsere Haltung Informationen und Bewertungen darüber, was wir von diesen anderen Menschen halten, und auch, wie wir zu ihnen stehen (**Beziehungshinweis**).

Wir haben anderen Menschen gegenüber Erwartungen, Wünsche oder ggf. Befürchtungen. Mit unserer Haltung laden wir sie implizit – und mit dem daraus folgenden Handeln möglicherweise explizit – dazu ein, unseren Erwartungen zu entsprechen (**Appell**).

Wie auch unsere Kommunikation hat jede Haltung anderen gegenüber diese vier Seiten. Mit Hilfe des **Kommunikationsquadrats** von Friedemann Schulz von Thun (1981) können wir dies wie folgt veranschaulichen:

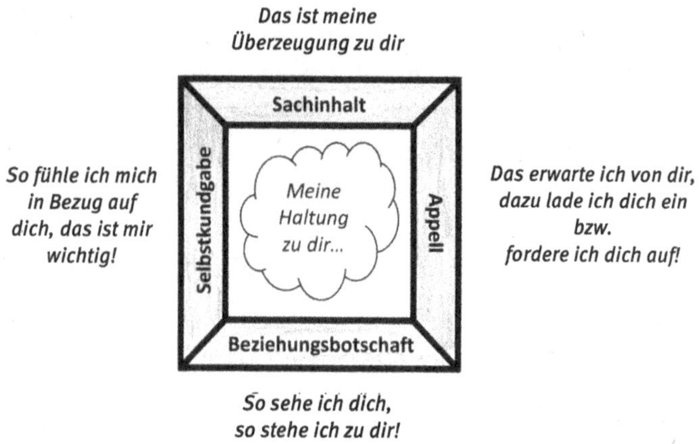

Die vier Seiten einer Haltung (nach dem Kommunikationsquadrat von Schulz von Thun, 1981)

Schauen wir auf die Aussage von Linus: «Wenn meine Lehrerin den Raum betritt, fühlt sich das so an, als würde sich eine eiskalte Hand um meinen Nacken legen.»

Wenn wir davon ausgehen, dass Linus hier beschreibt, wie er die Haltung der Lehrerin wahrnimmt, zeigt diese Haltung offenbar eine emotional und körperlich spürbare Wirkung auf ihn. Welche Haltung könnte das sein? Eine Vermutung: siehe Abbildung auf der gegenüberliegenden Seite.

Die Haltung einer Lehrkraft äußert sich in den vielen kleinen Handlungsentscheidungen des Schulalltags, in ihren Worten und Taten, ihrer Gestik, Mimik, Körperhaltung, Stimmlage. Sie

Die vier Seiten einer Haltung: Lehrerin zu Linus bzw. Kindern

strahlt aus – und wird von Kind zu Kind auf seine jeweils eigene Weise wahrgenommen.

Vor allem der – einer Haltung innewohnende – Beziehungshinweis wird von den Adressat:innen oft empfindlich wahr- und aufgenommen. Da Kinder und Jugendliche, aber auch Erwachsene damit befasst sind, ihre Identität zu entwickeln und ihr Selbstbild zu festigen, haben sie feine Antennen dafür, wie andere sie wahrnehmen. Um zu erkennen, was ich für eine:r bin, was mich ausmacht, bin ich auf andere angewiesen, auf ihre Wahrnehmungen und Bewertungen mir gegenüber. Unser Selbstbild entsteht in der Interaktion mit anderen. «Der Mensch wird am Du zum Ich», wie schon Martin Buber (2002, S. 32) es ausgedrückt hat.

Ob sich eine Person in Bezug auf mich oder meine Gruppe wohl- oder unwohl fühlt, ob Angst, Freude, Liebe, Unsicherheit oder Abneigung ihren Umgang mit mir oder uns begleiten, kommt bei mir an – mehr oder weniger bewusst. Unsere Spiegelneurone sorgen für die nötige Resonanz, was der Mediziner Joachim Bauer (2005) ausführlich untersucht und beschrieben hat. Die einer Haltung innewohnende Selbstkundgabe erzeugt eine Wirkung. Da wir alle ein Bedürfnis nach Zugehörigkeit haben, gehe ich davon aus, dass Menschen grundsätzlich daran gelegen ist, dass sich ihr Gegenüber in Bezug auf sie wohlfühlen möge. Nur so kann ein Gefühl von positiver Verbindung entstehen.

Wenn wir mit unserem Gegenüber auskommen müssen oder wollen, brauchen wir auch Informationen darüber, was es von uns erwartet. Nur wenn wir sie wahrnehmen, können wir entscheiden, ob wir die impliziten Einladungen, die eine Haltung begleiten, annehmen oder nicht.

So versuchen wir, die Haltungen unserer Mitmenschen uns gegenüber zu erkennen, und messen ihnen oft mehr Bedeutung zu als einzelnen Handlungen. Die Haltungen sind das «Eigentliche», das hinter dem Handeln Stehende, das (meist) von Dauer ist. Sie zu erkennen hilft uns, uns innerlich auf das vorzubereiten, was in der Begegnung mit diesen Menschen noch auf uns zukommen mag. Der Publizist Matthias Politycki (2019) vermutet, dass wir die Haltungen anderer Menschen als stabiler wahrnehmen, als sie sind. Wenn dem so wäre, hätten sie einen noch größeren Einfluss auf uns, als ihnen realistischerweise zukäme. Unsere Haltungen machen uns für andere Menschen in gewissem Maße berechenbar.

1.8.2 Wirkungen auf das Gegenüber

Als Betroffene sind wir alle mit pädagogischen Haltungen vertraut – als Schülerin, Kindergartenkind, Jugendlicher oder

Lehrling. Vielleicht fühlen wir uns deshalb als Expert:in im Beurteilen der Haltungen anderer. Wir haben sie im Laufe unseres Lebens viele Stunden lang in verschiedenen Varianten und Situationen erlebt und uns eine Vorstellung davon gebildet, wie sich Haltungen anfühlen und was sie bewirken können. Diese Wirkung ist emotional und körperlich. Joachim Bauer hat festgestellt, dass Worte und die Körpersprache von bedeutsamen Personen – vor allem dann, wenn ein Abhängigkeitsverhältnis besteht – über die Aktivierung entsprechender neuronaler Netzwerke biologische Wirkungen entfalten können, vergleichbar mit denen von Medikamenten (Bauer, 2018, S. 89).

Für Kinder, Jugendliche oder betreute Erwachsene beeinflusst die Haltung der pädagogischen Fach- und Lehrkräfte häufig die emotionale Großwetterlage. Sie ist im Raum spürbar, zeigt sich in der Atmosphäre. Im Klassenraum kann sie sich frostig anfühlen («Hans, wenn du die Aufgabe nicht schaffst, bist du hier nicht richtig!») oder wohlig warm («Hans, du arbeitest hart, das sehe ich. Versuche es noch einmal. Bis hierhin hast du ein richtiges Ergebnis. Wie machst du weiter?»). Oder es muss mit unvorhergesehenen Gewittern gerechnet werden («Herrje, mir reicht's!»).

Durch die Haltung eines Lehrers oder einer Pädagogin entsteht somit eine Binnenkultur im Klassenraum, dem Kindergarten, der Wohngruppe oder dem Jugendzentrum, mit der die betroffenen Menschen einen Umgang finden (müssen).

Gehe mit deinen Gedanken zurück in deine Schulzeit. Erinnere dich an unterschiedliche Lehrkräfte. Wie war die Atmosphäre im Klassenraum, wenn Herr X oder Frau Y Unterricht hatten? Versuche, jeweils ein passendes Wort oder ein Bild dafür zu finden. Welche Wirkung hatte die jeweilige Lehrkraft auf dich?

Welches Gefühl war bei dir vorherrschend? Wie fühltest du dich körperlich? Welchen Einfluss, vermutest du, hatte dies auf deine Lernfähigkeit in der Unterrichtssituation? Tausche dich mit einer anderen Person über deine Erinnerungen und Erkenntnisse aus.

Haltungen bewirken wiederum Haltungen. Bei Linus könnte die Haltung der Lehrerin bzw. Lehrkräften im Allgemeinen gegenüber etwa so aussehen:

«Solche Lehrerinnen sind gefährlich!»

«Ich habe schlechte Erfahrungen gemacht! Ich habe Angst vor Ihnen.»

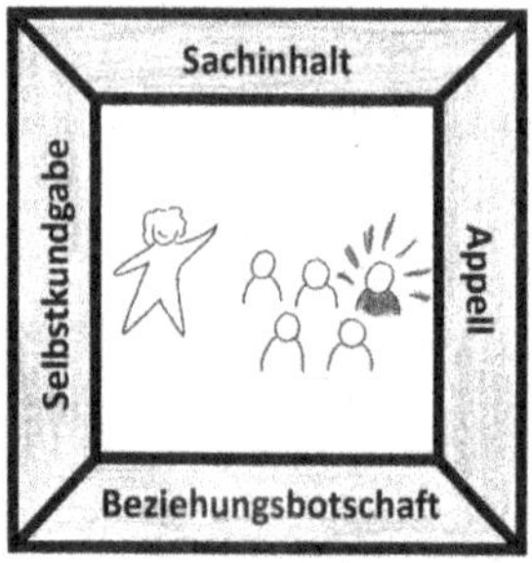

«Lassen Sie mich in Ruhe, tun Sie mir nichts!»

«Sie sind streng und kaltherzig.»

«Sie bestimmen, ich soll mich unterordnen.»

Die vier Seiten einer Haltung: Linus zu der Lehrerin

Vermutlich empfindet nicht jedes Kind in der Klasse von Linus die «eiskalte Hand im Nacken», wenn die Lehrerin den Raum betritt. Kinder sind verschieden, bringen eigene Biografien, Gewohnheiten und Bewältigungsstrategien mit, unterscheiden sich in ihrer Sensitivität, interpretieren Situationen unterschiedlich und reagieren auf jeweils eigene Weise.

Sie erleben auch tatsächlich nicht alle dasselbe. Die Lehrerin wird vermutlich zu verschiedenen Kindern auch – leicht – unterschiedliche Haltungen haben. Sympathien, Vorurteile, Erfahrungen und Ziele prägen die individuell angepassten Haltungen. Möglicherweise steht eine andere innere Teamaufstellung in der Lehrerin bereit, wenn der schüchterne, brave und fleißige Noah vor ihr sitzt, als wenn sie es mit der lebhaften, eigenwilligen Leonie zu tun hat. Vielleicht dominieren im Gespräch mit Noah in ihr eine «fürsorgliche Mütterliche» und eine «empathische Mutmacherin», während bei Leonie die «Grenzwächterin» das Regiment führt. Das jeweilige innere «Empfangskomitee» unterscheidet sich – je nach Gegenüber (Schulz von Thun, 1998, S. 252). Ausgelöst dadurch werden Leonie und Noah vermutlich unterschiedliche Haltungen der Lehrerin gegenüber entwickelt haben.

1.8.3 Wirkungen auf die eigene Person

Unsere Haltungen wirken nicht nur auf andere, sondern auch auf uns selbst.

Friedrich Lessing ist Abteilungsleiter in einer Behörde. Ihm ist es wichtig, dass seine Abteilung wohlorganisiert und korrekt arbeitet. Es soll keinesfalls Beanstandungen geben. Seinen Mitarbeitenden gegenüber ist er misstrauisch. Wie oft kam es schon zu Nachlässigkeiten! Die Anregung anderer Abteilungsleiter, ihnen mehr Verantwortung und Gestaltungsspielräume zu geben, lehnt er vehement ab. Er kenne seine Pappenheimer, Einzelne würden die neuen Freiheiten sofort ausnutzen. Mit skeptischer Miene und körperlich angespannt läuft er in der Abteilung umher: «Frau Yilmaz ist schon wieder krankgeschrieben. Was das wohl für ein Arzt ist ...» «Herr Lutz telefoniert schon wieder so lange – sicher privat ...» «Macht Frau Liefke etwa schon wieder eine Raucherpause?» Seine Gedanken kreisen darum, wie er nun darauf zu reagieren habe.

Friedrich Lessings misstrauische Haltung hat sicherlich negative Auswirkungen auf seine Mitarbeitenden und das Betriebsklima. Eine geringe Arbeitszufriedenheit und ein schlechtes Betriebsklima betreffen allerdings auch ihn, schließlich arbeitet er ebenso täglich in diesem Klima. Vor allem aber gibt es zahlreiche direkte Wirkungen seiner Haltung auf ihn selbst. Wenn er Missstände wittert, wird seine Aufmerksamkeit eng und sein Fehlerzoom groß. Er kann sich dadurch kaum anderen Wahrnehmungen öffnen, geschweige denn einen freien Kopf bekommen, um Probleme kreativ zu lösen und seine Abteilung konstruktiv weiterzuentwickeln. Emotional sieht es in ihm vermutlich zudem eher düster aus. Seine Grundstimmung wird negativ sein – immer wieder verärgert, von seinen Mitarbeitenden enttäuscht und vielleicht sogar verbittert. Das zu überspielen und die nötige professionelle Freundlichkeit an den Tag zu legen kostet Kraft. Seine misstrauische Haltung drückt sich möglicherweise körperlich in Form von Verspannungen und anderen Beschwerden aus. Da er permanent Verhaltensweisen anderer wahrnimmt, die er als Fehler einordnet, bestätigt er sich immer wieder selbst in der Haltung, dass er auf der Hut sein müsse, und verstärkt seine Bemühungen, darauf wachsam zu reagieren …

Unsere Haltungen hinterlassen bei ausreichender Übung Spuren im Gehirn und im Körper. Der Begriff «Übung» ist hier durchaus wörtlich zu nehmen. Haltungen sind in gewisser Weise Gewohnheiten und werden unbewusst trainiert. Sie prägen unsere Fühl- und Denkweise, unsere Art und Weise, andere, uns selbst oder die Welt zu interpretieren und zu bewerten. Wenn sie immer und immer wieder eingenommen, gefühlt und gelebt werden, werden sie stabiler – wie ein Muskel, der durch Benutzung immer stärker wird.

Mit welchem Grundgestimmtsein gehst du zur Arbeit? Mit welcher Haltung betrittst du das Gebäude, wie begegnest du den Menschen, mit denen du es beruflich zu tun hast? Wie fühlst du dich in Bezug auf deine Arbeit und auf diese Menschen? Welche Gedanken gehen dir dazu durch den Kopf? Was lösen sie körperlich in dir aus?

Wir haben alle auch eine Haltung uns selbst gegenüber, die wiederum die vier oben beschriebenen Dimensionen hat und ihre Wirkung auf uns entfaltet.

Unsere Haltungen können unserer psychischen und körperlichen Gesundheit mehr oder weniger dienlich sein. Sie können das Herz öffnen oder verschließen, liebevolle Gefühle sprudeln oder uns in grimmigen Gedankenschleifen kreisen lassen, eine weite Aufmerksamkeit oder einen engen Blick bescheren, uns körperlich aufrichten oder verkrampfen lassen.

So können wir festhalten: Haltungen haben Wirkungen, auch unerwünschte Nebenwirkungen.

2 Was macht eine Haltung professionell?

Erinnern wir uns an die «Wasserhahnsituation» zu Beginn des ersten Kapitels. Die Erzieherin kommt ins Bad und sieht, wie der dreijährige Igor am Waschbecken mit Wasser umherspritzt. Die drei Erzieherinnen Inga, Catarina und Betül reagieren sehr unterschiedlich. Welche Reaktion, bzw. welche Haltung, wäre hier «professionell» – und warum? Und gibt es nur die eine «richtige» Haltung?

Wir erwarten von Menschen, die beruflich Verantwortung für andere Menschen tragen, eine professionelle pädagogische Haltung. «Professionell» bedeutet im allgemeinen Wortgebrauch fachkundig, kompetent. Eine professionelle Haltung ist keine private Haltung, sondern eine berufliche. Sie ist keine Haltung von «Dilettanten», sondern eine Haltung von «Profis». Was bedeutet das konkret?

Verschiedene interdisziplinäre Forschungsteams haben Definitionen einer professionellen pädagogischen Haltung erarbeitet. Die Pädagogin Iris Nentwig-Gesemann, der Psychologe Klaus Fröhlich-Gildhoff, die Pädagogin Henriette Harms und die Kindheitspädagogin Sandra Richter beschreiben im Rahmen der Weiterbildungsinitiative Frühkindliche Fachkräfte (WiFF) professionelle Haltung wie folgt:

«Mit dem Terminus ‹professionelle Haltung› sind also konkret Orientierungsmuster im Sinne von handlungsleitenden (ethisch-moralischen) Wertorientierungen, Normen, Deutungsmustern und Einstellungen gemeint, die pädagogische Fachkräfte in ihre Arbeit und Gestaltung der Beziehungen einbringen. Das Bild vom Kind und das eigene professionelle Rollen- und Selbstverständnis gehören im Kern zu dieser Haltung» (Nentwig-Gesemann et al., 2012, S. 10).

Sie fordern in diesem Sinne vier Kernkompetenzen für professionelle Fachkräfte in der Frühpädagogik:

- «Biografische Kompetenz, Selbstreflexivität und forschende Haltung
- Ressourcenorientierung
- Empathie, Feinfühligkeit, sensitive Responsivität
- Offenheit und Wertschätzung von Diversität» (ebd., S. 16)

Der Persönlichkeitspsychologe Julius Kuhl, die Erziehungswissenschaftlerin Christina Schwer und die Schulpädagogin Claudia Solzbacher haben den Begriff der professionellen Haltung in einem Forschungsprojekt im Rahmen des Niedersächsischen Institutes für frühkindliche Bildung und Entwicklung (nifbe) eingehend beleuchtet. Für ein vertieftes Verständnis der historischen, gesellschaftswissenschaftlichen und psychologischen Hintergründe empfehle ich ihr Buch «Professionelle pädagogische Haltung» (Schwer & Solzbacher, 2014). Sie kommen zu folgender Definition:

«Eine professionelle Haltung ist ein hoch individualisiertes (d. h. individuelles, idiosynkratisches) Muster von Einstellungen, Werten, Überzeugungen, das durch einen authentischen Selbstbezug und objektive Selbstkompetenzen zustande kommt, die wie ein innerer Kompass die Stabilität, Nachhaltigkeit und Kontextsensibilität des Urteilens und Handelns ermöglicht, sodass das Entscheiden und Handeln eines Menschen einerseits eine hohe situationsübergreifende Kohärenz und Nachvollziehbarkeit und andererseits eine hohe situations spezifische Sensibilität für die Möglichkeiten, Bedürfnisse der beteiligten Personen aufweist.» (Kuhl, Schwer & Solzbacher, 2014, S. 107.)

Diese Definitionen machen deutlich, welch hoher Anspruch sich hinter dem Konzept «professionelle pädagogische Haltung» verbirgt.

Jede Haltung ist, wie ich in Kapitel 1.2 bereits erwähnt habe, gerichtet – auf sich selbst, auf andere oder anderes. Eine professionelle pädagogische Haltung bezieht sich auf

→ **die pädagogische Aufgabe**
- Was ist aus meiner Sicht meine eigentliche Aufgabe?
- Was verbinde ich mit dieser Aufgabe?
- Wie stehe ich zu meiner pädagogischen Aufgabe?
- Was kann und möchte ich erreichen?

→ **die eigene berufliche Rolle**
- Was kennzeichnet meine Rolle?
- Was bedeutet mir diese Rolle?
- Wie fülle ich meine Rolle aus?
- Wofür fühle ich mich verantwortlich und wofür nicht?

→ **die Zielgruppe**
- Welche Einstellungen und Überzeugungen habe ich gegenüber der Zielgruppe?
- Wie fühle ich mich in Bezug auf die Zielgruppe?
- Was halte ich von der Zielgruppe?
- Wie stehe ich zur Zielgruppe?
- Was erwarte ich von der Zielgruppe?

Darüber hinaus haben wir Haltungen unserem Team, unseren Vorgesetzten, der gesamten Institution, möglichen Kooperationspartnern und letztlich der beruflichen Öffentlichkeit gegenüber etabliert. Auch sie können mehr oder weniger professionell sein.

Hinter dem Begriff Professionelle Haltung verbirgt sich also ein Paket aus mehreren spezifisch gerichteten Haltungen. Da sie eng miteinander in Verbindung stehen und mit uns als Person verbunden sind, nehmen wir sie häufig als «eins» wahr. Alle zusammen machen unser Berufsethos bzw. unsere pädagogische Grundhaltung aus. Diese zeigt sich in unserem Fühlen, Denken und Handeln. Wenn ich im Folgenden von «Professioneller Haltung» spreche, meine ich das Zusammenspiel unserer einzelnen Haltungen im pädagogischen Kontext.

Die «richtige» Haltung?

Wenn ich Menschen von professioneller Haltung sprechen höre, erfahre ich meist etwas darüber, welche Tugenden, Einstellungen und Werte von ihnen als die «richtigen» betrachtet und zugleich als Zeichen einer professionellen Haltung gewertet werden. Häufig fallen Begriffe wie Wertschätzung, Respekt, Toleranz, Empathie, Disziplin, Konsequenz oder Autorität – je nach pädagogischer Ausrichtung.

Welche Haltung als die richtige gilt, leitet sich zum einen von übergeordneten Werten und zum anderen von dem impliziten oder expliziten pädagogischen Ziel ab, dem sie dienen soll. Beides ist letztlich eine ethische und immer auch eine politische Frage. Schauen wir etwa auf das Thema Erziehung und Bildung: Es hat dazu zu jeder Zeit sehr unterschiedliche Vorstellungen gegeben – je nach Kultur und gesellschaftlichem und politischem System. Sollen Menschen dazu erzogen werden, sich möglichst gut anzupassen, keinen Widerspruch zu leisten und das zu tun, was von ihnen verlangt wird? Oder besteht der pädagogische Auftrag darin, Menschen so bei ihren Bildungsprozessen zu begleiten, dass sie möglichst eigenverantwortlich denken und handeln, sich von sich aus kooperativ verhalten und ihre persönlichen Interessen und Stärken im Sinne des Gemeinwohls weiterentwickeln? Sollte Bildung der Anpassung an ein System dienen, der Wissensansammlung, der Aufklärung oder der Selbstentfaltung? Geht es bei Bildungs- und Erziehungsbemühungen um den einzelnen Menschen mit seinen individuellen Potenzialen und Besonderheiten oder eher um einen Zweck, den er in der Gesellschaft zu erfüllen hat? Je nach Antwort gelten sehr unterschiedliche Haltungen als die «richtigen».

Erziehungs- und Bildungsbemühungen liegt meist die gute Absicht zugrunde, Kinder und Jugendliche bestmöglich auf ihre Zukunft in Gesellschaft und Beruf vorzubereiten. Es gibt hierbei allerdings vier «Unbekannte» – die Zukunft, die Gesellschaft, das Kind selbst und «bestmöglich». Die Zukunft ist uns nicht bekannt. Wir können sie allenfalls erahnen. Gesellschaftliche Bedingungen und die Arbeitswelt verändern sich. Auch die Bedürfnisse, Talente und Interessen jedes Kindes sind individuell unterschiedlich, variieren im Laufe seines Lebens und sind letztlich nicht vorhersehbar. Welche Art der Vorbereitung ist unter diesen Bedingungen «bestmöglich»?

In einer komplexen und sich schnell verändernden Gesellschaft mangelt es an Vorhersehbarkeit und äußerer Orientierung. Daher brauchen Menschen neben einem stabilen sozialen Netz in besonderem Maße einen verlässlichen inneren Kompass, der ihnen (moralische) Orientierung verschafft. Sie brauchen eine positive und hilfreiche Haltung gegenüber sich selbst und anderen, damit sie verlässliche und stärkende Beziehungen aufbauen können. Auf dieser Basis können sie ihre Talente entfalten, an der Gesellschaft teilhaben und sich konstruktiv einbringen.

Es gilt nicht nur die Zukunft in den Blick zu nehmen. Kinder und Jugendliche leben im Hier und Heute. Jeder pädagogischen Haltung sollte daher die Absicht zugrunde liegen, ihnen eine würdige und lebenswerte Kindheit und Jugend zu ermöglichen.

Wenn wir in verantwortlicher Position mit anderen Menschen arbeiten, ist es daher unsere Aufgabe, professionelle Haltungen zu entwickeln, die sich und andere stärken und ihnen ermöglichen, in unserer komplexen Welt zurechtzukommen und diese positiv mitzugestalten. Dafür sind eine hinreichend ausgeprägte Selbstachtung und die Achtung anderer wesentliche Voraussetzungen.

Wenn ich in den folgenden Kapiteln skizziere, was eine Haltung professionell macht, kann ich dies nur aus meiner Perspektive tun, die in der heutigen Zeit und im erweiterten europäischen Kulturkreis verortet ist. Dabei ist für mich v. a. der Artikel 1 unseres Grundgesetzes «Die Würde des Menschen ist unantastbar» (Art. 1 GG) ein verbindlicher Eckpfeiler. Eine professionelle Haltung muss aus meiner Sicht eine Haltung der Würde und Verantwortung sein – gegenüber uns selbst, den Menschen, mit denen wir arbeiten, ihrem Umfeld, aber auch unserer Umwelt und späteren Generationen. Mein Fundament als Psychologin ist ein humanistisches Menschenbild, welches u. a. davon ausgeht, dass sich Menschen grundsätzlich konstruktiv entwickeln wollen und wesentliche Voraussetzungen dafür bereits mitbringen. Auch psychodynamische Vorstellungen wie die Bedeutsamkeit kindlicher Erfahrungen für die seelische Aufstellung eines jeden Menschen und ein systemisches Denken – d. h. die Überzeugung, dass nicht nur wir als Einzelwesen, sondern die Interaktion und Wechselwirkung zwischen uns und unserer Mitwelt für eine gelingende Entwicklung ausschlaggebend sind – prägen meine Haltung. Insofern schreibe ich hier sicherlich nicht «neutral», sondern vor dem Hintergrund meiner Überzeugungen.

Eine professionelle Haltung will nicht nur gedacht, sondern auch gelebt werden. Nicht immer haben wir jedoch ein unterstützendes Umfeld um uns. Gegebenenfalls haben wir es mit Widersprüchen oder Widerständen zu tun, angesichts derer wir ein besonders gut geeichtes Bauchgefühl brauchen, aber auch ein starkes Rückgrat, um mutig unsere Haltung zu vertreten. Manchmal stehen wir unserer Professionalität selbst im Weg, indem wir etwa vermeintliche Angriffe anderer persönlich nehmen, die eigentlich nicht uns, sondern unserer Rolle gelten, oder indem wir vor lauter Engagement unsere eigenen Grenzen missachten. Unsere pädagogische Haltung ist eng mit unserer Persönlichkeit verbunden, sie ist Teil unserer Identität. Wir brauchen daher ein gut aufgestelltes Inneres Team mit einer starken inneren Führung, um sie ein Berufsleben lang wirkungsvoll praktizieren zu können.

Zusammenfassend stelle ich folgende Thesen auf:

Was bedeutet es, eine professionelle pädagogische Haltung einzunehmen?

1. **Haltung reflektieren:** Ich bin mir meiner eigenen Haltung bewusst und bin bereit, über mein Wahrnehmen, Denken und Handeln selbstkritisch nachzudenken und mich weiterzuentwickeln.
2. **Haltung finden:** Ich orientiere mich an Werten, die dem Schutz der Würde aller dienen, und verfüge über Schlüsseltugenden wie z. B. Empathie, Offenheit oder Ressourcenorientierung.
3. **Haltung einnehmen:** Ich übernehme Verantwortung für mein Fühlen, Wollen, Denken und Handeln, meinen beruflichen Auftrag und meine Wirkung.

4. **Haltung (er-)leben:** Meine Haltung ist darauf ausgerichtet, tragfähige Beziehungen zu anderen Menschen aufzubauen, um sie in ihrer Entwicklung und ihren Bildungsaktivitäten zu unterstützen und ihnen wiederum zu ermöglichen, förderliche Haltungen zu sich selbst und anderen zu entwickeln.
5. **Haltung wahren:** Ich verfüge über hinreichende Kompetenzen, mich selbst zu steuern und meine Impulse zu regulieren.
6. **Haltung zeigen:** Ich habe den Mut, meine Haltung auch gegen Widerstände zu vertreten.
7. **Haltung verkörpern:** Meine Haltung ist mir gemäß, d. h., ich kann sie mit meiner (gesamten) Persönlichkeit leben.
8. **Haltung schützen:** Meine Haltung führt zu einem entwicklungsförderlichen Umgang mit mir selbst und trägt dazu bei, meine eigene Gesundheit, Berufszufriedenheit und Berufsfähigkeit möglichst lange aufrechtzuerhalten.

Was dies im Einzelnen bedeutet, werde ich in den folgenden Kapiteln erörtern.

2.1 Haltung reflektieren – nachdenkliche Gespräche mit sich selbst

Im beruflichen Alltag wird unser Handeln fast unaufhörlich von Gedanken begleitet. «Warum hat mich der Chef für morgen zum Gespräch gebeten?» «Die Kinder wirken müde.» «Schon wieder ist der Kopierraum besetzt!» «Was kaufe ich nachher noch ein?» Derartige Gedanken blitzen auf oder durchströmen unseren Kopf. Manche sind flüchtig und verschwinden so schnell, wie sie gekommen sind. Andere begleiten uns wie ein im Hintergrund offenes Fenster im Computer und zeigen sich immer dann, wenn andere geschlossen werden. Gefühle, Körperwahrnehmungen, weitere Gedanken und möglicherweise Handlungen begleiten sie oder werden durch sie ausgelöst. Selten unterliegen sie unserer bewussten Regulation. Urheber dieser vielfältigen Gedanken sind – in der Metapher des Inneren Teams – einzelne innere Teammitglieder, die damit ein bestimmtes Anliegen ausdrücken oder sich einfach nur mal zu Wort melden und die vorliegende Situation auf ihre Weise interpretieren und kommentieren.

Wenn wir reflektieren, denken wir dagegen absichtsvoll nach. Unser Oberhaupt ist hier meist federführend. Wir kommen in «ein nachdenkendes und nachdenkliches Gespräch mit uns selbst und der Situation», wie Nentwig-Gesemann et al. (2012, S. 11) es ausdrücken. Selbstreflexion bedeutet, sich selbst zum Gegenstand des Nachdenkens zu machen – das eigene Sein, Fühlen, Denken und Handeln. Wir nehmen eine beobachtende Position ein und blicken auf die Vergangenheit, die Zukunft oder die Gegenwart.

2.1.1 Wie ich wurde, wer ich bin

«So steht der Erzieher vor zwei Kindern: dem zu erziehenden vor ihm und dem verdrängten in ihm. Er kann gar nicht anders, als jenes zu behandeln, wie er dieses erlebte» (Bernfeld 1971, S. 141, in Gudjons et al., 2008, S. 26).

Der Psychoanalytiker Siegfried Bernfeld bringt hier auf den Punkt, warum es für pädagogisch Tätige unverzichtbar ist, die eigene Biografie in den Blick zu nehmen. Unsere eigenen Erfahrungen mit Erziehungs- oder Lehrpersonen prägen unsere Intuition und unser grundlegendes Handwerkszeug, wie wir selbst erziehen, führen und lehren. Wenn wir pädagogisch arbeiten, sollten wir uns selbst gut kennen und eine Ahnung davon haben, wie es dazu kam, dass wir so sind, wie wir sind, und so denken, wie wir denken. Das Wohl und die Entwicklungschancen anderer können davon abhängen.

Die Reflexion der eigenen Biografie hält allerdings einige Stolpersteine bereit. Wir können die Vielzahl der Einflussfaktoren auf unsere persönliche Entwicklung nicht überblicken, denn sie sind uns häufig nicht (mehr) bewusst. Unsere Erinnerung erzählt uns sehr eigene Geschichten. Wir verzerren, verdichten, idealisieren, bagatellisieren, dämonisieren oder vergessen, sodass eine für uns möglichst stimmige Vergangenheitsgeschichte entsteht, die aber kein Abbild der Realität sein kann (vgl. Gudjons et al., 2008, S. 24–26). Dessen sollten wir uns bewusst sein, wenn wir zurückblicken. Meine Erinnerung ist *meine* Erinnerung.

Die Auseinandersetzung mit Vergangenem kann unbequem und schmerzhaft sein, denn keine Kindheit verläuft ohne Verletzungen. Wir brauchen eine hinreichende emotionale Stabilität und ein sicheres Umfeld, damit wir uns unserer persönlichen Vergangenheit überhaupt öffnen und stellen können. Dabei sollten wir es nicht übertreiben. Das forschende Suchen nach Hintergründen und Erkenntnissen sollte immer auch von der Fürsorge für sich selbst und dem Wahren der persönlichen Grenzen begleitet sein, um sich in labilen Phasen nicht zu überfordern. Es lohnt, den Blick immer wieder auf stärkende Erfahrungen und Beziehungen zu richten. Gleichzeitig entbindet uns persönliche Betroffenheit oder Instabilität nicht von der Verantwortung, zu prüfen, was wir anderen möglicherweise unbewusst zumuten. Aus gutem Grund gehört es zu einer psychotherapeutischen Ausbildung, sich auf viele Stunden Selbsterfahrung unter therapeutischer Anleitung einzulassen. Im pädagogischen Kontext ist das bislang noch nicht üblich, auch wenn der Einfluss von pädagogischen Fach- und Lehrkräften auf das Leben anderer gewaltig sein kann.

Der eigenen Biografie können wir uns von verschiedenen Seiten nähern. Ich möchte Sie nun dazu anregen, einen Blick «hinter die Kulissen» Ihres Inneren Teams zu werfen.

Wer sich in mir tummelt – die Entstehung meines Inneren Teams

Alle unseren inneren Teammitglieder haben sich im Laufe unseres Lebens aus guten Gründen entwickelt. Alle Menschen haben Grundbedürfnisse wie z. B. das Bedürfnis nach Nähe, nach Autonomie und Wachstum oder nach Sicherheit, um die sich innere Teammitglieder kümmern. Weitere innere Anteile sind durch persönliche Erfahrungen dazugekommen oder durch Interessen, Rollen oder Vorbilder. Wer häufig gebraucht wurde, positive Resonanz von der Außenwelt erhalten oder im Inneren gute Dienste geleistet hat – etwa als Leibwächter verletzlicher innerer Anteile –, konnte besonders stark und präsent werden. Da jeder Mensch in einem sehr individuellen Umfeld mit einer eigenen Konstellation von Mitmenschen, Positionen und Rollen und mit eigenen Erlebnissen aufwächst, hat jeder auch ein sehr eigenes inneres Teamensemble. Für die eine war es einst überlebenswichtig, eine wachsame Polizistin und eine kluge Strategin in sich zu haben, um trotz allerlei Widrigkeiten bestehen zu können. Für den anderen war es im Laufe seiner Entwicklung von Vorteil, einen fröhlichen Sonnenschein und einen hilfsbereiten Gentleman in sich zu tragen, denn mit ihnen waren ihm Zuwendung und Anerkennung sicher. Es gibt möglicherweise auch innere Teammitglieder, die wir in früheren Jahren dringend brauchten, die aber inzwischen deplatziert sind. Vielleicht mussten wir uns in Kindheitstagen immer wieder aggressiv zur Wehr setzen, um An- und Übergriffe großer Geschwister abzuwehren. Dieser «Kampfhund» in uns hat uns dann zwar jahrelang gute Dienste geleistet. Für unsere heutige persönliche und auch berufliche Beziehungsgestaltung kann er allerdings ein echtes Hindernis darstellen.

Ich möchte dich nun einladen, parallel zur weiteren Lektüre dein ganz persönliches Inneres Team zu erheben und dabei innere Teammitglieder zu identifizieren und zu würdigen, die du im Laufe deiner Biografie entwickelt hast. Nimm dir ein großes Blatt Papier und male einen Kopf (das Oberhaupt) und einen großen Brustraum hinein, der das ganze restliche Blatt ausfüllt. Im Laufe dieses Kapitels wirst du durch Fragen angeregt werden, zu verschiedenen Themen nach und nach innere Teammitglieder in den Brustraum zu zeichnen. Lasse genügend Platz, denn es werden viele sein. Wenn dir eine Frage nicht stimmig erscheint oder du sie schwer beantworten kannst, lasse sie einfach aus.

Stammspieler

In jedem Inneren Team gibt es sogenannte Stammspieler (Schulz von Thun, 1998, S. 181ff.). Sie sind häufig präsent und im Einsatz – meist seit unserer Kindheit. Sie prägen das, was andere als unseren Charakter bezeichnen. Es sind die inneren

Anteile, die sich für uns – zumindest zu bestimmten Zeiten – bewährt haben. Unsere innere Aufstellung kann dabei im Beruf eine andere sein als im Privatleben, in der Familie eine andere als in der Freundesgruppe. Je nachdem, mit wem wir es zu tun haben, in welcher Rolle wir uns gerade befinden und was von uns erwartet wird, steht bei uns eine andere Besetzung auf der inneren Bühne. Einige Stammspieler sind immer dabei, andere Akteure kommen nur in bestimmten Kontexten zum Einsatz.

Denke an dich in deinem Beruf: Was macht dich persönlich aus? Welche Eigenschaften schreibst du dir selbst zu? Was schätzen andere an dir? Worauf bist du stolz? Was sind deine «Ecken und Kanten»?
Versuche innere Stammspieler zu identifizieren. Gib jedem einen Namen, zeichne sie in dein Inneres Team hinein und schreibe jeweils eine typische Botschaft in eine Sprechblase. Vielleicht hast du z. B. einen «emsigen Arbeiter» («Ich schaffe was weg!») in dir, eine «verlässliche Teamplayerin» («Wir halten zusammen!»), einen «Sonnyboy» («Hallihallo!») oder eine «strukturierte Buchhalterin» («erstens, zweitens ...»)?

Erfahrungen mit Erziehungs- und Lehrpersonen

Uns interessiert hier besonders der pädagogische Kontext. Ein großer Schatz unserer Biografie, aus dem wir lernen können und (unfreiwillig und unbewusst) sicherlich schon viel gelernt haben, sind eigene Erfahrungen mit Erziehungs- und Lehrpersonen. Irgendwann waren wir selbst ja auch Kinder und Lernende.

Erinnere dich an Situationen, in denen du eine vergleichbare Rolle innehattest wie nun deine Zielgruppe.
Wie ist es dir z. B. als Kindergartenkind, Schülerin oder Jugendlichem ergangen?
Welches Verhalten deiner damaligen Erziehungs- oder Lehrpersonen hat dich ermutigt oder inspiriert? Was hat dich entmutigt, gehemmt oder zu Widerstand herausgefordert?
Welches pädagogische Verhalten erkennst du nun bei dir selbst wieder?
Ergänze dein Inneres Team entsprechend.

Erziehungssituationen sind anfällig für Gewalt. Vermutlich haben auch Sie als Kind oder Teenager Verhalten erlebt wie z. B. Demütigungen, Ausgrenzung oder andere Formen von Gewalt. Zu unserem eigenen Schutz können wir uns nicht immer spontan daran erinnern. Solche Erfahrungen hinterlassen in unserem Inneren Team allerdings Spuren – **verletzte, empfindsame kindliche Teammitglieder**. Sie werden häufig von anderen inneren Teammitgliedern, von inneren **«Wächtern»**, gut geschützt und im Verborgenen gehalten. Wenn sie allerdings Gefahr wittern, zeigen sie sich manchmal unvermittelt und heftig. Die inneren Wächter können unterschiedliche Gestalt haben. So kann uns z. B. ein kühler «Rationalisierer» («Was nicht umbringt, macht stark!»), ein gewaltbereiter «Rowdy», der bei gefühlten Provokationen unkontrolliert aus der Haut fahren kann («Jetzt bist du dran!»), ein strenger «Perfektionist» («Nur keinen Anlass zum Missfallen bieten, gib 100 %!») oder ein ängstlicher «Vermeider» («Wer nichts macht, macht nichts falsch!») kurzfristig Schutz vor schmerzvollen Empfindungen oder erneuter Verletzung bieten.

Wenn wir pädagogisch tätig sind, haben wir unsere eigenen Gewalterfahrungen mit im Gepäck – ob wir wollen oder nicht. Daher sollten wir sie uns anschauen und gegebenenfalls regulierend einwirken. Daraus kann sich z. B. ein innerer «Menschenrechtler» entwickeln, der sich dafür einsetzt, dass es anderen Kindern und Jugendlichen besser ergeht.

Welche Formen von Gewalt hast du in der Erziehung erlebt?
Welche Auswirkungen hatte das auf dich?
Welche inneren Teammitglieder sind hierdurch entstanden oder gestärkt worden?
Wie wirken sich deine eigenen Gewalterfahrungen auf deine heutige pädagogische Praxis aus?

Krisen und kritische Lebensereignisse

Kein Leben verläuft stets gradlinig, reibungslos und jederzeit sicher. Krisen oder kritische Lebensereignisse wie Kündigungen, unfreiwillige Umzüge, Trennungen, Krankheiten oder Verluste können Entwicklungsrisiken sein, aber auch Chancen bergen, gerade im Rückblick. Wer in seinem Leben bereits Krisen zu bewältigen hatte, kann möglicherweise auf bewährte Strategien zurückgreifen und zukünftige Herausforderungen mit anderen Augen betrachten. Vielleicht bleiben aber auch wunde Punkte. In jedem Fall haben sich innere Teammitglieder etabliert, die einen ihnen eigenen Umgang mit krisenhaften Situationen pflegen und uns in unserem beruflichen Alltag begleiten.

An welche Krisen oder kritische Lebensereignisse erinnerst du dich? Was hat dir geholfen, diese zu bewältigen?
Welche Herausforderungen haben dich wachsen lassen?
Was nimmst du hieraus für deine berufliche Tätigkeit mit?
Welche inneren Teammitglieder stehen dafür? Gib ihnen einen Namen, eine typische Botschaft und zeichne sie in dein Inneres Team hinein.

Berufstypisches inneres Teamensemble

Um unserem Beruf gewachsen zu sein, brauchen wir berufstypische Kompetenzen. Einige haben Sie sicherlich schon auf Ihrem früheren Lebensweg entwickelt. Vielleicht waren Sie schon als junger Mensch besonders kontaktfreudig, kommunikativ, führungsstark oder einfühlsam. Vielleicht hatten Sie bereits früh eine Rolle inne, die Sie auf den jetzigen Beruf vorbereitet hat – als großer Bruder, Nachhilfelehrerin, Babysitter oder Streitschlichterin. Möglicherweise haben Sie berufliche Um- oder Irrwege hinter sich, aus denen Sie vielfältige Erfahrungen und Fertigkeiten mitbringen. Andere Kompetenzen konnten Sie vielleicht in Ausbildung und Studium oder über «learning by doing» in Ihrer bisherigen Berufspraxis entwickeln. Da jeder Beruf spezielle Anforderungen mit sich bringt, gibt es berufstypische innere Teamensembles.

Welche inneren Teammitglieder könntest du in deinem Beruf gut gebrauchen?
Bei welchen Gelegenheiten hast du auf deinem bisherigen Lebensweg Kompetenzen für deinen jetzigen Beruf gesammelt?
Welche Eigenschaften sind das?

Um welche inneren Teammitglieder handelt es sich? Welche haben dir schon früher gute Dienste geleistet? Ergänze dein aufgezeichnetes Inneres Team.

Hanna Lorenz, eine Polizistin, hat sich beruflich umorientiert und macht gerade eine Ausbildung zur Erzieherin. «Als Polizistin musste ich Gefühle von anderen Menschen ausblenden, da ich davon nicht beeinflusst werden durfte. Auch Schicksale durfte ich nicht an mich ranlassen.» Hanna hat Sorge, ihre Abgrenzungsfähigkeit, die sie im Polizeiberuf gut gelernt hatte, könnte zu emotionaler «Grobheit» geführt haben.

In jedem Beruf sind sowohl Empathie als auch Abgrenzungsfähigkeit wichtig – allerdings in unterschiedlicher Dosierung. Im Polizeiberuf hat sich der «Bodyguard» in Hanna gut entwickelt und etabliert. Die «Empathische» in ihr war allerdings eher verpönt und hat daher weniger Übung. Nun, im Erzieherberuf, wird sie dringend gebraucht.

Das Oberhaupt

Wer in Hanna darüber nachdenkt, ist ihr Oberhaupt. Es hat zwei wesentliche Fähigkeiten: Es nimmt zum einen die inneren Anteile wahr und behält sie im Blick. Zum anderen kann es steuernd eingreifen und die innere Dynamik beeinflussen (Kumbier, 2013, S. 30). Im Zuge unserer Entwicklung wächst es zunehmend in seine Rolle hinein. Wie eine Führungskraft in Teams kann es zwischen den Teammitgliedern moderieren, Konflikte klären helfen, ihren Einsatz planen und koordinieren. Ebenso kann es wie ein liebevoller Elternteil einzelne Teammitglieder trösten, ermutigen und fördern. Es kann sogar Neueinstellungen vornehmen. Eines kann es jedoch nicht – Kündigungen aussprechen. Alle inneren Anteile sind (aus gutem Grund) gewachsen und nicht kündbar. Das bedeutet, das Oberhaupt muss auch mit unliebsamen inneren Anteilen einen Umgang finden, z. B. mit einem inneren «Faulpelz» oder einem «Angsthasen».

Unliebsame innere Teammitglieder

Unliebsame Anteile gibt es in jedem Inneren Team. Wir haben nicht nur charakterfeste, edle, berufstaugliche innere Anteile. In uns menschelt es gewaltig, und zu jeder «guten» Eigenschaft findet sich schnell ein innerer Widersacher. Mal sind wir anderen gegenüber großherzig, mal steigt mieser Neid in uns hoch. Mal besetzt eine kompetente Fachfrau unsere innere Bühne, mal drückt sich da eine ratlose Dilettantin herum. Schulz von Thun (1998, S. 195) nennt diese Widersacher «Antipoden». Beim Erheben des Inneren Teams bekommen sie zunächst meist abwertende Namen. Wie es für jeden Beruf eine passende Profimannschaft gibt, tummelt sich zugleich ein berufliches «Schattenkabinett» in uns (Schulz von Thun, 2018, S. 136–137). Dies sind all die inneren Teammitglieder, die wir als nicht berufstauglich disqualifizieren und hin und wieder am liebsten auf den Mond schießen würden. Vielleicht haben wir einen «Lästeronkel» in uns, der mit Vergnügen über andere herzieht, einen «impulsiven Wüterich», der schnell aus der Haut fährt, oder einen «Schüchternen», der am liebsten still in der Ecke sitzt und sich nicht traut mitzumachen. Alle sind auf den ersten Blick pädagogisch wenig wertvoll und unserem Beruf nicht dienlich. Unser Oberhaupt hat unterschiedliche Möglichkeiten zur Verfügung, mit ihnen umzugehen. Hier zeigt sich sein innerer Führungsstil.

Wer in dir stört dich gelegentlich oder häufig bei der Ausübung deiner beruflichen Aufgabe? Wen in dir kannst du bei deiner Arbeit gar nicht gebrauchen? Wann in deiner Biografie war dir dieser Anteil vielleicht mal von Nutzen?
Um welche inneren Teammitglieder handelt es sich hier? Füge sie deinem Inneren Team hinzu.

Die Verbannung unliebsamer innerer Anteile

Da unliebsame Anteile stören, liegt es nahe, sie von der inneren Bühne zu verdrängen. Schulz von Thun unterscheidet drei Stufen der inneren Verbannung.

In der **ersten Stufe der Verbannung** hält das Oberhaupt einen inneren Anteil vorübergehend vom Außenkontakt fern. Aus Sicht des Oberhauptes oder einzelner Teammitglieder ist der Anteil in dieser Situation fehl am Platz oder sogar schädlich. Dieses Vorgehen kann vernünftig sein. Im Vorstellungsgespräch ist z. B. der «Selbstzweifler» nicht wirklich zielführend. Auch die innere «Quasselstrippe» passt hier nicht hin.

Allerdings ist eine solche Verbannung nicht immer der Person und Situation dienlich. Zuweilen gibt es innere Anteile, die in der jeweiligen Situation dringend benötigt würden, die aber beim Oberhaupt oder bei inneren Stammspielern unbeliebt sind. Ihr berechtigtes Anliegen wird dann nicht gehört, und sie fehlen dem Team, um wirklich ausgeglichen aufgestellt zu sein.

Die Grundschullehrerin Kira Kessler ist gerade erst mit ihrem Referendariat fertig. Sie ist aus Leidenschaft Grundschullehrerin geworden und wird angetrieben von dem Wunsch, Kindern eine schöne Schulzeit zu bieten. In ihrem Inneren Team dominieren eine «engagierte Pädagogin», eine «Kinderliebe» und eine «Animateu-

rin». In den Augen ihrer Kolleginnen gilt sie allerdings als zu verspielt und inkonsequent. Wenn Kinder sich nicht an Regeln halten, versucht sie, die Situation mit Ablenkung und Humor zu retten. Das gelingt nicht immer. In ihrem Inneren Team gibt es zwar eine «Wehrhafte», die z. B. ihrem Bruder oder auch ihrem Mann gegenüber hin und wieder in Aktion tritt. In der Schule aber wird sie vom Außenkontakt ferngehalten, weil Kira Sorge hat, autoritär zu werden, eine schlechte Stimmung zu verursachen und von den Kindern nicht mehr gemocht zu werden. Dadurch verfällt sie immer wieder ins Gegenteil und verhält sich zu nachgiebig und inkonsequent.

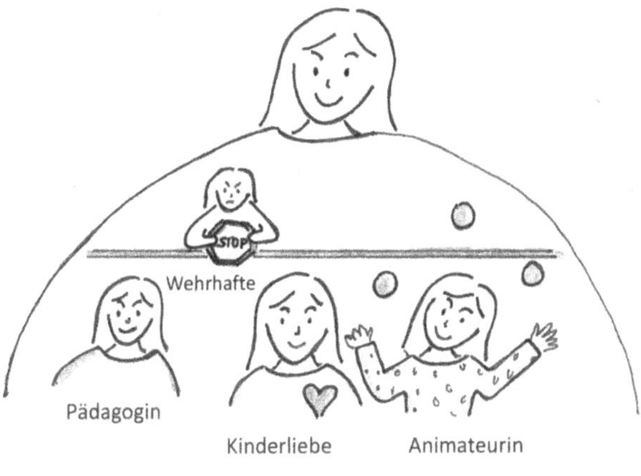

Erste Stufe der Verbannung

Während das verbannte Teammitglied in der ersten Stufe der Verbannung generell akzeptiert ist («So bin ich (gottlob) auch, so sollte ich hier aber nicht in Erscheinung treten», Schulz von Thun, 1998, S. 211), wird es in der **zweiten Stufe der Verbannung** vom Oberhaupt und anderen Teammitgliedern rigoros abgelehnt («So bin ich (leider) auch, aber so sollte ich nicht sein!», ebd.). Es ist ein Außenseiter im Inneren Team, denn es erfüllt die Ansprüche des Oberhauptes an Leistung, Moral oder mentaler Stärke nicht. So wird es von diesem ausgegrenzt, bzw., bildlich gesprochen, hinter Gitter verbannt. Nichtsdestotrotz bleibt es von seinen Bedürfnissen, Interessen und Anliegen bestimmt, die sich Gehör zu verschaffen versuchen. Zuweilen bricht es aus und besetzt überraschend und möglicherweise in unpassenden Momenten die innere Bühne. Dann sind Wächter erforderlich, die es davon abhalten – d. h. andere Teammitglieder, die darauf aufpassen, dass es möglichst nicht hervorgelockt wird. Das kostet viel Energie.

Die Heilerziehungspflegerin Theresa Tuchel arbeitet als Gruppenleitung in einem Wohnheim für Menschen mit Beeinträchtigung. Sie setzt sich unermüdlich für die pflegebedürftigen Menschen ein und geht sehr bewusst mit gutem Beispiel voran, damit ihre Mitarbeiter:innen es ihr gleichtun mögen. In letzter Zeit ertappt sie sich hin und wieder dabei, wie sie insgeheim hofft, dass der schwer pflegebedürftige Hans, der sie pausenlos auf Trab hält, bald sterben möge. In diesen Momenten spürt sie eine starke Erschöpfung und den sehnlichen Wunsch nach Ruhe. Solche Gedanken und Gefühle erschrecken sie gewaltig. «Wie egoistisch!» und «Ich darf nicht schlapp machen, sonst bricht hier alles zusammen!». Heftig verurteilt sie sich dafür, so etwas jemals gedacht und gefühlt zu haben, und versucht, es mit umso mehr Einsatz wettzumachen.

In Theresas innerer Arbeitsmannschaft haben sich eine selbstlose «Menschenfreundin», eine pflichtbewusste «Fachfrau» und eine verantwortungsvolle «Führungskraft» bewährt und zu dominanten Stammspielerinnen entwickelt. Ihr Oberhaupt kann sich gut mit ihnen identifizieren. Es gibt allerdings auch eine «Jammerliese» in ihr und eine Stimme, die eigene Bedürfnisse anmeldet – aus Theresas Sicht eine «Egoistin». Beide passen so gar nicht in Theresas berufliches Selbstbild, weshalb

sie von ihrem Oberhaupt weggesperrt werden. Die drei Stammspielerinnen versuchen sie vom pädagogischen Alltag fernzuhalten, was immer weniger gelingen will.
Weggesperrte innere Anteile bleiben meist in der Entwicklungsstufe hängen, in der sie verbannt wurden. Nicht selten handelt es sich noch um Kinder. Dies erklärt auch ihr oft irrational anmutendes Verhalten, wenn sie sich mal Ausdruck verschaffen

Zweite Stufe der Verbannung

können. In Gefängnissen werden Insassen häufig radikalisiert. So verhält es sich auch mit der inneren Verbannung einzelner Anteile. Der eigentlich «gute Kern», das eigentliche Anliegen, das sich mit dem Teammitglied verbindet, kann sich dann nicht mehr zeigen.

Eine mögliche Nebenwirkung der Verbannung ist das, was in der Psychoanalyse **«Projektion»** genannt wird. Die Eigenschaften oder Anteile, die wir mühsam in uns selbst bekämpfen oder unterdrücken, sehen wir bei anderen besonders hell leuchten. Unbewusst werden wir zu deren Verfolger und brandmarken genau diese Eigenschaften bei anderen. Daher reagiert Theresa scharf, wenn Mitarbeiterinnen sich eine Pause gönnen oder private Anliegen berücksichtigt haben möchten.

Projektion (vgl. Schulz von Thun, 1998, S. 212)

Die Projektion hat allerdings, wie alle Abwehrmechanismen, Risiken und Nebenwirkungen. Weitere Strategien wären das strenge Moralisieren («Nun reiß dich mal zusammen! Anderen geht es viel schlechter als dir») oder das Verleugnen («Mir geht's gut. Kein Problem»).

In der **dritten Stufe der Verbannung** schließlich sind ungeliebte innere Anteile so sehr verdrängt und verleugnet worden, dass wir sie nicht mal mehr als zu uns gehörig empfinden («So bin ich nicht!» Schulz von Thun, 1998, S. 211). Sie gehen, bildlich gesprochen, in den Untergrund. Allerdings behalten auch sie weiterhin ihre Anliegen und ihre Energie. Die Radikalisierung verläuft im Untergrund noch drastischer, denn das Oberhaupt hat nun den Kontakt verloren. Weil hier jeder Zugang zum alltäglichen Außenkontakt versperrt ist, entfalten sie ihre Wirkung zunächst im Inneren – in Form psychosomatischer Beschwerden, Interessens- und Gefühlsverlust und zuweilen lähmender Energieeinbuße. Es ist schwer möglich, an sie heranzukommen. Diese inneren Anteile sind, wie es in der Psychoanalyse heißt, verleugnet bzw. verdrängt. Je nach Kondition wird die Verbannung ein Leben lang aufrechterhalten – mit hohen Kosten. Ein beträchtliches Maß an Kreativität, Lebensfreude und Leichtigkeit kann so verloren gehen. Häufig kommt es irgendwann zu dem, was Schulz von Thun (1998, S. 229) «innere Machtergreifung» nennt – z. B. zu einer Depression, einem Burnout oder einer Angststörung. Möglicherweise dominieren sie dann ebenso den Außenkontakt. Auch körperlich kann sich eine solche Machtergreifung äußern – etwa durch den Ausbruch schwerer Erkrankungen. Sollte Teresa Tuchel ihre «Egoistin» und ihre «Jammerliese» noch weiter verdrängen und verleugnen, drohen ihr möglicherweise solche Folgen.

Dritte Stufe der Verbannung und innere Machtergreifung

Wenn wir Professionalität anstreben, kann es verführerisch sein, innere Anteile, die so gar nicht professionell sind bzw. in das Anforderungsprofil unserer Berufsrolle passen wollen, kurzerhand zu verbannen. Häufig werden wir von außen regelrecht dazu gedrängt. Z. B. im Hinblick auf Inklusion wachsen die moralischen Anforderungen an pädagogisch Tätige. Es komme nur auf die Haltung und den guten Willen an … Da werden möglicherweise innere kritische Geister wie auch selbstfürsorgliche, abgrenzende, ratlose oder ängstliche innere Stimmen kurzerhand weggesperrt, um einem Ideal zu entsprechen. Nur noch positive Eigenschaften scheinen opportun zu sein. Dieser moralische Anpassungsdruck kann, wie wir gesehen haben, langfristig destruktiv sein.

Es hilft uns also mittel- und langfristig nicht, unliebsame Anteile aus dem Inneren Team zu verbannen. Die Psychotherapeutin Dagmar Kumbier drückt es so aus: «Denn innen wie außen gilt: Wer sich ausgeschlossen fühlt, wird sich dennoch und gerade deswegen bemerkbar machen» (Kumbier & Bossemeyer, 2021, S. 18). Unser Oberhaupt ist daher gut beraten, so gut es geht jedes Teammitglied zu sehen, es in seiner guten Absicht zu würdigen und ihm grundsätzlich wohlgesonnen zu sein. Wie das genau im Umgang mit unliebsamen Anteilen aussehen kann, erläutere ich in Kapitel 3.5.3.

Verinnerlichte Bezugspersonen

Menschen, die uns auf unserem Lebensweg begleiten, hinterlassen nicht selten «Ableger» in uns. So mögen wir z. B. einige Leit- und Glaubenssätze unserer Bezugspersonen so gut kennengelernt haben, dass wir sie uns unwillkürlich zu eigen gemacht haben. «Der frühe Vogel fängt den Wurm!» «Wo ein Wille ist, ist auch ein Weg!» «Ohne Fleiß kein Preis!» «Trau keinem Fremden über den Weg!» So manches innere Teammitglied hat hier seinen Ursprung.

Jelena Luchinski arbeitet als Erzieherin in einem Hort und durchläuft parallel die Weiterbildung zur Heilpädagogin. In einem Lernentwicklungsgespräch berichtet sie von großem Druck und Stress. Sie versuche, die schulischen Anforderungen, ihre Arbeit als Erzieherin und ihr Familienleben unter einen Hut zu bringen, was sehr viel Kraft koste und sie an ihre Belastungsgrenze brächte. Sie habe inzwischen Schlafstörungen, fühle sich durchgehend abgeschlagen und habe Sorge, die Ausbildung nicht zu schaffen. In der Schule fällt mir Jelena hingegen durch außergewöhnlichen Ehrgeiz und sehr gute Leistungen auf. Sie investiert viel Arbeit, um in möglichst allen Leistungsnachweisen ein «Sehr gut» zu erreichen. Ich spiegele ihr meine Wahrnehmung und frage sie, ob sie sich vorstellen kann, etwas weniger Zeit und Mühe in die schulischen Herausforderungen zu investieren. Ihre Antwort kommt prompt: «Das geht nicht. Ich bin Perfektionistin.» Um dann hinzuzufügen: «Das ist mein Vater. Es war nie gut genug für ihn.»

Jelena hat offenbar ihren Vater als inneren «Antreiber» verinnerlicht, der der «Perfektionistin» in ihr ständig Dampf macht.

Verinnerlichte Bezugspersonen machen uns nicht immer das Leben schwer. Sie können auch positiv wirken. Wir alle hatten vermutlich Menschen und Begegnungen, die uns haben wachsen lassen. Vielleicht sind es sogar ein und dieselben, die uns an anderer Stelle zu schaffen machten und machen. Es lohnt sich, diese im Rückblick zu betrachten. Vielleicht gab es Menschen, die Ihnen Sicherheit und Geborgenheit geboten, oder solche, die Sie inspiriert haben, die Sie als Vorbild bezeichnen würden und die vielleicht Repräsentanten in Ihrem Inneren Team hinterlassen haben. So steht z. B. in meinem Inneren Team die «weise Großmutter» für Sicherheit, Großmut, Gelassenheit und Geborgenheit. Meine vor vielen Jahren verstorbene Großmutter war sicherlich nicht zu jeder Zeit großmütig und gelassen, doch haben sich mir diese Eigenschaften, die ich in entscheidenden Momenten bei ihr erlebt habe, eingeprägt.

Bei wem hast du dich im Laufe deines Lebens sicher und geborgen gefühlt? Wer hat dich ermutigt? Welche Menschen haben dich unterstützt? Von welchen Menschen hast du Wichtiges gelernt? Wer hat dich beeindruckt oder inspiriert?
Welche Leit- oder Glaubenssätze hast du mit auf den Weg bekommen? Sind sie für dein Leben und Arbeiten bedeutungsvoll? Sind sie hilfreich oder eher hinderlich? Welche willst du behalten, welche können «weg»?
Welche Menschen aus deiner Vergangenheit hast du (mit gewissen Aspekten) so verinnerlicht, dass sie Repräsentanten oder Stellvertreterinnen in deinem Inneren Team hinterlassen haben? Füge sie deinem Inneren Team hinzu.

2.1.2 Was mich leitet und wie ich sein will

Sie sind vermutlich nicht durch Zufall in Ihrem Beruf gelandet. Irgendetwas scheint Sie an ihm gereizt zu haben. Sie werden Ideen und Vorstellungen damit verbunden haben, z. B. Lehrerin, Erzieher, Schulleiter oder Sozialarbeiterin werden zu wollen.

Wie kommt es, und welchen Sinn macht es, dass du diesen Beruf gewählt hast?
Welchem «Ruf» bist du gefolgt?
Welche Vorstellungen hattest du von diesem Beruf?

Sie haben mit Ihrem Berufswunsch sehr wahrscheinlich eine Sinnhaftigkeit verbunden, eine wie auch immer geartete Vision. Diese gilt es im Blick zu behalten!

Eine professionelle Haltung braucht eine «Einstellung» im Sinne einer Eichung. Wie bei einem Kompass sollte klar sein, wo Norden ist und was «Norden» für den Einzelnen bedeutet. Der «Nordstern» steht im Verfahren der «Persönlichen Zukunftsplanung» (Doose, 2020) für eine persönliche Vision seiner selbst, für persönlich relevante Werte und Tugenden. Diese Metapher greife ich hier gerne auf. Ein eigener klar erkennbarer Nordstern hilft uns dabei, uns im Umgang mit Menschen und in Situationen, die häufig unvorhersehbar und vieldeutig sind, zu orientieren. Es tut gut zu wissen, was mich leitet und wofür ich stehe. Erlebte Vorbilder können uns dabei helfen, eine lebendige Vorstellung davon zu erzeugen, wie wir selbst sein möchten.

Eine pädagogische Vision ermöglicht es uns, nicht nur unseren eigenen biografischen Erfahrungen oder unserem aktuellen Umfeld zu folgen. Wir gewinnen die innere Freiheit, nach unserem eigenen inneren Kompass zu handeln.

Was für eine Lehrerin, was für ein Erzieher, was für eine Heilpädagogin, was für ein Schulleiter ... willst du sein?
Wie würde deine persönliche Selbstverpflichtung als pädagogische Fach- oder Lehrkraft aussehen? Notiere dir wichtige Aspekte.
Erkennst du neue Teammitglieder, die du deinem aufgezeichneten Inneren Team hinzufügen möchtest? Z. B. einen «standhaften Idealisten», einen «Mitläufer» oder eine «Visionärin»?

2.1.3 Wie ich jetzt bin

Selbstreflexion bezieht sich nicht nur auf die Vergangenheit und Zukunft, sondern auch und gerade auf die Gegenwart. Wir wirken im Hier und Jetzt.

Unsere momentane Befindlichkeit hat Wirkung auf unsere Haltung. Neben der Arbeit beschäftigen uns möglicherweise private «Baustellen» wie kleine Kinder, eine Erkrankung oder Beziehungsprobleme, die unsere Energie binden. Vielleicht machen uns gerade die Arbeitsbedingungen zu schaffen, oder es gibt schlechte Stimmung im Team. Oder wir sind gerade in Hochform, genießen unseren Arbeitsalltag, erfreuen uns an einem guten Betriebsklima und erfahren viel Selbstwirksamkeit.

Was beschäftigt dich gerade? Womit bist du zufrieden? Was besorgt oder ärgert dich? Wie geht es dir momentan körperlich? Was erleichtert dir im Augenblick deine Arbeit, was behindert sie?

Unsere innere Teambesetzung kann sich je nach Tagesform und je nach Anforderung immer wieder verändern. Auch kann sie je nach Tages- und Nachtzeit variieren.

Bei mir sind z. B. tagsüber die optimistischen, vernünftigen und pragmatischen Teammitglieder aktiv. Wenn diese abends nach getaner Arbeit müde sind, wittern eher emotionale und kreative innere Anteile ihre Chance und produzieren oft erstaunliche Ideen. In den sehr frühen Morgenstunden dagegen erwachen hin und wieder innere Teammitglieder, die sich leicht Sorgen machen und zur Schwarzmalerei neigen. Das Oberhaupt scheint dann aber noch zu schlafen, denn sie können ungestört die innere Bühne erobern. Im

Schlaf wiederum scheinen innere «Heinzelmännchen» (so Schulz von Thun) das Durcheinander der Tagesgeschäfte zu ordnen, wichtige Inhalte zu sortieren und für den nächsten Tag bereitzulegen. Bei Tagesbeginn übernimmt wieder das Oberhaupt das Ruder mitsamt den vernünftigen und optimistischen Pragmatikern, und die Sorgen verblassen – allerdings halten dann auch einige großartige Ideen des Abends der nüchternen Betrachtung nicht mehr stand.

- Wie unterscheidet sich deine innere Besetzung je nach Tages- und Nachtzeit? Sind dir diesbezüglich Unterschiede in deinem Fühlen und Denken aufgefallen?

Vor diesem Hintergrund ist es tatsächlich klug, mit wichtigen Entscheidungen zu warten, bis sich alle inneren Tages- und Nachtschichten dazu äußern konnten.

2.1.4 Was mich hält

Um unsere pädagogische *Halt*ung zu leben, brauchen wir *Halt*. Halt erleben wir z. B. durch **Kompetenzen.** Wir brauchen sie, um unserer angestrebten Haltung und unserem pädagogischen Alltag hinreichend gewachsen zu sein. Es ist nicht nur professionell wichtig, sondern tut auch gut und macht Mut, die eigenen Stärken zu (er)kennen. Zugleich lohnt es einen Blick darauf zu richten, was wir noch lernen können und wollen und welche Entwicklungsrichtungen wir aktuell in Bezug auf unsere berufliche Professionalisierung verfolgen. Passende Fortbildungen und gemeinsames Lernen im kollegialen Austausch können dabei helfen, in die Anforderungen des Berufs hineinzuwachsen und dadurch Halt zu erfahren.

Welche Kompetenzen geben dir in deinem Beruf Halt? Worauf kannst du dich bei dir verlassen? Worauf bist du stolz? Welches innere Teammitglied steht für die jeweilige Kompetenz? Ergänze es in dein aufgezeichnetes Inneres Team.

Halt erleben wir auch durch **Menschen**, die uns unterstützen. Unser privates Umfeld kann mehr oder weniger haltgebend sein. Nicht nur die Menschen, mit denen wir arbeiten, brauchen Bindungen. Auch wir brauchen, um im Beruf der «Fels in der Brandung» zu sein, tragfähige Beziehungen und Bindungen. Die Qualität unserer Beziehungen im Rahmen von Familie, Partnerschaften oder Freundschaften spielt eine wesentliche Rolle, um mit ausreichend innerer Kraft und Balance unsere professionelle Haltung leben zu können. Wenn unsere Bedürfnisse nach Nähe, Zärtlichkeit und Zugehörigkeit im privaten Bereich erfüllt sind, kommen wir weniger in Versuchung, diese bei unserer Zielgruppe zu suchen und damit unsere berufliche Rolle zu missbrauchen.

Welche Menschen geben dir Kraft und Halt? Wo erhältst du bei Bedarf Trost, Ermutigung oder Geborgenheit?
Was verschafft dir Energie oder Ausgleich?
Wo bist du in deinem Element?

Halt erleben wir auch durch **weitere Kraftquellen**. Neben Menschen können uns auch Tätigkeiten oder Interessen Halt, Kraft oder Ausgleich geben. Für die eine ist es Fußball, für den anderen Gartenarbeit, für eine das Cellospielen, für einen anderen

Schach. Die einen gehen gerne im Wald spazieren, andere lesen Krimis oder surfen. Auch Tiere können im Leben einiger Menschen einen großen Stellenwert einnehmen und wesentliche Kraftquellen sein.

Nun betrachte dein aufgezeichnetes Inneres Team. Schaue dir jedes einzelne Mitglied an. Vermutlich sind es viele, die sich nun auf dem Papier versammelt haben. Sie alle haben sich aus gutem Grund entwickelt und stehen für Qualitäten, die vermutlich mehr oder weniger aktiv deine Arbeit wie auch deine pädagogische Haltung prägen. Jedes einzelne hat eine Würdigung verdient!

Fehlt ein Anteil? Ergänze ihn bei Bedarf. Fällt es dir bei einzelnen schwer, sie zu würdigen? Vielleicht ist es nicht immer leicht, den guten Grund ihrer Entstehung zu finden oder ihnen im Hier und Heute etwas Positives abzugewinnen. Die Erhebung deines inneren Ensembles wird nicht vollständig sein. Aber darum geht es auch nicht. Du wirst dein Inneres Team in Zukunft eher in Bezug auf eine konkrete Frage oder Situation erheben, in der sich jeweils eine eigene innere Besetzung zeigen wird – ein Teil deines Gesamtensembles.

In Kapitel 3.4.2 erfahren Sie, wie Sie für bestimmte herausfordernde Praxissituationen eine passende innere Mannschaftsaufstellung etablieren können. In Kapitel 3.5 wird es darum gehen, wie Sie Ihr Inneres Team weiter professionalisieren, d. h. einen Umgang mit unliebsamen inneren Anteilen finden, einzelne Anteile stärken oder sogar Neueinstellungen vornehmen können.

2.2 Haltung finden – Werte und Tugenden

Wenn mir meine Haltung im pädagogischen Alltag Orientierung bieten soll, brauche ich Werte, die mich leiten. Meist folgen wir mehreren Werten, die uns bedeutsam geworden sind, und verleihen ihnen bei Alltagsentscheidungen ein jeweils unterschiedliches Gewicht. Ich werde hier exemplarisch einen Wert näher betrachten, der aus meiner Sicht untrennbar mit einer professionellen pädagogischen Haltung einhergeht: Würde.

2.2.1 Würde

Würde ist ein großes Wort. «Die Würde des Menschen ist unantastbar», so beginnt unser Grundgesetz (Art. 1 GG). Zwei Bedeutungen stecken in diesem Satz – die Würde des Menschen *kann*, und sie *darf* nicht angetastet werden. Der Mensch ist wertvoll, weil er Mensch ist. Er muss keinen Zweck erfüllen, um wertvoll zu sein, denn er ist sein Selbstzweck. So begründet der Philosoph Immanuel Kant die Menschenwürde (Bieri, 2015, S. 375). Der jedem Menschen innewohnende Wert – unabhängig von Leistung, Betragen, Aussehen, Herkunft, Behinderung etc. – macht seine Würde aus. Insofern kann Würde nicht angetastet werden, sie kann nicht verloren gehen oder zerstört werden, weil sie per se besteht.

Andererseits steckt ein Gebot in diesem Satz. Die Würde des Menschen darf nicht angetastet werden. Würde kann verstanden werden als eine Art und Weise, ein menschliches Leben zu leben, als «ein Muster des Denkens, Erlebens und Tuns» (Bieri, 2015, S. 12). Der Philosoph Peter Bieri widmet sich dieser Sichtweise umfassend in seinem Buch «Eine Art zu leben» (2015). Wir können demnach Würde wahren, verlieren oder verspielen – je nachdem, wie wir von anderen behandelt werden, wie wir mit anderen umgehen und wie wir mit uns selbst umgehen. Der Neurobiologe Gerald Hüther betont in seinem Buch «Würde» die Wichtigkeit, sich der eigenen Würde bewusst zu sein, um andere und anderes würdevoll zu behandeln. Die Vorstellung der eigenen Würde sei hirnphysiologisch angelegt und entstehe durch Erfahrungen von Verbundenheit und Autonomie (Hüther, 2018).

Was bedeutet dies nun für unsere professionelle Haltung und Beziehungsgestaltung?

Für die pädagogische Arbeit sind aus meiner Sicht vor allem drei Aspekte von Würde relevant: die Begegnung von Subjekten, die Gleichwürdigkeit von Menschen und die unbedingte Wertschätzung.

Die Begegnung von Subjekten

«Die Lehrerin unterrichtet die Schülerin.» «Der Erzieher betreut Kinder.» Hier handelt es sich im grammatikalischen Sinne um Sätze mit Subjekten und Objekten. Zur Würde des Menschen gehört es allerdings, andere Menschen nicht zu Objekten zu machen (Bieri, 2015, S. 95 ff.), d. h. Kinder nicht zu «beschulen» oder Patientinnen zu «behandeln». Es geht um Begegnungen zwischen Subjekten. Ein Subjekt zu sein bedeutet nach Bieri, ein eigenes «Zentrum des Erlebens» zu sein (ebd., S. 20 ff.). Ein Mensch hat als Subjekt einen eigenen Körper, eigene Gedanken,

Empfindungen und Bedürfnisse, eine eigene Geschichte und eigene Wünsche, Ideen und Sehnsüchte. Er ist auch für nichts und niemanden «da», er ist kein Mittel zum Zweck, sondern er ist, weil er ist.

Professionelle Haltung zeigt sich u. a. daran, ob wir Menschen tatsächlich von Subjekt zu Subjekt begegnen, d. h. den anderen als selbstständiges Wesen mit eigener Integrität achten und dafür sorgen, dass wir selbst nicht zum Objekt gemacht werden.

Woran können wir dies im pädagogischen Alltag erkennen? Es zeigt sich an der Art und Weise, wie wir über Menschen denken, mit ihnen umgehen, wie wir mit ihnen sprechen und wie wir über sie sprechen. Sobald wir einen Menschen auf einen «Zweck» reduzieren oder seine ureigene Erlebenswelt ausblenden, behandeln wir ihn als Objekt.

Es gibt Situationen, die dazu verführen, andere Menschen zu Objekten zu machen. Bei Lehrkräften ist dies z. B. die Bewertungssituation. Wenn ich Lernende als «gut» und «schlecht» kategorisiere und ihnen Leistungsrückmeldungen nur in Form von Noten gebe, mache ich sie zum Objekt meiner Beurteilungen. Ich behandele hingegen eine Schülerin als Subjekt, wenn ich mit ihr ein Gespräch über ihre momentane Leistung führe, in dem ich mich für ihre Einschätzung und ihre Sicht interessiere, sie nach ihrer bisherigen Lernerfahrung frage, versuche zu verstehen, wo sie im Augenblick steht, was sie bereits gelernt hat, was sie beschäftigt, wo es Probleme gibt, und ihr dann im Gegenzug meine Wahrnehmung und Einschätzung mitteile und mit ihr bespreche, was der nächste Entwicklungsschritt für sie sein kann. Noten können nur in Verbindung mit einem wirklichen Dialog zu einem Lerngewinn führen. Dazu gehört auch, Leistungen nicht als Persönlichkeitsmerkmal zu betrachten und zu kommunizieren, sondern als das, was sie sind – das Ergebnis der Bewältigung einer bestimmten Anforderung zu einer bestimmten Zeit.

In pädagogischen, psychologischen oder heilpädagogischen Kontexten verführen auch bestimmte Formen der Diagnostik dazu, Menschen zu Objekten zu machen – z. B. Entwicklungsberichte, Gutachten oder heilpädagogische Stellungnahmen. Wir sollten uns darum bemühen, Menschen auch hier als Subjekte zu betrachten und zu behandeln, indem wir z. B.

- Diagnostik nur für eine vorher festgelegte konkrete Fragestellung vornehmen, die sinnhaft und der betreffenden Person dienlich ist;
- ihr Einverständnis einholen und die diagnostische Fragestellung abstimmen;
- sie so weit wie möglich einbeziehen und die Diagnostik zu einem gemeinsamen Prozess machen;
- ihre Sichtweise und Interessen ernst nehmen und berücksichtigen;
- uns der Subjektivität unserer eigenen Wahrnehmung bewusst sind;
- uns beschreibend auf konkret Sichtbares und Hörbares beziehen und Interpretationen als solche benennen;
- uns dessen bewusst sind, dass wir die Komplexität der Persönlichkeit des anderen niemals in Gänze erfassen können;
- und uns dessen bewusst sind, dass jede gemeinsame Erfahrung das Ergebnis eines Wechselspiels aller involvierten Personen ist und wir selbst daher einen Anteil an jeder Situation haben.

Gleichwürdigkeit

Im beruflichen Kontext gibt es mehr oder weniger klar definierte Rollen und Machtverhältnisse. Kinder und Jugendliche haben weniger Befugnisse als Erwachsene, die wiederum mehr Verantwortung tragen. Das Verhältnis im pädagogischen und klinischen Kontext ist ein komplementäres (Hawellek, 2012, S. 50) und ein asymmetrisches (Jensen und Juul, 2019). Lehrpersonen bewerten Lernende, was möglicherweise gravierende Folgen für deren berufliche Zukunft hat. Eine gesetzliche Betreuerin trifft Entscheidungen über sehr persönliche und existenzielle Fragen eines betreuten Menschen. Ein Therapeut oder Arzt stellt Diagnosen und schreibt Berichte über eine Klientin bzw. einen Patienten. Menschen stehen immer wieder in Abhängigkeitsverhältnissen zueinander. Es kann verführerisch sein, aus Rollen und Hierarchien mit Machtverteilungen unterschiedliche Wertigkeiten oder aber Würdegrade abzuleiten. In «Amt und Würden» zu sein verschafft uns besondere Rechte und Verantwortung – nicht aber eine höhere Wertigkeit.

Die Würde jedes Menschen ist gleichermaßen unantastbar und bedeutsam – unabhängig von Alter, Fähigkeiten, Rollen, Titeln oder Machtverhältnissen. Der dänische Familientherapeut Jesper Juul hat in diesem Zusammenhang den Begriff der «Gleichwürdigkeit» geprägt (Jensen und Juul, 2019). Gleichwürdigkeit bedeutet anzuerkennen, dass mein Gegenüber anders ist als ich, d. h. z. B. eine andere Rolle, andere Rechte, eine andere Verantwortung innehat, es aber zugleich genauso ernst zu nehmen wie mich selbst.

Das bedeutet für unsere Praxis im weiteren Sinne:

- Sei eine Lehrerin, bei der du selbst gerne Lernende wärst!
- Sei ein Pädagoge, bei dem du selbst gerne in Betreuung wärst!

- Sei eine Führungskraft, bei der du selbst gerne Mitarbeiter:in wärst!

Zur Würde eines Menschen gehört die Anerkennung seiner Grundbedürfnisse. Wir haben sie alle und können demnach, wenn wir uns in andere hineinversetzen, annähernd gut nachvollziehen, was andere brauchen. Der Spruch «Was du nicht willst, was man dir tu, das füg auch keinem andern zu!» meint genau dies. Interessanterweise ist er sinngemäß auch in allen großen Religionen zu finden (Flosdorf, 2009, S. 40).

Aber Achtung! Dies gilt für Grundbedürfnisse, nicht für konkrete Umsetzungsideen. Wir Menschen sind und empfinden nicht alle gleich! Jeder bringt eigene Talente und Möglichkeiten, aber auch seine eigenen Grenzen mit, ist auf seine Weise sozialisiert und hat eigene Ziele und Interessen. Bei jedem sind Bedürfnisse unterschiedlich ausgeprägt, und die Wege zur Befriedigung sind jeweils andere. Daher würde der Umkehrschluss «Was du willst, was man dir tu, das füg auch jedem anderen zu!» möglicherweise zu Leid und Konflikten führen, wenn er sich nicht auf übergeordnete Werte, sondern auf konkrete Taten bezieht. Der Kinderarzt Remo Largo beschreibt in seinem Buch «Das passende Leben» sehr anschaulich, wie wichtig es für die Entwicklungsmöglichkeiten von Menschen ist, ihre Individualität anzuerkennen und zu würdigen (Largo, 2017). Alle Menschen über einen Kamm zu scheren, würde unser aller Entwicklungsmöglichkeiten unzulässig beschränken.

Für die eine Mitarbeiterin ist, als biologisch programmierte «Lerche», der frühe Arbeitsbeginn ein Segen, für die andere, als «Eule», ein Fluch.

Für die eine ist das feucht-fröhliche Betriebsfest gemeinschaftsstiftend, für den anderen befremdlich.

Der Fernseher im Krankenhauszimmer bringt den einen zur

Weißglut, der andere fühlt sich durch ihn unterhalten und weniger allein.

Es liegt nahe zu glauben, andere «tickten» so wie wir. Wenn wir andere mit unseren Maßstäben messen («Ich würde aber ...», «Ich hätte das so gemacht ...», «Für mich wäre das kein Problem ...»), nehmen wir sie als Individuen nicht ernst. Die Kontexte, Möglichkeiten und Biografien jedes Menschen sind unterschiedlich, und, wie gesagt, auch die Bedürfnisse variieren, erzeugen jeweils andere Interessen und brauchen individuelle Lösungen, damit sie erfüllt werden können.

Wir finden all dies nur heraus, wenn wir gut zuhören und die betreffenden Menschen an allem beteiligen, was sie und ihre Entwicklung betrifft. Aufrichtige Partizipation ist aus gutem Grund ein wesentliches Element gelingender Pädagogik.

Wenn wir Kindern und Jugendlichen mit der Haltung begegnen «Deine Gefühle sind richtig, deine Wahrnehmungen sind wichtig», selbst wenn sie sich von den meinen komplett unterscheiden, können sie lernen, Selbstbewusstsein und Selbstvertrauen aufzubauen.

Dazu eine Beobachtung aus einer Hospitation in einer Kindertagesstätte, die ich gefilmt hatte:

Die vierjährige Marie kommt mit besorgtem Gesicht zu ihrer Erzieherin gelaufen: «Ich hab Nasenbluten!» Die Erzieherin schaut Marie mit freundlichem, forschendem Blick ins Gesicht und sagt mit ruhiger Stimme: «Hm, ich sehe kein Blut, Marie!» «Aber doch, es blutet!», sagt Marie. Die Erzieherin spiegelt Maries Besorgnis in ihrem Gesicht. «Wollen wir mal gemeinsam ins Bad zum Spiegel gehen und nachschauen?» «Ja!» Beide gehen ins Bad und stellen sich vor den Spiegel. Die Erzieherin geht in die Hocke. Marie hält ihr Gesicht dicht vor den Spiegel und spreizt mit ihren Fingern ihre Nasenlöcher weit auseinander. Die Erzieherin schaut im Spiegel Maries Nase an. «Kannst du Blut sehen, Marie?» «Nein.» «Magst du dir ein Taschentuch holen? Vielleicht will deine Nase mal geputzt werden?» «Ja.» Nach einer Pause sagt Marie: «Vielleicht hab ich morgen Nasenbluten.» «Hattest du denn schon mal Nasenbluten?» «Nein, aber gestern hatte Max ganz viel Nasenbluten. Überall war Blut.» «Ja, das stimmt. Das war nicht schön für Max. Wie gut, dass du heute kein Nasenbluten hast, Marie!» Beide schauen sich an und lachen.

Unbedingte Wertschätzung

Jeder Mensch sollte von Beginn an und immer wieder durch seine Bezugspersonen und andere für ihn bedeutsame Menschen erleben und erfahren, dass er einzigartig und kostbar ist. Auf diese Weise kann er ein gesundes Selbstwertgefühl aufbauen. Unbedingte Wertschätzung bedeutet aber nicht, das Verhalten eines jeden Menschen zu jeder Zeit gutzuheißen. Wir brauchen die Fähigkeit, Verhalten und Person zu trennen. So können wir das Verhalten eines Menschen scharf missbilligen und ihm dennoch zugleich generelle Wertschätzung entgegenbringen – allein, weil er Mensch ist. Tatsächlich zeigt sich unbedingte Wertschätzung vor allem in Situationen, in denen sie auf die Probe gestellt wird – bei Fehlern, Störungen oder Konflikten.

Die Grundschullehrerin Inge Sommer hat einen Konflikt mit dem siebenjährigen Tarek. Sie hat ihm sein Taschenmesser abgenommen, nachdem er einen Mitschüler damit bedroht hatte. Daraufhin klettert Tarek in den Schrank im Klassenzimmer und weigert sich, wieder herauszukommen. Es klingelt zur Pause. Die anderen Kinder rennen auf den Pausenhof. Inge Sommer setzt sich ans Lehrerpult und sagt zu Tarek: «Du kannst jetzt auf den Pausenhof, Tarek. Es ist Pause.» «Ich komm erst raus, wenn ich mein Messer wiederkriege!» «Ich habe dir ja eben schon gesagt, dass deine Mutter später das Messer abholen wird.» «Es ist mein Messer!» «Ja, das glaube ich dir. Aber hier in der Schule darfst du es nicht verwenden.» «Ich komme nicht wieder raus!» «Dann bleibe ich hier sitzen und mache die Klassenbucheinträge.» Für einige Minuten ist es still. Nach einer Weile: «Das Messer hat mir Peter geschenkt.» «Wer ist denn Peter?» «Peter ist mein Onkel.» «Wofür benutzt du das Messer denn sonst so, Tarek?» «Zum Schnitzen. Ich habe schon einen Pfeil geschnitzt. Und einen Zauberstab.» «Wow! Ich habe noch nie einen Zauberstab geschnitzt. Wie sieht dein Zauberstab denn aus?» Tarek kommt aus dem Schrank. «Guck mal, der hat unten Zacken reingeritzt, und oben ist er rot. Das sieht aus wie Blut dran!» Tarek schaut seine Lehrerin mit großen Augen an und beschreibt ihr mit Gesten den Zauberstab. Die Pause ist um. Die anderen Kinder kommen wieder rein. Tarek setzt sich an seinen Platz, und die nächste Stunde beginnt.

Wie sieht es mit der unbedingten Wertschätzung in deiner Arbeit aus? Werden in deiner Einrichtung leistungsstarke und leistungsschwache bzw. angepasste und unangepasste Kinder oder Jugendliche gleichermaßen wertgeschätzt? Woran können die Menschen, mit denen du arbeitest, erkennen, dass du ihnen unbedingte Wertschätzung entgegenbringst?

Menschen Wertschätzung entgegenzubringen lässt sich nicht nach Rezept «abarbeiten». Wertschätzung zeigt sich nicht allein durch Freundlichkeit oder nette Worte, sondern vor allem darin, ob jemand in seiner Rolle aufrichtiges Interesse am anderen zeigt, ihm gegenüber wohlwollend gestimmt ist und die Bereitschaft hat, ihm zu geben, was er braucht, d. h. sich zumindest aufrichtig Mühe zu geben.

Wo hast du die Erfahrung gemacht, als Mensch grundsätzlich wertgeschätzt zu werden – auch unabhängig von besonderen Talenten oder Leistungen? Woran zeigte sich dies? Welche Wirkung hatte es auf dich?

Ich war 2005 im Rahmen eines Schulentwicklungsprojektes mit einer kleinen Delegation für ein paar Tage in Helsinki, um das finnische Schulsystem kennenzulernen. Es hatte in der ersten PISA-Studie Spitzenplätze belegt. Wir wollten verstehen, was es so erfolgreich macht. Zu Beginn hatten wir einen Termin mit dem leitenden Bildungsberater des Zentralamtes für Bildungswesen, Rainer Domisch. Als wir uns bei regnerischem Wetter dem großen Gebäude näherten, stand dieser bereits mit Regenschirm vor der Tür und erwartete uns. Diese Geste der Wertschätzung war ein symbolisch passender Auftakt unserer Erfahrungen mit finnischen Schulen und Kitas, in denen wir in den kommenden Tagen ausgiebig hospitierten. Sie zeichneten sich aus unserer Sicht in keiner Weise durch eine besondere Didaktik, Methodik, Ausstattung oder Technik aus. Das Besondere für uns war vielmehr die dort erlebte Wertschätzung auf allen Ebenen. Sie bezog sich nicht nur auf den Umgang mit Gästen und Lernenden, sondern auch auf die Lehrpersonen selbst. In einer Schule tagte gerade das Kollegium, um daran zu arbeiten, wie sich die gemeinsame Arbeit noch angenehmer und freudvoller gestalten ließe.

Auch unsere eigene Würde verdient Schutz. Wir brauchen nicht nur ein Gespür dafür, wann sie verletzt wird, sondern auch Wertschätzung für uns selbst. Wenn wir nicht «Nein» sagen können, uns zu viel Arbeit aufbürden oder uns von Kindern, Jugendlichen, Eltern oder Vorgesetzten respektlos behandeln lassen, ist dies nicht der Fall.

Anderen Menschen unbedingte Wertschätzung entgegenzubringen ist zuweilen anspruchsvoll und kein Selbstläufer. Manchmal lösen sie ungute Gefühle oder Widerstände in uns aus, und wertschätzende Empfindungen wollen sich beim besten Willen nicht einstellen. Es ist allzu menschlich, ein Gegenüber auch mal auf Anhieb unsympathisch zu finden. Hier kann es uns helfen, wenn wir uns in folgenden Tugenden üben: Empathie, Offenheit und Ressourcenorientierung.

2.2.2 Tugenden

Können wir unsere Werte leben, d. h. in unserem Denken und Handeln verankern, sprechen wir von Tugenden. Für eine professionelle Haltung brauchen wir eine Vielzahl an Tugenden. Wir könnten nun eine eindrucksvoll lange Liste betrachten, die niemals vollständig wäre – ein undankbares und wenig zielführendes Unterfangen. Denn: Die Menge allein macht's nicht!

Jede Tugend kann auch in eine Untugend umschlagen, wenn es ihr an Ausgleich fehlt. Auf der Grundlage der Vorarbeiten von Nikolai Hartmann und Paul Helwig hat Friedemann Schulz von Thun (1989) das Modell des Werte- und Entwicklungsquadrats entwickelt, welches diese Erkenntnis konkretisiert und veranschaulicht. Erfahrungsgemäß hat es das Modell allerdings «in sich» und ist nicht immer leicht zugänglich. Der – aus meiner Sicht bedeutsame – Gewinn für die pädagogische Praxis erschließt sich erst mit der mehrmaligen Anwendung. Ich werde es daher Schritt für Schritt erklären. In Kapitel 3.5.3 werde ich erneut darauf zurückkommen.

Das Werte- und Entwicklungsquadrat

Das Modell geht davon aus, dass «jeder Wert (jede Tugend) nur dann zu einer konstruktiven Wirkung gelangen kann, wenn er sich in ausgehaltener Spannung zu einem positiven Gegenwert, einer Schwestertugend, befindet» (Schulz von Thun, 1998, S. 38).

Betrachten wir ein Beispiel: Eine Tugend, die in jedem Arbeitsfeld zur Professionalität gehört, ist *Gewissenhaftigkeit*. Sie beinhaltet, dass wir unseren Auftrag ernst nehmen, unsere Sache möglichst gut machen wollen und uns aufrichtig Mühe geben.

Wir können es allerdings mit der Gewissenhaftigkeit auch übertreiben! Wenn wir uns für unseren beruflichen Auftrag aufreiben, überhöhte Erwartungen an uns selbst stellen, mit unserem Werk niemals zufrieden sind und uns übermäßig unter Druck setzen, sprechen wir von *Perfektionismus*. Wie in Kapitel 2.8.3 erläutert wird, schadet Perfektionismus unserer Professionalität. Wir können hier aus gutem Grund von einer Untugend sprechen.

Wir brauchen also einen Ausgleich – eine Schwestertugend zur Gewissenhaftigkeit. *Gelassenheit* ist eine Tugend, die uns hier weiterhelfen kann. Wenn wir gewissenhaft sind, zugleich aber auch mal «Fünfe gerade sein lassen» und uns zurücklehnen und entspannen können («Das ist gut genug»), werden wir unsere Arbeit effizienter angehen können und dabei gesünder bleiben.

Aber auch bei der Gelassenheit kann es ein Zuviel des Guten geben. Mangelt es uns an Gewissenhaftigkeit, kippt unsere Gelassenheit in eine Untugend und verkommt zur *Nachlässigkeit*. Dann nehmen wir den beruflichen Auftrag möglicherweise nicht wichtig genug, wir geben uns wenig Mühe, und unsere Arbeitsergebnisse lassen zu wünschen übrig.

Professionalität erfordert daher ein ständiges Gleichgewicht zwischen beiden Tugenden, damit nicht eine von ihnen zu einer Untugend kippt. Wie bei einer Wippe bleiben wir in einer ständigen Bewegung und sind immer wieder dabei, die beiden Seiten auszubalancieren. Mal sind wir etwas gelassener, mal dominiert unsere Gewissenhaftigkeit – idealerweise alles zu seiner Zeit und in stimmigem Maß. Wir brauchen daher hinreichend viel von beiden Tugenden, sodass wir sie bedarfsgerecht einsetzen können.

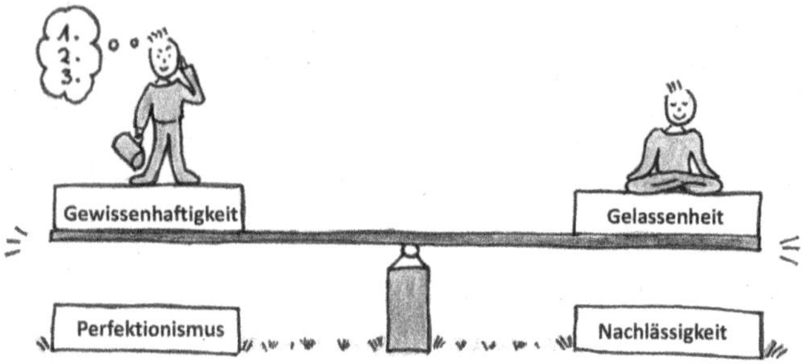

Serpil Deligöz hat gerade mit Bravour ihr Referendariat als Berufsschullehrerin beendet und ist nun mit einer vollen Stelle übernommen worden. Ihr ist es ein großes Anliegen, die Lernenden bestmöglich zu unterstützen. Wie sie es zuvor gelernt und geübt hat, bereitet sie sich akribisch auf jede Unterrichtsstunde vor, liest sich in die entsprechende Fachtheorie ein, überlegt sich Ziele und erlebnisaktivierende Methoden, erstellt Unterrichtsmaterial und verschriftlicht die Dramaturgie jeder Unterrichtsstunde mit den jeweiligen Zeitintervallen. Allerdings hat sie es nun mit 25 Unterrichtsstunden in der Woche zu tun. Schon bald stößt sie an ihre Grenzen, schafft es nicht annähernd, ihre Erwartungen zu erfüllen, und fühlt sich in hohem Maße gestresst und unzufrieden.

Sie fragt Bernd Lampe, der bereits seit 21 Jahren Berufsschullehrer ist, wie er es schafft, so gelassen und gut gelaunt seinen Schulalltag zu meistern. Bernd gibt zu, häufig komplett unvorbereitet in die

Klassen zu gehen. Die wesentlichen Themen und Methoden kenne er inzwischen. Wirklich Neues komme da nicht hinzu. Oft überlege er sich auf dem Weg, und manchmal sogar erst im Austausch mit der Klasse, was nun am besten zu tun sei. Serpil fällt ein, dass sich Bernds Klasse gerade erst darüber beschwert hat, dass sie ihre Klausuren wochenlang nicht zurückbekämen und dass Bernd wenig ansprechbar sei, wenn sein Einsatz als Klassenlehrer gefragt sei.

Um das Werte- und Entwicklungsquadrat nutzen zu können, ist es sinnvoll, es zunächst zu visualisieren. Oben befinden sich zwei Tugenden, die in ausgehaltener Spannung zueinanderstehen (sollten). Welche auf der rechten und welche auf der linken Seite steht, ist unerheblich.

Jede Tugend (oben) kann allerdings in eine Untugend (unten) umschlagen, wenn die jeweilige ausgleichende Tugend nicht hinreichend entwickelt ist. So kann Serpils Gewissenhaftigkeit ohne die nötige Gelassenheit und Nachsicht zum Perfektionismus werden, und Bernds Gelassenheit kann zur Nachlässigkeit verkommen. Diese Verbindung wird durch eine senkrechte Linie von oben nach unten dargestellt.

Von unten nach oben wird dagegen deutlich, welch guter Kern sich in einer negativen Eigenschaft verbirgt. Oben stehen also die positiven, erstrebenswerten Eigenschaften, die Tugenden, unten die jeweiligen negativen Übertreibungen, die Untugenden. Wenn wir z. B. Bernd Nachlässigkeit vorwerfen, sollten wir zugleich seine Gelassenheit anerkennen, die in seinem Beruf durchaus auch notwendig ist.

Die Diagonalen stehen für Gegensätze zwischen einer Tugend und einer Untugend. Sie zeigen nach oben aber auch eine Entwicklungsrichtung auf. Daher der Name «Entwicklungsquadrat». So könnte sich Serpil, die zum Perfektionismus neigt, in Gelassenheit und Nachsicht üben, um ihren Arbeitsalltag zu bewältigen und dabei gesund zu bleiben. Bernd hingegen verhält sich zuweilen nachlässig und könnte mehr Gewissenhaftigkeit gebrauchen, um seinem beruflichen Auftrag gerecht zu werden. Von oben nach unten zeigen die Diagonalen eine mögliche Vorwurfsrichtung auf. So könnte Bernd Serpil vorwerfen, perfektionistisch zu sein, und umgekehrt könnte Serpil Bernd Nachlässigkeit unterstellen.

Die untere waagerechte Linie verbindet die eine Untugend mit der anderen. Wenn Serpil in der guten Absicht, gelassener zu werden, nun ins andere Extrem fällt, folgt sie unbeabsichtigt diesem Weg.

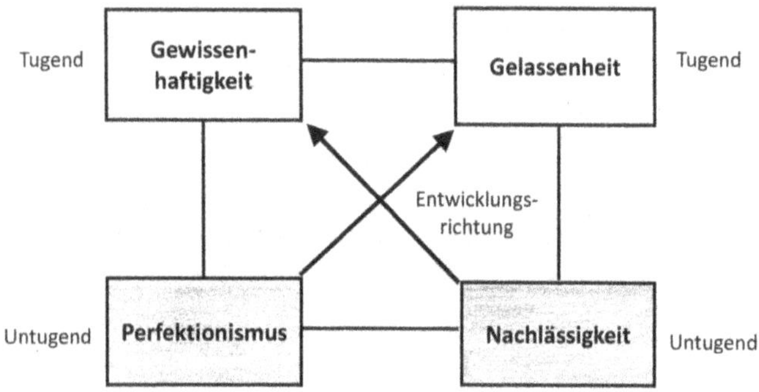

Werte- und Entwicklungsquadrat Gewissenhaftigkeit – Gelassenheit

Das Werte- und Entwicklungsquadrat kann uns im pädagogischen Alltag auf unterschiedliche Weise nützlich sein:

- Wir können in jeder Schwäche eine Stärke erkennen.
- Wir können anhand einer besonderen Stärke herausfinden, auf welche Schwestertugend wir ausreichend achten sollten, damit diese Stärke auch positiv wirken kann.

- Wir können im Rahmen einer Selbstreflexion persönliche Entwicklungsrichtungen erkennen und Schritt für Schritt verfolgen.
- Wir können bei anderen Menschen Entwicklungsrichtungen ausmachen, zugleich aber ihre bestehenden Stärken würdigen. Auf diese Weise können wir z. B. konstruktives Feedback geben.
- Wenn Vorwürfe dominieren – sei es bei Konflikten oder bei Bewertungen anderer –, können wir den guten Kern und die gute Absicht bei dem jeweils anderen erhellen. Die Einsicht, dass für ein Gelingen des Ganzen sehr wahrscheinlich beide Tugenden (die scheinbar fehlende, wie auch die, die bereits im Übermaß vorhanden zu sein scheint) in einem guten Zusammenspiel gebraucht werden, kann zu einer Haltungsänderung führen.

Es erfordert viel Übung, das Werte- und Entwicklungsquadrat im Alltag nutzen zu können. Manchmal ist es schwer, die passenden Worte zu finden. Dann reichen vorerst kurze Beschreibungen oder mehrere Wörter, die sich dem fehlenden Wort annähern. Auch Wortneuschöpfungen sind erlaubt. Hier eine Übung:
Wähle eine Tugend, eine positive Eigenschaft, die dir für deine Arbeit wichtig erscheint. Vielleicht ist es eine, die du besonders viel oder noch besonders wenig verkörperst. Schreibe sie in den Kasten oben links.
Unten links: Nun überlege dir die jeweilige Untugend. Wozu kommt es, wenn diese Tugend übers Ziel hinausschießt?
Oben rechts: Fahre fort und suche die passende Schwestertugend zu deiner gewählten Tugend. Was ist das Gegenteil der

eben formulierten Untugend und zugleich ein guter Ausgleich für deine Tugend?

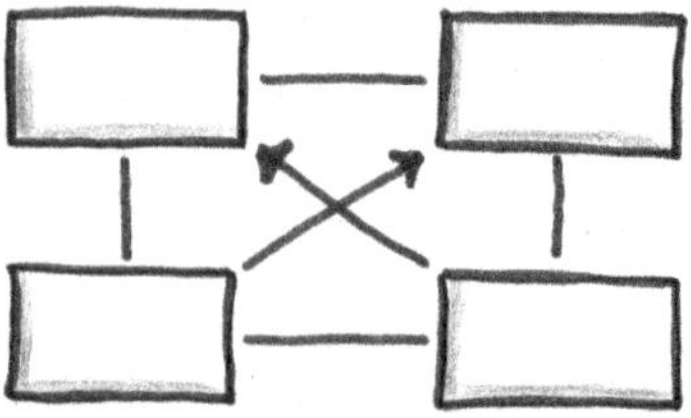

Unten rechts: Nun fehlt die passende Untugend zur Schwestertugend oben rechts. Was passiert, wenn diese Tugend überhandnimmt? Sie ist zugleich das Gegenteil der zuerst gewählten Tugend oben links.

Nun ist dein Werte- und Entwicklungsquadrat vollständig. Wo stehst du? Kannst du eine persönliche Entwicklungsrichtung erkennen?

Wir können festhalten: Professionalität ergibt sich nicht allein aus einer Vielzahl von Tugenden, sondern vor allem aus einem gelungenen Zusammenspiel, aus einer guten Balance wesentlicher Tugenden.

In jedem Berufsfeld brauchen wir solche allgemeinen Arbeitstugenden wie Gewissenhaftigkeit, Ehrlichkeit oder Verlässlichkeit. Die Professionalität von Menschen, die verantwortlich mit anderen Menschen arbeiten, erfordert darüber hinaus spezielle pädagogische Tugenden. Exemplarisch möchte ich nun drei aus meiner Sicht zentrale pädagogische Tugenden herausgreifen und näher betrachten: Empathie, Offenheit und Ressourcenorientierung.

Empathie

Die Tugend der Empathie hat es in sich – besteht sie doch aus drei verschiedenen neuronalen Netzwerken: der emotionalen Resonanz, der kognitiven Perspektivübernahme (Theory of Mind, s. u.) und dem Mitgefühl (Singer, 2020, S. 24).

Unser Gehirn ist darauf ausgelegt zu fühlen, was der andere fühlt. Wenn wir z. B. beobachten, wie ein anderer Mensch Schmerzen erleidet, werden in unserem Gehirn dieselben Nervenzellen wie bei eigenem Schmerz stimuliert, d. h., unsere sogenannten Spiegelneuronen reagieren, wir verziehen das Gesicht und verspüren einen gewissen eigenen Schmerz (Bauer, 2015, S. 23). Dennoch wissen wir, dass es nicht der unsere ist. Vergleichbares gilt für andere emotionale Zustände. Wir fühlen mit anderen mit. Wenn wir beruflich mit Menschen zu tun haben, brauchen wir diese **emotionale Resonanzfähigkeit**. Sie ist die Basis für feinfühliges Verhalten, das für einen sicheren Bindungs- und Beziehungsaufbau unerlässlich ist.

Wir sind aber nicht nur in der Lage, die Gefühle unseres Gegenübers zu erkennen und zu spüren, sondern auch seine Gedanken, Bewertungen, Interpretationen, Absichten oder Glaubenssätze zu erahnen. Fachleute sprechen hier von **kognitiver Perspektivübernahme** oder auch **«Theory of Mind»** (Bornemann & Singer, 2013, S. 185–194). Die Kunst der kognitiven Perspektivübernahme besteht darin, Motive, Interpretationen, Bewertungen und Gedanken einer Person nachvollziehen zu können, selbst wenn sie sich von den unseren unterscheiden. Dafür ist es notwendig, sich in einen anderen Menschen nicht nur emotional, sondern auch gedanklich hineinversetzen zu können. Dies kann nur dann gelingen, wenn wir die innere Freiheit haben, unsere eigenen Vorstellungen und Glaubenssätze gegebenenfalls mit emotionalem Abstand zu betrachten und sie als die unsrigen für einen Moment beiseitezustellen.

Neben emotionaler Resonanzfähigkeit und kognitiver Perspektivübernahme ist **Mitgefühl** die dritte Komponente von Empathie. Sie enthält sowohl einen emotionalen als auch einen motivationalen Anteil. Wenn wir voller Mitgefühl sind, nehmen

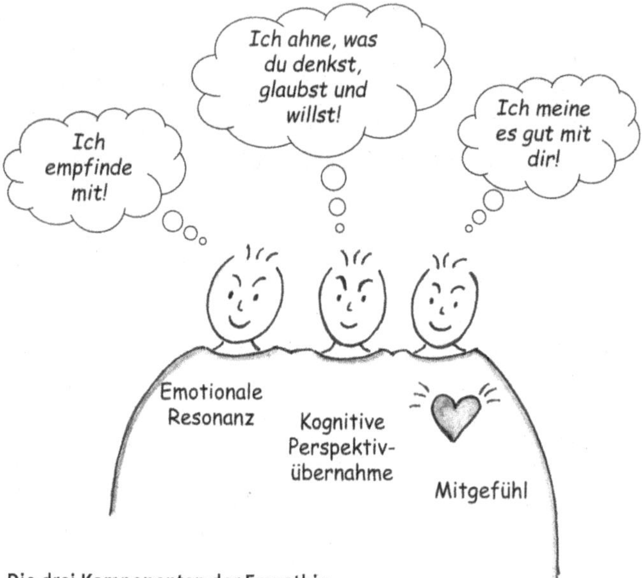

Die drei Komponenten der Empathie

wir die Freude oder das Leid anderer wahr und meinen es gut mit ihnen, d. h., wir können uns z. B. mitfreuen und anderen etwas gönnen. Zugleich erkennen wir Leid, lassen uns aber nicht davon anstecken, sondern haben fürsorgliche Gefühle und versuchen ggf. zu helfen. Dies ist vor allem dann eine Herausforderung, wenn uns die Gefühle unseres Gegenübers unangenehm oder unverständlich sind. Bei sogenannten Trotzanfällen von Kindern kann es z. B. emotional herausfordernd sein, die Wut und Hilflosigkeit des Kindes als solche anzunehmen und ihm zu helfen, seine heftigen Gefühle zu regulieren, anstatt sich von ihnen anstecken bzw. provozieren zu lassen.

Wir brauchen für eine professionelle Haltung alle drei o. g. Netzwerke der Empathie. Kinder lernen nach und nach, ihre Gefühle selbstständig zu regulieren, also sich z. B. zu beruhigen oder sich zu motivieren, indem Bezugspersonen sie darin unterstützen. Dies geschieht idealerweise feinfühlig, verlässlich und passgenau abgestimmt. Dafür ist Empathie eine wesentliche Voraussetzung (Nentwig-Gesemann et al., 2012, S. 24). Ein Beispiel aus der Kita:

Die Kindergartengruppe sitzt beim Mittagessen. Die dreijährige Lene darf mit der leeren Reisschüssel in die Küche gehen, um Nachschub zu holen. Mit der vollen Reisschüssel und einem breiten Grinsen im Gesicht nähert sie sich dem Gruppenraum. «Neuer Reis ist da!» Sie übersieht eine Stufe und stolpert – die Schüssel fällt zu Boden. Lene steht einen Moment wie versteinert da, die Augen aufgerissen. Ihre Erzieherin sagt mit leicht erschrockener Stimme: «Ups!» Sie geht zu ihr und hockt sich neben sie. Mit freundlicher, ruhiger Stimme sagt sie: «Eieieieiei, jetzt ist alles auf dem Boden», und macht dazu mit beiden Händen eine entsprechende Geste. Sie wartet einen Moment. Lene schaut die Erzieherin hilfesuchend an. Tränen stehen in ihren Augen. Die Erzieherin schaut freundlich zurück und sagt: «Du bist über die Stufe gestolpert. Das ist aber auch ein Schreck, was?» Lene nickt und schaut traurig auf den Reis, der am Boden liegt. «Der Reis noch gut?» «Nein, den können wir leider nicht mehr essen. Du darfst gleich neuen Reis holen, wenn du möchtest.» Die Erzieherin bittet ein zuschauendes Kind, ihr den Handfeger und das Kehrblech zu holen. Sie schaut Lene aufmunternd an, hält ihr den Handfeger hin und hält selbst das Kehrblech. «Wir machen den Reis jetzt zusammen in den Mülleimer. O. k.?» Lene bückt sich und fegt.

Die Erzieherin fühlt mit, wie Lene zumute ist, und spiegelt zunächst ihren Schrecken – mit ihrer Mimik, ihrer Tonlage und mit einem Laut («Ups!»). Somit spürt Lene, dass ihr Erleben geteilt wird. Im nächsten Schritt hilft ihr die Erzieherin, ihre Gefühle zu regulieren. Sie hockt sich neben Lene, begegnet ihr auf Augenhöhe und signalisiert ihr mit ihrer Tonlage und Stimme («Eieieieiei …»), dass Lene sich beruhigen kann. Sie benennt, was geschehen ist («Du bist über die Stufe gestolpert») und gibt Lene Worte für ihre Gefühle («Das ist aber auch ein Schreck, was?»). Die Erzieherin behält das Bedürfnis von Lene im Blick, eigenständig Reis zu holen, und den Stolz, den Lene zeigte, als sie es fast geschafft hatte. Sie ermutigt sie, es noch einmal zu tun, und ermöglicht ihr damit nach der «Panne» ein Erfolgserlebnis. Dieses Zutrauen ist die Basis für Selbstwirksamkeitserfahrungen, die Lene hier machen kann. Gleichzeitig leitet die Erzieherin Lene dazu an, den «Schaden» wieder zu beheben, indem sie mit ihr gemeinsam den Reis auffegt. Somit kann Lene ohne Gesichtsverlust und gestärkt aus dieser Situation hervorgehen.

Empathie entfaltet nur dann ihre positive Wirkung, wenn es tatsächlich um das Wohl und das subjektive Befinden der betreffenden Person geht. Ist dagegen z. B. Mitleid im Spiel, geht es eher um die Fantasie von Helferpersonen als um die betreffende Person selbst.

Die dreizehnjährige Carla ist blind. Seit Neuestem hat sie gelernt, ihren Schulweg allein zu gehen. An der ersten Kreuzung biegt sie rechts ab. Sie schlängelt sich an den Mülltonnen vorbei, die häufig auf dem Gehweg stehen. Gleich dahinter kommt der Rosenstrauch. Gerade rechtzeitig zieht sie den Kopf ein. Das wäre geschafft. An der zweiten Kreuzung ist sie heute allerdings unentschlossen. Geht es hier schon über die Ampel oder erst bei der nächsten? Sie steht und wartet auf das Ampelsignal. Vielleicht erkennt sie ja am Piepton, ob es die richtige Ampel ist. Wenn es ein hohes, schnelles Piepen ist, ist es die richtige. Das Signal ertönt – ein dumpfes Tocken. Bevor sie reagieren und weitergehen kann, wird sie von einer Passantin unterm Arm ergriffen und über die Straße geführt. «Komm, Mädchen, ich helfe dir mal. Hier geht es lang.» Perplex geht Carla mit. In ihrem Kopf geht alles durcheinander. Sie will rufen: «Das ist falsch!» Doch sie traut sich nicht. Sie hat gelernt, höflich zu sein. Nun steht sie auf der falschen Straßenseite.

Auch wenn die Dame in helfender Absicht handelt, macht sie Carla zum Objekt ihrer Hilfe und nimmt sie nicht als selbstbestimmtes Wesen wahr. Daraus entsteht eine für Carla missliche Situation.

Wenn wir sehr viel Leid anderer Menschen miterleben, kann es passieren, dass es uns überschwemmt und wir in «empathischen Stress» geraten bzw. emotional mit dem Leid des anderen verschmelzen. Dann gelingt es uns möglicherweise nicht mehr, die eigenen Emotionen von denen anderer zu trennen. Krisenhelfer, wie auch Menschen in sozialen und medizinischen Berufen, sind diesbezüglich einem erhöhten Risiko ausgesetzt (Sze et al., 2013). Sie brauchen geeignete Strategien, sich selbst emotional zu schützen. Wenn sie dies allerdings vor allem in Form von Ablenkung, Zynismus oder durch Unterdrückung ihrer Gefühle tun, d. h. ihrer Empathie keinen Raum geben, drohen sie, ihre emotionale Resonanzfähigkeit einzubüßen und abgestumpft bzw. kaltherzig gegenüber dem Leid anderer zu werden. Eine ausreichende Abgrenzungsfähigkeit ist daher im Ausgleich zu Empathie eine wesentliche Voraussetzung für unsere Gesundheit und nachhaltige Arbeitsfähigkeit. Sie gehört unverzichtbar zu einer professionellen Haltung.

Abgrenzungsfähigkeit gegenüber den Gefühlen und Bedürfnissen einzelner brauchen wir auch, um unserem eigentlichen Auftrag gerecht zu werden, das Wohl des anderen und der Gemeinschaft im Blick zu behalten. Eine Gemeinschaft kann nur funktionieren, wenn jeder bereit ist, seine Bedürfnisse gegebenenfalls zurückzustellen. Dies ist eine wichtige Entwicklungsaufgabe für Kinder schon ab dem 2./3. Lebensjahr. Bedürfnisse zu erkennen bedeutet nicht, sie jederzeit zu erfüllen. Bei aller Empathie brauchen wir daher auch die Bereitschaft und die Fähigkeit, uns gegebenenfalls innerlich und äußerlich von anderen Menschen zu distanzieren und sie bei Bedarf auch mit Kritik oder Missbilligung zu konfrontieren. Ohne Empathie kann Abgrenzungsfähigkeit allerdings zu unverhältnismäßig hartem, unsensiblem bis hin zu menschenverachtendem Verhalten führen.

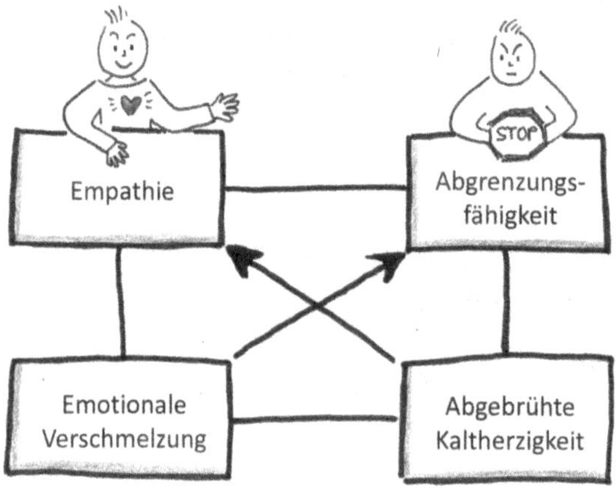

Wie sieht es bei dir aus? Empfindest und zeigst du in deinem Beruf ausreichend Empathie? Woran machst du das fest?
Kannst du dich bei Bedarf gut von den Gefühlen und Bedürfnisse anderer abgrenzen? Woran zeigt sich das?
Kannst du bei dir eine Entwicklungsrichtung erkennen?

Offenheit

Offenheit gehört zu den Kernkompetenzen einer professionellen pädagogischen Fachkraft – darüber sind sich verschiedene interdisziplinäre Forschungsteams einig (z. B. Schache und Künne, 2017, S. 73–99). Sie bildet die Basis für Tugenden wie Aufrichtigkeit, Transparenz, Aufgeschlossenheit oder Toleranz.

Wir können in zwei Richtungen offen sein – von innen nach außen oder von außen nach innen. Beiden gemeinsam sind ein gewisses Vertrauen und gegebenenfalls Mut. Wer sich öffnet, vertraut darauf, dass sich Offenheit lohnt und dass keine ernsthafte Gefahr droht. Wer sich im Bewusstsein einer Gefahr öffnet, zeigt Mut.

Offenheit als Authentizität

Professionalität wird im Allgemeinen weniger mit Offenheit als mit Diskretion und strategischer Verschwiegenheit in Zusammenhang gebracht. Wer professionell handelt, hat sich unter Kontrolle und lässt sehr bewusst nur das nach außen, was nach außen wirken soll. Dies ist in vielen Situationen Gold wert. Wer all seine Gefühle und Gedanken «auf der Zunge» trägt, bringt sich selbst und andere möglicherweise in unliebsame Situationen. Er macht sich gegebenenfalls sogar strafbar. Verschwiegenheit ist ein hohes Gut und die Grundlage für Vertrauen.

Allerdings brauchen wir zugleich ein hohes Maß an Offenheit. Nur, wenn wir uns mit unseren Gefühlen und Empfindungen aufrichtig einbringen, agieren wir «echt» oder «kongruent» und begegnen unserem Gegenüber nicht als Fassade, sondern von Mensch zu Mensch.

Auch hier kann ein Werte- und Entwicklungsquadrat der Veranschaulichung dienen. Vertrauen entsteht nur durch beides – authentische Offenheit und diskrete Verschwiegenheit – alles zu seiner Zeit und in stimmigem Maß.

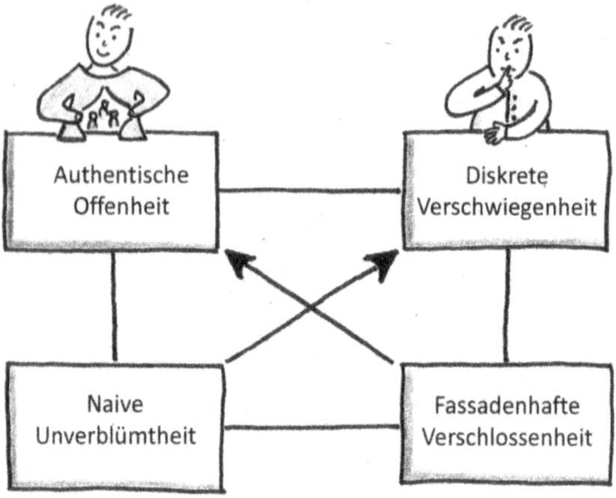

Wie gelingt es dir, dich mit deinen Gefühlen und Gedanken zu zeigen und anderen gegenüber zu öffnen? Wie gelingt es dir, im Beruf taktvoll und hinreichend verschwiegen zu sein? Was ist deine Entwicklungsrichtung?

Ruth Cohn, die Begründerin der Themenzentrierten Interaktion, spricht in diesem Zusammenhang von «selektiver Authentizität». Nicht alles, was wahr ist, sollten wir sagen. Aber das, was wir sagen, sollte wahr sein. Wie aber wählen wir aus? Hier hilft uns das Konzept der «Stimmigkeit», d. h. der «doppelten Entsprechung mit mir selbst und der Situation», von Friedemann Schulz von Thun (1998, S. 306) weiter. Demzufolge schauen wir nicht nur darauf, wie uns gerade zumute ist, sondern auch darauf, was die augenblickliche Situation uns in unserer Rolle abverlangt, und finden einen Weg, der beidem gerecht wird.

Offenheit als Aufgeschlossenheit

Wirkungsvolle pädagogische Beziehungen gelingen uns nur, wenn wir den betreffenden Menschen offen begegnen und uns auf sie einlassen. Das ist allerdings leichter gesagt als getan. Wir alle haben Vorurteile etabliert, um in der Fülle von Eindrücken und Herausforderungen Orientierung zu finden. Auch im pädagogischen Kontext sind sie verbreitet und führen immer wieder dazu, dass Menschen ungleiche Chancen erfahren, ihr Potenzial zu entfalten. Außerdem haben wir genug Lebenserfahrung, um zu wissen, dass nicht jeder nur Gutes im Schilde führt. Als Professionelle sollten wir uns unserer Vorurteile möglichst bewusst sein und um unsere biografische und kulturelle Prägung wissen. Meine Perspektive ist immer nur *eine* mögliche Perspektive (Nentwig-Gesemann et al., 2011, S. 30).

Offenheit bezieht sich nicht nur auf die Begegnung mit Menschen. Wir brauchen sie auch, um uns selbst weiterzuentwickeln. Dies gelingt uns nur, wenn wir anderen Ideen, Erkenntnissen, Gedanken, Medien oder Methoden gegenüber aufgeschlossen sind und uns an sie heranwagen, Neues ausprobieren, möglicherweise auch mal scheitern und daraus lernen.

Doch nicht alles Neue ist hilfreich und gut! Wir sollten kritisch hinschauen und genau prüfen, welche Methoden, Medien oder Verfahren unserer Zielgruppe und unserem Auftrag tatsächlich adäquat und dienlich sind. Im Moment können wir z. B. mit der Digitalisierung eine Entwicklung beobachten, die in rasantem Tempo von uns Besitz ergreift. Sie hält ungeahnte Chancen bereit und ist zu einem festen Bestandteil unseres Alltags geworden. Doch ist immer wieder kritisch zu prüfen, in welchem Rahmen, für welchen Zweck und für welche Zielgruppe wir welche Medien verwenden wollen. Wo liegt jeweils der Mehrwert? Wie kann auf diese Weise nachhaltiges Lernen gelingen? Ab welchem Entwicklungsalter ergibt der Einsatz digitaler Medien tatsächlich Sinn und ist der kindlichen Entwicklung förderlich? Das Wohl welcher Interessengruppen steht wann im Vordergrund? Wohin später mit all dem Elektroschrott?

Wir sollten uns nicht nur fragen: «Was machen andere?» «Was ist jetzt üblich oder normal?» «Was wird von mir erwartet?» Jede professionelle Fachkraft hat die Verantwortung, sich auch eigene, kritische Gedanken zu machen. Neben einer grundsätzlichen Aufgeschlossenheit für Neues ist zum Wohle aller eine gesunde Skepsis angebracht.

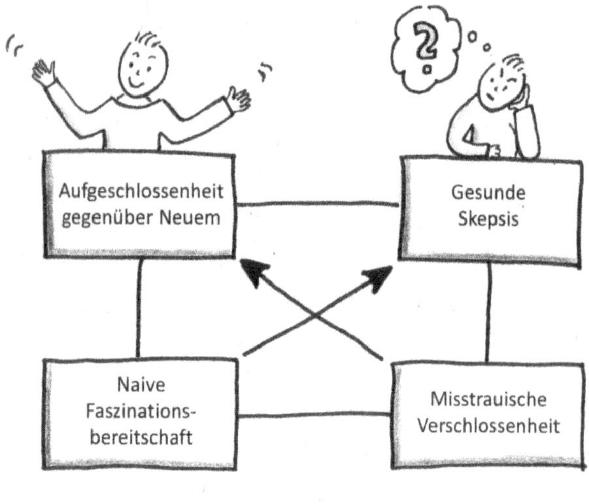

Auch gegenüber anderen Menschen brauchen wir neben Aufgeschlossenheit zugleich auch einen kritischen Blick – auch im eigenen Betrieb. Psychische Gewalt in der Pflege und Pädagogik ist z. B. ein allgegenwärtiges und leider noch immer verdrängtes Thema, welches nur durch eine Kultur des Hinschauens wirkungsvoll angegangen werden kann.

Wie sieht es mit deiner Offenheit aus? Begegnest du allen Menschen grundsätzlich aufgeschlossen? Oder bist du grundsätzlich eher wachsam und misstrauisch? Ist das vielleicht mal so, mal so? Bist du eher aufgeschlossen gegenüber Neuem? Hinterfragst du kritisch, was dir an Neuerungen begegnet? Erkennst du eine persönliche Entwicklungsrichtung?

Ressourcenorientierung

Ressourcenorientierung verkörpert das Prinzip Hoffnung und Zuversicht. Es geht darum, alle Kraftquellen einer Person, die ihr zur Bewältigung von Lebenssituationen zur Verfügung stehen, zu entdecken, zu würdigen und zu aktivieren. Ressourcen finden sich in der Person selbst und in deren Umfeld. Sie haben obendrein unterschiedliche Gestalt – als Fähigkeiten, Talente, Interessen, Ziele, Motive, soziale Netze, Unterstützung oder Assistenz. Es geht um Kraftquellen von Menschen oder Systemen – und zwar um solche, die sich bereits zeigen und bekannt sind, als auch um solche, die noch unerkannt auf Entdeckung und Entfaltung warten.

Nach Alexander Redlich sollten wir erst dann von einer «Orientierung» sprechen, wenn wir diese Aspekte «wie im Schlaf», d. h. ohne darüber nachdenken zu müssen, beachten und in unsere Arbeit einbeziehen (Redlich, 2000, S. 6). Ressourcenorientierung können wir also nicht wie eine Methode anwenden. Sie ist eine Tugend, d. h. ein Teil von uns, unserer Wahrnehmung und unseres Denkens.

Eine ressourcenorientierte Haltung ist immer mit der Art und Weise der Beziehungsgestaltung verbunden. Wir gehen dann davon aus, dass jeder Mensch grundsätzlich in Ordnung ist und vielfältige Potenziale in sich trägt, die noch auf Entwicklung warten. Eine solche Begegnung hat, wie Joachim Bauer (2018, S. 89) untersucht hat, Auswirkungen auf den anderen. Wenn wir positive Einstellungen einer Person gegenüber hegen, bringen wir damit in dieser Spiegelneurone zum Schwingen, die ihr dazu verhelfen, ihren eigenen Wert zu spüren, ihre Stärken zu erkennen, Zutrauen und ein positives Gefühl sich selbst gegenüber zu entwickeln. Wir haben also, wenn wir in verantwortlicher Rolle mit Menschen arbeiten, möglicherweise einen großen Einfluss darauf, wie diese Menschen sich selbst und ihre persönliche Zukunft einschätzen.

Eine «philanthropische Unterstellung» (vgl. Schulz von Thun, 2007, S. 94), d. h. die Annahme, dass der andere Mensch grundsätzlich Gutes im Sinn hat, führt nach dem Prinzip der «Selbsterfüllenden Prophezeiung» zu einer höheren Wahrscheinlichkeit, dass er sich entsprechend verhält. Wir sprechen auf diese Weise die konstruktiven inneren Anteile im anderen an und locken sie hervor. Vor diesem Hintergrund ist es z. B. wichtig, dass Lehrkräfte grundsätzlich an die Lernfähigkeit und die Lernbereitschaft der Lernenden und pädagogische Fachkräfte an die Entwicklungsmöglichkeiten von Kindern und Jugendlichen glauben.

Den Glauben an die eigenen Möglichkeiten und Fähigkeiten können Menschen allerdings nicht allein dadurch entwickeln, dass andere ihnen etwas zutrauen. Sie brauchen Gelegenheiten, entsprechende eigene Erfahrungen machen zu können. Dafür sind bewältigbare Herausforderungen notwendig. Zu einer ressourcenorientierten Pädagogik gehört es daher zwingend, Hindernisse nicht vorwegnehmend zu beseitigen, sondern angemessene Herausforderungen zu ermöglichen. Nur durch eigene Bewältigungs- und Problemlöseerfahrungen können sich Erfolgserlebnisse und ein nachhaltiges Selbstwirksamkeitsgefühl einstellen. Die Aktivierung von Ressourcen von Menschen ist demnach wesentlich wirkungsvoller als Loben oder das reine Benennen ihrer Stärken.

Ressourcenorientierung spiegelt sich in unserem alltäglichen Denken und Handeln wider – z. B. in unserer Sprache. Es verrät viel über unsere Haltung, ob wir sagen: «Elena kann das nicht» oder «Elena hat das noch nicht gelernt» bzw. «Bisher habe ich es bei Elena noch nicht gesehen».

Die neuseeländischen «Lerngeschichten» nach Margaret Carr sind eine weitere Möglichkeit, Ressourcenorientierung in der pädagogischen Praxis umzusetzen. Für nähere Informationen empfehle ich das Buch «Das Lernen feiern» von Sybille Haas (2012). Die nun folgende Lerngeschichte habe ich für Ida geschrieben, eine Studierende, die mir bis dahin im Schulgeschehen recht unsicher, still und zurückhaltend erschien.

Konstruktives Feedback

Liebe Ida,
heute bist du zu mir gekommen und hast mir auf sehr freundliche und ernsthafte Weise gesagt, dass du die Note, die ich dir in der Projektumsetzung gegeben hatte, nicht angemessen findest. Du hast mir deine Sicht sorgfältig begründet. Tatsächlich hast du recht – ich hatte nicht mehr im Blick, wie umfassend du die Protokolle angefertigt hattest. Ich hatte den Eindruck, dass es dir nicht nur darum ging, eine bessere Note zu bekommen, sondern dass es dir ein Anliegen war, von mir richtig gesehen und eingeschätzt zu werden mit dem, was du geleistet hast. Das ist dir gelungen!
Um welches Lernen geht es hier meiner Meinung nach?
Du hast heute den Mut gezeigt, für deine Interessen einzutreten! Dabei hast du mit Ich-Botschaften und sachlichen Argumenten auf sehr konstruktive Weise Kritik geübt. Ich nehme

sie gerne an. Du hast auch Interesse für meine Sicht der Dinge gezeigt und mir aufmerksam zugehört. Am Ende konnten wir eine gemeinsame Lösung finden. Das sind wichtige Kompetenzen für deinen Beruf als Erzieherin!

Möglichkeiten und Gelegenheiten

Liebe Ida, zeige weiterhin die Bereitschaft und den Mut, für dich einzutreten! Dann wirst du es auch überzeugend für andere tun können. Mich hast du heute sehr beeindruckt. Es wird immer wieder Gelegenheiten geben, die zu berechtigter Kritik herausfordern – in der Schule, im Praktikum oder im Privatleben. Wenn du so freundlich und sachlich auftrittst wie heute bei mir, hast du auch in Zukunft gute Aussichten auf eine positive Wirkung!

Für Ida war die Erfahrung neu, im Kontext Schule «einfach so» etwas Positives über sich zu erfahren. Auch bei mir hinterlassen die Lerngeschichten positive Effekte. Sie zu schreiben hebt jedes Mal meine Stimmung. Seit ich die Augen nach bedeutsamen Situationen aufhalte, hat sich mein Blick verändert. Die «Schatzfinderin» in mir hat ein Training erfahren und sieht nun wesentlich häufiger – selbst in augenscheinlich unspektakulären Situationen – für Einzelne bedeutsame Entwicklungsschritte.

So wichtig und wirkungsvoll der Blick auf Ressourcen ist – wir sollten es nicht einseitig übertreiben und nun mit einer «rosaroten Brille» durch die Welt laufen, die Missstände, Sorgen, Leid oder Frustrationen ausblendet. Auch negative Gefühle brauchen Raum. Wenn ein Mensch unglücklich ist, hilft es ihm wenig, ihn von seinen Stärken überzeugen zu wollen. Er wird sie in diesem Moment nicht wahrnehmen und glauben können – und auch nicht wollen. Leid will akzeptiert und gewürdigt werden. Das Aufdrängen von «positivem Denken» z. B. bei

Menschen, die an einer Depression erkrankt sind oder gerade eine Krise zu verarbeiten haben, ist in hohem Maße unempathisch, kontraproduktiv und letztlich entwürdigend.

In Bezug auf die einzelne Person brauchen wir neben dem Blick auf die Stärken und Entwicklungsmöglichkeiten auch den Blick auf mögliche Entwicklungsrisiken. Gegebenenfalls besteht bei einem Kind mit Auffälligkeiten ein Bedarf an ärztlicher oder therapeutischer Versorgung oder rechtzeitiger Intervention, um Folgeschäden zu vermeiden. Das voreilige Hinnehmen einer «Verhaltensoriginalität» wäre hier fahrlässig.

Zuweilen bestehen soziale oder institutionelle Zustände, unter denen Menschen leiden und die dringend einer Veränderung bedürfen. Rahmenbedingungen ändern sich nicht, wenn die von Benachteiligung betroffenen Menschen nur lernen, das Beste daraus zu machen.

Neben einem ressourcenorientierten Blick brauchen wir daher zugleich die Bereitschaft,

1. uns mit Problemen zu befassen,
2. Probleme wahrzunehmen und als solche zu erkennen und
3. Probleme zu lösen.

Ressourcenorientierung und Problemlösungsorientierung sind Schwestertugenden. Die eine kann ohne die andere nicht konstruktiv wirken. Ansonsten drohen Idealisierung oder einseitige Defizitorientierung. Hierzulande ist der Blick auf Probleme und Defizite durch z. B. Gutachten oder Beantragungsverfahren für Therapien institutionell fest verankert und gut geschult. Daher besteht weiterhin ein Bedarf, Ressourcenorientierung absichtsvoll zu etablieren.

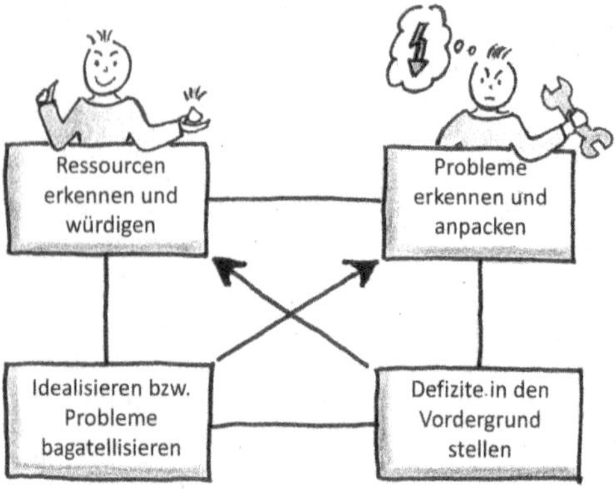

Siehst du bei den Menschen, mit denen du arbeitest, spontan eher Kompetenzen und Potenziale oder eher Probleme und Schwierigkeiten? Wo siehst du bei dir selbst Handlungsbedarf? In welche Richtung willst du dich weiterentwickeln?

2.3 Haltung einnehmen – Verantwortung übernehmen

Eine professionelle Haltung widerfährt uns nicht einfach, wenn wir in «Amt und Würden» kommen. Eine Ausbildung, ein Studium, eine berufliche Position, ein Titel oder jahrelange Berufserfahrung geben unserer beruflichen Haltung zwar einen professionellen Anstrich, aber noch keine qualitativ hochwertige Ausprägung.

Will ich ein Profi sein, muss ich mich zuständig und verantwortlich fühlen – für das, worum es im Kern bei meiner Arbeit geht, für mich, d. h. mein Fühlen, Denken, Wollen und Handeln, und für die Wirkung, die ich damit auf andere ausübe.

2.3.1 *Verantwortlichkeit für die eigentliche Aufgabe*

Um wirkungsvoll tätig zu sein, ist es zunächst erforderlich, die eigene Rolle und die eigene berufliche Aufgabe mit Herz und Verstand anzunehmen, sie sich zu eigen zu machen. Mit Aufgabe meine ich das «Eigentliche», was die Daseinsberechtigung des Berufes ausmacht. Jede Profession ist mit einem Auftrag, einer Aufgabe, verbunden.

Schauen wir exemplarisch auf das Arbeitsfeld Schule: Lehrkräfte haben die Aufgabe, Menschen dabei zu unterstützen, sich zu bilden. Wenn diese Menschen die Schule nach einigen Jahren verlassen, sollten sie hinreichend «gebildet» und auf ihr weiteres Leben vorbereitet sein. Dies bedeutet, sie haben

... sich vielfältiges Wissen angeeignet,
... Fertigkeiten, Handwerkszeug und Methoden erlernt,
... ihr Denken und Reflexionsvermögen geschult,
... ihre Ausdrucksmöglichkeiten erweitert und differenziert – sei es sprachlich, musikalisch oder künstlerisch,
... ihre Persönlichkeit weiterentwickelt, sodass sie genauer wissen, wer sie sind, was sie können, wo ihre Grenzen liegen und was ihnen wichtig ist,
... Problemlösungsstrategien erlernt,
... einen kooperativen Umgang mit anderen Menschen geübt,
... einen inneren Kompass entwickelt, d. h. handlungsleitende Werte verinnerlicht, damit sie ihr Wissen und ihre Kompetenzen zum Wohl der Gesellschaft, der Menschheit, der Umwelt und für sich selbst einsetzen können

Aufgabe einer Lehrkraft ist es nun, wie der Hirnforscher Gerald Hüther es immer wieder betont, diese Menschen einzuladen, zu ermutigen und zu inspirieren, sich auf Bildungs- und Entwicklungsprozesse einzulassen und die mit ihnen verbundenen Herausforderungen zu meistern. Diese eigentliche Aufgabe bleibt verlässlich bestehen - auch wenn sich Rahmenbedingungen verändern - und kann einer Lehrkraft somit in ihrem alltäglichen Tun die nötige Orientierung geben.

Strukturelle Ablenkungen von der eigentlichen Aufgabe

Um diese zentralen Bildungsziele abzusichern, haben sich Fachgremien auf mehr oder weniger standardisierte Abschlussprüfungen geeinigt. Damit der Weg dorthin aktuelle Kriterien erfüllt, wurden und werden immer wieder Gesetze, Verordnungen, Erlasse, Lehrpläne, Handreichungen, Curricula oder Kompetenzraster verfasst, an denen sich Lehrkräfte zu orientieren haben. Dies alles dient dem guten Zweck, Orientierung und Transparenz zu schaffen, Justiziabilität zu gewährleisten, Vergleichbarkeit herzustellen und Qualität zu sichern. Es besteht allerdings die Gefahr, dass vor lauter Anleitung und Dokumentationspflichten die eigentliche Aufgabe aus dem Blick gerät. Unversehens scheint die Erfüllung von Vorgaben zum Selbstzweck zu werden.

Wir brauchen, so betont es der Bildungsforscher Klaus Zierer, im pädagogischen Alltag eine Vision von Bildung und den Blick auf die Menschen, um die es geht (Zierer, 2021). Da sie alle unterschiedlich sind, bedarf es einer Haltung, die vielfältigen Menschen vielfältige Bildungsprozesse ermöglicht und ihre berufliche Zukunft in den Blick nimmt. «Was sollte Annika noch entwickeln, um eine kompetente Tischlerin zu sein? Was braucht Agniezka, um gut auf ein Studium vorbereitet zu sein? Was kann der Referendar Hakan noch lernen, um ein guter Lehrer zu werden?» Die Orientierung an dieser letztlichen Aufgabe ermöglicht nicht nur den Lernenden ihnen angemessene Bildungsformate, sondern auch den Lehrkräften ein stabiles Gefühl von Orientierung, Sinnhaftigkeit und Selbstwirksamkeit.

Wer ist die Zielgruppe deiner Arbeit? Was ist deine eigentliche Aufgabe? Worum geht es im Kern in deinem Beruf? Was bringt dich davon ab, deine Kernaufgabe zu erfüllen? Was kann dir helfen, deine eigentliche Aufgabe im Blick zu behalten?

Es ergibt Sinn, mit den Beteiligten immer wieder konkrete Aufgaben auszuhandeln. So besprechen wir zu Anfang einer sozial- oder heilpädagogischen Weiterbildung mit den Lernenden unsere Aufgabe und die jeweiligen Erwartungen. Abschließend dokumentieren wir die daraus resultierenden Verantwortlichkeiten auf Seiten der Lehrkraft und auf Seiten der Lernenden. Auch in anderen pädagogischen Kontexten ist es sinnvoll, sich zu Beginn der gemeinsamen Arbeit und zwischendurch über Aufgaben und Verantwortlichkeiten zu verständigen.

Verantwortliches An- und Einnehmen der beruflichen Rolle

Eng mit der beruflichen Aufgabe verknüpft ist unsere berufliche Rolle. Wenn wir verantwortlich mit Menschen arbeiten, sind wir nicht als Privatperson aktiv, sondern als «Profi». Wir haben dann einen «Hut auf» – z. B. als Chef, als Erzieher, als Lehrerin oder als Sozialarbeiter. Es geht dann nicht vorrangig um uns, sondern um die Zielgruppe, um unseren Auftrag. Was uns widerfährt, gilt häufig unserer Rolle, weniger uns als Person.

Unsere berufliche Rolle stattet uns mit Rechten und Pflichten aus. Sie verleiht uns aber auch Macht – wie z. B. die Möglichkeit, Anforderungen zu stellen, Noten zu geben, Abläufe und Strukturen zu bestimmen, über Versetzungen und Schulabschlüsse zu entscheiden oder gar Strafen bzw. Kündigungen auszusprechen.

Zugleich müssen wir uns in ein System und in Strukturen einfügen. Für Neulinge ist es nicht immer leicht, sich in einem Betrieb zu verorten, die Abläufe und Spielregeln zu kennen, Tabus und Fettnäpfchen rechtzeitig zu wittern und den eigenen Platz in der bestehenden Hierarchie zu finden.

Unsere berufliche Rolle prägt, fördert und begrenzt unsere Beziehungsgestaltung. Sie regt uns zu Beziehungen an, die wir im Privatleben nicht eingehen würden, und verhindert wiederum Beziehungsformen, die ihr nicht angemessen wären. Sie stellt den Rahmen für ein Nähe-Distanz-Verhältnis, Machtverhältnisse oder Umgangsformen.

Professionalität bedeutet hier, verantwortungsvoll und achtsam mit den bestehenden Machtverhältnissen umzugehen und unsere Rolle zum Wohl der betroffenen Menschen und gemäß unserer Aufgabe auszufüllen. Manchmal ist es dafür erforderlich, besonnen und beherzt zugleich Entscheidungen zu treffen und dafür einzustehen. In anderen Fällen dagegen mag es eher angezeigt sein, sich gut abzustimmen, diskret zurückzuhalten oder Unterstützung zu organisieren. Die Kunst ist es, zu unterscheiden, wann was angebracht ist.

Was kennzeichnet deine berufliche Rolle? Welche Pflichten und Rechte sind damit verbunden? Wie gehst du mit der Macht und den Gestaltungsspielräumen um, die mit deiner Rolle verbunden sind?
Welche Möglichkeiten, aber auch welche Begrenzungen verschafft sie dir in der Beziehung zu den Menschen, mit denen du arbeitest? Woran kannst du das erkennen?
Welche inneren Teammitglieder brauchst du, um deiner Rolle gerecht zu werden?

Persönliche Ablenkungen von der eigentlichen Aufgabe und der eigenen Rolle

Es ist kaum menschenmöglich, immer mit aller Aufmerksamkeit und Energie der eigentlichen beruflichen Aufgabe zu folgen. Wir haben alle auch private «Baustellen», die unsere Energien binden können, persönliche Interessen, Stimmungsschwankungen oder unerfüllte persönliche Bedürfnisse, die sich auch im Beruf mal in den Vordergrund drängen können (siehe Kapitel 2.1.3). Sie haben vermutlich alle ihren «guten» Grund und sind einer professionellen Haltung nicht abträglich, solange sie nicht das innere und äußere Geschehen dominieren oder die inneren «Profis» in den Hintergrund drängen. Wenn es allerdings gar nicht mehr um die Menschen geht, um die es gehen sollte, oder wenn sie gar Mittel zum Zweck unserer eigenen Bedürfnisse werden - sei es z. B. als Garanten eigener Bedeutsamkeits- oder Machtgefühle, als Lieferanten von Nähe und Anerkennung -, machen wir sie zu Objekten und missbrauchen sie für eigene Zwecke. Dies selbst zu erkennen ist nicht leicht und kann ungemütlich sein. Sind wir uns allerdings unserer eigenen Impulse und Bedürfnisse durch Selbstreflexion bewusst, können wir sie konstruktiv nutzen und in eine professionelle Haltung integrieren.

Worum geht es dir in deiner Arbeit? Wer in dir treibt dich bei deiner Arbeit mit der Zielgruppe an? Wer in dir hindert dich daran, deiner eigentlichen Aufgabe gerecht zu werden?

Unsere berufliche Rolle «spielen» wir nicht wie in einem Theater, sondern verkörpern sie mit Leib und Seele. Unser pädagogisches Handeln ist dann professionell, wenn es «stimmig», d. h. einerseits unserer Rolle und der beruflichen Situation angemessen ist und andererseits uns selbst entspricht (Schulz von Thun, 1998, S. 306 ff.).

Ob wir uns eine professionelle Haltung zu eigen gemacht haben und tatsächlich Verantwortung für unseren Auftrag übernehmen, zeigt sich unter anderem daran, wie wir handeln, wenn wir uns unbeobachtet fühlen und unser Tun offenkundig keine sichtbaren Spuren hinterlässt. Ertappen wir uns dabei, in solchen Situationen unsere eigentliche Aufgabe aus dem Blick zu verlieren, kann dies ein Weckruf für eine ausführliche Selbstreflexion sein. Vielleicht können wir – aus welchen Gründen auch immer – diese Aufgabe momentan nicht zu der unsrigen machen. Es ist dann ein Zeichen von Professionalität, die Frage zu klären: «Bin ich bereit und momentan in der Lage, diese berufliche Aufgabe verantwortlich anzunehmen?» Wenn diese Frage verneint werden muss, ist es – auch zu unserem eigenen Wohl – ratsam, nach Möglichkeiten zu suchen, der Aufgabe gewachsen zu werden, eine Verbesserung der Rahmenbedingungen zu erwirken, die Aufgabe zu verändern, oder sich – falls kein «Ja» in Sicht ist – im Sinne aller eine neue Aufgabe zu suchen.

2.3.2 Verantwortlichkeit für das eigene Fühlen, Wollen, Denken und Handeln

Als «Profis» übernehmen wir nicht nur Verantwortung für andere und unseren Auftrag, sondern auch für uns selbst, für unser Fühlen, Wollen, Denken und Handeln.

… das eigene Fühlen und Wollen

Meine Gefühle resultieren aus meinen Bedürfnissen. Sind diese erfüllt, fühle ich z. B. Freude, Glück oder Dankbarkeit. Bleiben meine Bedürfnisse unerfüllt, fühlt sich das unangenehm an. Beispielsweise kann ein unerfülltes Bedürfnis nach Verbundenheit Traurigkeit oder Einsamkeit auslösen, nach Autonomie Hilflosigkeit und nach Sicherheit Angst. Da diese negativen Gefühle schwer auszuhalten sind, entwickeln wir oft in Sekundenschnelle sogenannte Abwehrgefühle wie Ärger oder Wut.

Sie verbergen häufig dahinterliegende «Wehgefühle», die verletzlich machen.

Andere Menschen können mir möglicherweise dabei helfen, meine Bedürfnisse zu erfüllen. Sie sind aber nicht dafür verantwortlich, auch wenn wir das häufig so empfinden mögen («Ich bin wütend, weil du ...»). Diese Erkenntnis bildet das Zentrum der Gewaltfreien Kommunikation nach Marshall Rosenberg (2016). Als erwachsener Mensch bin ich selbst für meine Bedürfnisse und Gefühle verantwortlich («Ich bin wütend, weil ich ...») und kann selbst viel dafür tun, damit sie möglichst gut erfüllt sind.

Elise Schulze beklagt sich darüber, dass sie von ihrem Vorgesetzten zu wenig Anerkennung erfahre. Sie gebe sich sehr viel Mühe und habe jetzt, zu Corona-Zeiten, mit besonderen Widrigkeiten zu kämpfen. Ihr Chef nehme das einfach nicht zur Kenntnis, lege immer wieder neue Herausforderungen auf den Tisch und verlange gleichbleibenden Einsatz. Die Dankesformeln, die er «selten genug» sende, seien reine Floskeln. Für persönliche Belastungssituationen zeige er kein Interesse. Das verletze sie sehr und mache sie wütend. So jemand wie er solle wirklich keine Führungsverantwortung haben! Es gehe ihr mittlerweile schlecht, ihre Motivation sinke täglich.

Elise leidet offensichtlich unter dem momentanen Interaktionsstil zwischen ihr und ihrem Chef. Sie sieht allerdings sich selbst als die Leidtragende und schiebt die Verantwortung für die Erfüllung ihrer Bedürfnisse ihrem Chef zu. Ihr Unmut steigert sich von Tag zu Tag, was sich vermutlich auf das Arbeitsklima oder ihre Arbeitseffektivität auswirkt. Vielleicht entwickelt sie einen klagenden oder patzigen Tonfall, was die Bereitschaft des Chefs, ihr gegenüber Wertschätzung zu empfinden und zu zeigen, nicht gerade erhöht. Ein Teufelskreis könnte im Gange sein (vgl. Kapitel 3.4.4). Nichts tun bringt offenbar nichts. Ob sie ihm jemals gesagt hat, was sie bewegt und wie er sie dabei unterstützen könnte, ihre Bedürfnisse zu erfüllen, sodass sie ihre Arbeit wieder freudvoller und motivierter angehen kann? Wie er darauf wiederum reagiert, ist dann seine Entscheidung.

Das Modell des Inneren Teams kann uns auch hier eine Hilfe sein, denn ein Bedürfnis oder Gefühl macht uns nicht als gesamten Menschen aus. Ich kann wesentlich leichter zu einem möglicherweise unangenehmen oder gar schambesetzten Bedürfnis oder Gefühl stehen, wenn ich weiß, dass es momentan zu *einem* inneren Teammitglied gehört, es aber auch andere gibt, die mich ausmachen und die vermutlich ganz anders empfinden. So kann es sein, dass es in Elise auch eine Stimme gibt, die das Verhalten des Chefs nachvollziehen kann oder es nicht persönlich nimmt, sondern z. B. auf seine Arbeitsbelastung zurückführt. Als Oberhaupt kann ich dann – ohne Gesichtsverlust – den momentan belasteten inneren Anteil hören, sein Bedürfnis anerkennen und nach Möglichkeiten suchen, wie es erfüllt werden kann.

Die Vergegenwärtigung der eigenen inneren Vielfalt kann uns auch behilflich sein, wenn uns einzelne Gefühle wie Verzweiflung, Angst oder Wut zu überschwemmen drohen. Dazu kann es im beruflichen Kontext z. B. bei Konflikten kommen oder wenn «wunde Punkte» aus der Vergangenheit berührt werden. Die von uns betreuten Menschen tragen keine Verantwortung für unsere Biografie. Es ist *unsere* Verantwortung, uns gegebenenfalls selbst zu regulieren, unsere Grenzen zu erkennen und uns bei Bedarf Hilfe zu holen.

Der Erzieher Eugen wird in seiner Kitagruppe mit einem Fall sexualisierter Gewalt in der Familie konfrontiert. Er merkt, dass ihn dieses Thema aufgrund eigener Erfahrungen emotional überfordert, und bittet seine Kollegin und die Kitaleitung, sich des Falles anzunehmen. Zugleich erkennt er, dass es notwendig wird, sich selbst professionelle Unterstützung bei der Aufarbeitung seiner Erfahrungen zu suchen, zumal er immer wieder beruflich mit dem Thema in Kontakt kommen wird und als Unterstützer der Kinder gefragt ist.

… das eigene Denken

Die Heilerziehungspflegerin Özlem Tritschler arbeitet neu in einer Wohneinrichtung für Menschen mit Behinderung. Ihr wird gesagt, es gehöre zu ihren Aufgaben, Herrn B. abends in seinem Bett zu fixieren. Özlem jedoch ist der Gedanke, Herrn B. in seinem Bett festzubinden, höchst unangenehm. Sie fragt die anderen in ihrem Team, wie sie das handhaben. Ernst sagt: «Das ist nicht schön, muss aber sein.» Und «Herr B. braucht das. Er schläft sehr unruhig. Es liegt auch eine Genehmigung seines gesetzlichen Betreuers vor.» Johanna bestätigt dies. «Das ist eigentlich schon immer so. Er kennt es nicht anders.» «Und eine Genehmigung des Gerichtes?» «Keine Ahnung», entgegnet Ernst. Özlem erkundigt sich, was passieren würde, wenn er nicht fixiert würde. Ernst entgegnet: «Dann muss er wohl sediert werden?» Özlem will es genauer wissen: «Aber was macht er denn, wenn er unruhig ist? Warum muss das unbedingt sein?» Johanna antwortet: «Vergiss es! Da kannst du auch nichts ändern!»

Özlem erhebt im Nachhinein ihr Inneres Team. Es meldet sich sofort eine empörte «Menschenrechtsbeauftragte» in ihr («Das ist doch Menschenrechtsverletzung! So etwas darf und will ich nicht unterstützen!»). Die «Neue» in ihr versucht zu beschwichtigen («Vorsicht, ich bin doch noch neu hier und kenne mich nicht aus! Vielleicht hat das ja tatsächlich seine Richtigkeit!»). Die «Harmoniebedürftige» in ihr mahnt zur Zurückhaltung («Pass auf, dass du es dir nicht schon zu Beginn mit dem Team verscherzt!»). Nach einer Weile meldet sich entschieden die «Verantwortungsbereite» («Nein, das werde ich nicht einfach so tun! Ich brauche eine triftige Begründung für solch eine Maßnahme. Sonst mache ich das nicht!»).

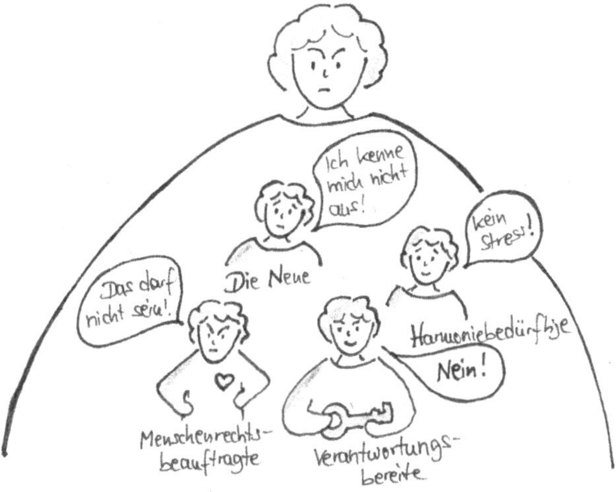

Inneres Team von Özlem T.

Um Verantwortung für unser eigenes Fühlen, Wollen und Denken übernehmen zu können, brauchen wir einen guten Zugang zu uns selbst, zu unserem Oberhaupt und unseren vielfältigen inneren Anteilen. Sonst übernehmen wir möglicherweise Überzeugungen oder Ziele anderer und setzen sie um, ohne dass sie uns und unserer inneren Vielstimmigkeit wirklich entsprechen. Dies passiert besonders leicht im Kontext von strengen Hierarchien, in denen wir möglicherweise Anweisungen oder einer gewohnten Praxis folgen und denken: Es muss wohl so sein. Uns fehlt dann, wie Kuhl et al. (2014, S. 101) es nennen, die nötige «ethische Intelligenz». Durch einen fehlenden Zugang zu unserem Oberhaupt ist es uns dann nicht möglich, kontextsensibel zu erfassen, wer welche Bedürfnisse, Bedarfe, Möglichkeiten, Interessen oder Widerstände hat und wie die jeweilige Situation im Sinne aller gut bewältigt werden kann. Auch unsere Intuition ist uns dann versperrt. Dies kann schlimmstenfalls dazu führen, dass wir die Würde anderer verletzen und auch unsere eigenen Grenzen missachten.

… das eigene Handeln

Wenn wir Verantwortung für unser Handeln übernehmen, gehen wir davon aus, dass wir eine Wahl haben. Diese gibt uns die Freiheit, eigenverantwortlich Entscheidungen zu treffen, für die wir geradestehen können. Nicht immer ist uns dies bewusst, und wir denken und sprechen z. B. davon, dass wir Dinge tun *müssen*. Doch es gibt in der Regel Alternativen, für die wir uns entscheiden können – auch wenn sie möglicherweise einen hohen Preis haben. Unsere Haltung ist eine andere, wenn wir uns für etwas entschieden haben, als wenn wir glauben, keinen Einfluss zu haben.

Ich habe als Lehrerin z. B. den Eindruck, dass ich Noten geben muss – ob ich will oder nicht. Gleichwohl habe ich eine Wahl. Ich muss nur dann Noten geben, wenn ich im staatlichen Schulsystem arbeiten möchte. Ich könnte mich entscheiden, mich beruflich umzuorientieren, wenn mir das Gesamtpaket nicht entspricht. Ich könnte versuchen, mich schulpolitisch für Veränderungen zu engagieren. Ich kann mich auch dafür entscheiden, andere Formen der Leistungsrückmeldung ergänzend zu den Noten zu geben und die Notengebung so zu gestalten, wie ich sie sinnvoll und zielführend finde.

Wir können also festhalten: Es gibt möglicherweise innere Anteile, die uns daran hindern, Verantwortung für unser eigenes Fühlen, Denken und Handeln zu übernehmen. Vielleicht habe ich z. B. …

… eine «Bürokratin» in mir, die auf die bestehende Tradition, auf Erlasse, Gesetze und Vorschriften pocht und sich ansonsten nicht zuständig fühlt («Das haben wir immer so gemacht», «Da könnte ja jeder kommen», «Das muss so sein» …).

… ein «gebranntes Kind» in mir, welches sich schnell angegriffen und als Leidtragende fühlt und dadurch immer wieder in eine anklagende «Opferrolle» gerät.

… einen «Verfolger» in mir, der sich darauf spezialisiert hat, die Schuld für Missstände bei anderen oder anderem zu suchen.

… einen «Mitläufer» in mir, der sich an dem orientiert, was die anderen tun. Er stellt das, was um ihn herum passiert, nicht in Frage, sondern misst «richtig» und «falsch» an dem, was «normal», d. h. in seinem sozialen Umfeld üblich und anerkannt ist.

Die oben genannten inneren Anteile folgen dem allzu menschlichen Bedürfnis, Verantwortung zu meiden. Möglicherweise befürchten sie, Verletzungen zu erfahren, Fehler zu machen, sich Ärger, Demütigungen, Nachteile oder Schuldzuweisungen einzuhandeln. Wenn diese Anteile dominieren, lassen sie allerdings keinen Raum für eigenverantwortliches Denken und Handeln und sind dem Beruf bzw. der Zielgruppe wenig dienlich – gegebenenfalls sogar gefährlich, wie uns die deutsche Geschichte lehrt.

2.3.3 Verantwortlichkeit für die eigene Wirkung

Der Bildungsforscher John Hattie stellte nach umfassenden Metaanalysen zum Lernerfolg fest: «Lehrpersonen gehören zu den wirkungsvollsten Einflüssen beim Lernen» (Hattie, 2015, S. 280). Es sind, laut Hattie, vor allem «Geisteshaltungen» von Lehrpersonen wie Fehlerfreundlichkeit, fürsorgliche Wärme und die Bereitschaft, sich Feedback einzuholen, die zum Lernerfolg der Lernenden beitragen. Lehrprozesse gelingen vor allem dann gut, wenn die Lehrpersonen anerkennen, dass sie einen maßgeblichen Einfluss haben – auf die Beziehungen im Klassenraum, die Art und Weise des Lernens und letztlich auch die Lernleistungen (Hattie, 2016, S. 183–191). Dies bedeutet für die Lehrkraft, bei schlechten Lernleistungen der Lernenden den eigenen Anteil zu suchen und daraus Schlüsse für die weitere Arbeit zu ziehen – und auch pädagogische Fachkräfte sollten den eigenen Anteil am Fehlverhalten von Kindern, Jugendlichen oder Erwachsenen erkennen. Damit ist nicht gemeint, der Zielgruppe jegliche Verantwortung abzunehmen (siehe das folgende Kapitel), sondern selbst die (Haupt-)Verantwortung für die Beziehungsgestaltung und das Gelingen des Ganzen zu übernehmen.

Eine weitere Auswirkung unserer Haltung zeigt sich beim Lernen am Modell. Wir sind durch unsere berufliche Rolle besonders exponiert und mehr oder weniger bewusst als Vorbilder wirksam. Unsere eigene Lernfreude, Begeisterung oder unser Engagement können genauso ansteckend wirken wie unsere Skepsis, unsere Lustlosigkeit oder die Neigung, zynisch zu werden und andere abzuwerten.

2.3.4 Grenzen der eigenen Verantwortlichkeit

Es gilt also: Wer professionell mit anderen Menschen arbeiten will, muss bereit sein, Verantwortung zu übernehmen. Jedoch nicht immer und für alles! Andere Menschen tragen ebenso Verantwortung für sich, für das Gelingen von Beziehungen und die Gemeinschaft. Diese sollten wir ihnen nicht nehmen oder absprechen. Wir brauchen daher auch die Bereitschaft, Verantwortung abzugeben und es auszuhalten, dass andere sich einbringen und mitgestalten - selbst wenn das nicht immer in unserem Sinne und in unserem Tempo geschieht. Zuweilen müssen wir Geduld zeigen, bis andere Initiative wagen. Das alles kann anstrengend, aber aus zwei unterschiedlichen Gründen äußerst wichtig sein.

Es ist pädagogisch notwendig, den Betreuten, Heranwachsenden oder Lernenden ein möglichst großes und zugleich bewältigbares Maß an **Eigenverantwortung und Partizipation** zu gewähren und zuzumuten. Nur so können sie sich zu kooperativen, verantwortungsbewussten, selbstbewussten und selbstständigen Erwachsenen entwickeln. Wenn wir es mit unserer Verantwortungsbereitschaft übertreiben, könnten wir übergriffig werden und sie durch zu viel Fremdbestimmung genau daran hindern. Wenn wir andererseits unserer Zielgruppe zu viel Verantwortung aufbürden, lassen wir sie bei wichtigen

Entscheidungen allein und schützen sie nicht hinreichend, was wiederum verantwortungslos wäre. Ein richtiges Maß an Verantwortung auf beiden Seiten will gefunden werden.

Auch zu unserem **Selbstschutz** sollten wir nicht zu viel Verantwortung auf uns laden. Wenn wir uns für alles und jeden zuständig fühlen, überfordern wir uns. Wir müssen unterscheiden lernen, was wir beeinflussen und verändern können und was nicht. Gerade im sozialen Bereich haben wir es mit viel Leid zu tun, das wir meist nicht verhindern und nur teilweise lindern können. Das bedeutet nicht, jegliche Verantwortung zu leugnen, sondern sie wohlüberlegt und dosiert anzunehmen. Wir sollten uns einen beruflichen Auftrag nur dann zu eigen machen, wenn wir uns ihm gewachsen fühlen und innerlich zu ihm stehen können.

Wie schätzt du deine berufliche Verantwortungsbereitschaft ein? Lässt du andere ausreichend an Entscheidungen und der gemeinsamen Alltagsgestaltung teilhaben und Eigenverantwortung übernehmen? Schützt du dich selbst ausreichend vor Überlastung, indem du z.B. bewusst Verantwortung abgibst?

2.4 Haltung (er)leben – ganz bei mir und ganz bei dir

Wir haben professionelle Haltung bislang als ein Muster von Werten, Tugenden und als eine innere Bereitschaft kennengelernt. Sie wird allerdings nur im Kontakt mit anderen Menschen «zum Leben erweckt». Wir brauchen die Fähigkeit, im «Hier und Jetzt» *präsent* zu sein, mit den Menschen um uns herum in Resonanz zu gehen, d. h. ihnen zu *begegnen* und wirksame *pädagogische Beziehungen* aufzubauen.

2.4.1 Präsenz

«Das haltungsbeflissene Wesen beeinflusst die Umgebungsenergien auf eine je eigene Weise – verlangsamt, beschleunigt, bannt oder bahnt das es umgebende Geschehen bereits im Vorfeld seiner aktiv-intentionalen Weltzugriffe infolge seiner Art, durch sein Gebaren, seinen Bewegungstonus, seine Intensität, kurz: kraft seiner je eigenen Weise zu sein» (Slaby, 2016, S. 281).

Unsere Haltung macht sich bemerkbar – nicht nur in unserem Handeln, sondern allein schon durch unsere Art und Weise, wie wir im Hier und Jetzt anwesend, erkennbar und spürbar sind. Präsenz bezieht sich auf Ort und Zeit, auf den Bezug zu uns selbst und zur Außenwelt.

Ich bin *DA*!

Wenn ein Mensch einen Raum betritt, strahlt er etwas aus, das seinem Wesen gemäß ist. Der eine verbreitet z. B. Heiterkeit, die andere eine düstere Schwere, der dritte Kontrolliertheit und Strenge. Bei der einen fühlt es sich so an, als würde sich eine eiskalte Hand in den Nacken legen, bei einem anderen so, als würde sich eine warme Decke über alle Anwesenden ausbreiten. Manche Menschen sind sehr wirkungsstark, andere wiederum fallen kaum auf. Unsere Anwesenheit zeigt Wirkung auf die Atmosphäre im Raum, den Aktivitätsgrad, die Lautstärke und die Bereitschaft der Beteiligten, sich zu zeigen, sich zu engagieren oder etwas zu wagen.

Um unserer Aufgabe gerecht zu werden und pädagogische Wirkung entfalten zu können, brauchen wir eine von anderen wahrnehmbare Präsenz. Sie kann – je nach Situation – unterschiedlicher Natur sein. Sie kann z. B. signalisieren:

- Ich bin mit meiner ganzen Aufmerksamkeit hier und bei dir / euch.
- Ich beobachte, was passiert, habe Kontrolle über die Situation und kann gegebenenfalls regulierend eingreifen.
- Ich bin emotional da, d. h., ich bekomme mit, wie dir / euch zumute ist, und kann bei Bedarf beruhigen, ermutigen oder trösten.
- Ich bin stabil und verlässlich da – wie ein Fels in der Brandung. Ich halte dich / euch und die Situation aus.
- Auch wenn es dir / euch augenblicklich nicht gefällt – ich bin da.

Aufmerksame Präsenz kann eine starke Wirkung entfalten. Der Psychotherapeut Irvin Yalom antwortet, gefragt nach seinen therapeutischen Wirkungsprinzipien: «Das Wertvollste, was ich zu bieten habe, ist meine schiere Präsenz» (Yalom, 2016, S. 176).

ICH bin da!

Wenn ich präsent bin, bin *ich* ganz da, d. h., ich bin auch im guten Kontakt mit mir selbst. Ich nehme implizit wahr, wie mir zumute ist, was mich berührt, bewegt oder antreibt, ohne dabei die Außenwelt aus dem Blick zu verlieren. Mein inneres Oberhaupt führt die Regie und ist in seinem Element. Es ist sich seiner inneren Anteile gewahr und hat idealerweise «alle beisammen». Es ist mir deshalb möglich, meine Aufmerksamkeit – innerlich breit aufgestellt – auf die Herausforderungen im Außen zu richten.

Ich *BIN* da!

Präsenz bedeutet, mit allen Sinnen im Hier und Jetzt zu *sein*. Im Zustand der Präsenz bin ich mit einer hohen Aufmerksamkeit in der Situation, bei mir und bei den beteiligten Menschen, nehme wachsam wahr, was gerade passiert, wer was macht, wer welche Stimmung ausstrahlt, und antizipiere, wie sich die Situation weiterentwickeln könnte. Ich bin idealerweise «allgegenwärtig». Präsenz vollzieht sich weniger analytisch «kopfgesteuert» als aus einer inneren Bereitschaft heraus, einer Haltung. Auch hier brauchen wir eine Schwestertugend, die Fokussierungsfähigkeit, um uns und unsere Vorhaben nicht bei all den situativen Eindrücken aus dem Blick zu verlieren.

In Alltag passiert es uns allerdings immer wieder, dass sich die Vergangenheit («Warum hat er nur ...») oder die Zukunft («Ich muss noch daran denken, dass ...») in die Gegenwart drängen und unsere Präsenz beeinträchtigen.

Kuhl et al. (2014, S. 107) fassen diesen Zustand der wachen, weiten Aufmerksamkeit und Feinfühligkeit unter dem Begriff der «Kontextsensitivität» zusammen und erklären diese zu einem wesentlichen Element einer professionellen pädagogischen Haltung. Eine positive Grundstimmung erleichtert uns den Zugang zum «ganzheitlich wahrnehmenden Selbst», wie Kuhl es nennt, und verbessert somit unsere situationsspezifische Sensibilität (vgl. Kuhl et al., 2014, S. 94).

Anna Geiger ist Klassenlehrerin einer Förderschulklasse. Die neun Kinder ihrer 3. bis 5. Klasse haben alle den Förderschwerpunkt im Bereich Lernen und / oder ihrer emotional-sozialen Entwicklung. «Ohne Präsenz geht es nicht. Ich muss mit allen Sinnen da sein. Nur so kann ich Eskalationen verhindern und die Arbeitsstimmung in der Klasse positiv beeinflussen. Ich reagiere z. B. schon im Vorbeigehen auf ein Verziehen der Mundwinkel von Anna, indem ich ihr eine kleine Ermutigung zuspreche – so beuge ich einem aufziehenden Verzweiflungsanfall vor. Auch nehme ich mit Milan, der gerade lauter wird, Blickkontakt auf und erinnere ihn somit freundlich und klar an unsere Vereinbarung. Dabei kann ich neben Pascal stehen und die Hand auf seinen Tisch legen, was ihm daran zu denken hilft, konzentriert weiterzuarbeiten.

«Wenn es in der Klasse mal wieder eskaliert, versetze ich mich in einen besonderen inneren Zustand. Ich atme langsam und tief, werde ganz ruhig, hochkonzentriert und aufmerksam. Ich habe dann alle Antennen ausgefahren. Ich versuche, so gut es geht, mit allen Beteiligten im Kontakt zu sein, die Situation zu erfassen und entsprechend zu reagieren.»

In welchen Situationen brauchst du in deinem Arbeitskontext eine wache, feinfühlige Aufmerksamkeit? Wann gelingt sie dir gut? Was hält dich gegebenenfalls davon ab? Wie fühlen sich solche Situationen für dich an?

Unser Oberhaupt muss sehr flexibel agieren und situativ auf die Schnelle die innere Teambesetzung verändern können, um den Herausforderungen des Alltags zu begegnen. So braucht Anna Geiger im Unterrichtsgeschehen in dem einen Moment einen «Ruhepol» und eine «Empathische» an der Kontaktlinie, um den Kindern ein Gefühl von Sicherheit und eine ruhige Arbeitsatmosphäre zu verschaffen. Im nächsten Moment ist die «Leib- und Seelenwächterin» in Kombination mit der strukturierenden «Führungskraft» gefragt, um auf Fehlverhalten zu reagieren und Eskalationen zu verhindern.

Eine besonders intensive Form der Präsenz ist das «Flow»-Erleben. Viele kennen diesen besonderen Modus der Präsenz aus anderen Tätigkeitsfeldern wie dem Sport, der Kunst oder der Musik. Wenn wir im Flow sind, gehen wir völlig in einer Tätigkeit auf, sind ganz im Hier und Jetzt, und unser Tun scheint mühelos zu fließen. Wenn der Fußballer Messi, umstellt von Abwehrspielern, zielsicher alle gegnerischen Spieler umdribbelt und scheinbar mühelos den Ball ins Tor befördert, dürfte er in einem solchen Flow-Modus sein. In solchen Momenten handelt er vermutlich in einem Zustand umfassender Präsenz, höchster Sensitivität für alles, was im unmittelbaren Umfeld geschieht, und mit der Fähigkeit, halb bewusst zu antizipieren, was als Nächstes passiert. Zugleich setzt sein Körper genau das um, was er vorhat. Das alles verläuft nicht analytisch bewusst (das würde zu lange dauern), sondern in hohem Maße intuitiv. Alle Aufmerksamkeit ist auf das gerichtet, was in diesem Moment von Relevanz ist. Alles Nichtrelevante wird ausgeblendet. Auch z. B. bei der Arbeit mit Tieren, beim Schnellschach oder im gestalterischen Bereich können Menschen eine durch Erfahrung gewachsene Intuition entwickelt haben, die ihnen situativ die Fähigkeit verleiht, das jeweils «Richtige» zu tun. Voraussetzungen sind allerdings, neben der entsprechend offenen Haltung, die dafür notwendigen Basiskompetenzen und ein hinreichender Erfahrungsschatz. Auch in der Pädagogik können wir solche «magischen Momente» erleben.

Welche Erinnerungen hast du an Momente, in denen du dich in deinem Beruf oder in anderen Kontexten so richtig präsent gefühlt hast und in deinem Element warst? Male dir eine solche Situation genau aus. Wie war der Kontext? Was genau ist geschehen? Was hast du gemacht? Wie hast du dich gefühlt? Was hat zum Gelingen beigetragen? Wie ging es dir danach?

Niemand erlebt solche berührenden, gelingenden Momente regelmäßig. Sie bleiben etwas Besonderes. So, wie auch Messi immer wieder das Tor verfehlt, gehören zum Alltag pädagogischer Fach- und Lehrkräfte zahlreiche Momente, in denen das Zusammenspiel weniger gut fließt, die Aufmerksamkeit nicht weit genug ist, in denen wir abgelenkt sind oder in denen der Zugang zu uns selbst und / oder zur anderen Person nicht gut funktioniert.

WIR sind da!

Zuweilen befinden wir uns in Situationen, denen wir allein nicht gewachsen sind und es auch nicht sein können. Die für deren Bewältigung nötige Präsenz können wir erhöhen, indem wir nicht allein, sondern als gut abgestimmtes Team tätig werden. Professionalität bedeutet nicht, heldenhaft allen Herausforderungen im Alleingang zu begegnen. Viele Situationen lassen sich als Team oder in Kooperation besser und nachhaltiger lösen. Haim Omer und Arist von Schlippe sprechen in ihrem Konzept der Neuen Autorität von «systemischer Präsenz» (Omer & von Schlippe, 2016). Damit meinen sie Unterstützungsnetzwerke, die sich aus unterschiedlichen Professionen oder auch privaten Zusammenhängen zusammensetzen können, wie z. B. Leitung, Kolleg:innen, Eltern, Nachbarn, Jugendamt, Beratungsstellen, Polizei etc., die gemeinsam an einem Strang ziehen.

Denke an schwierige bzw. belastende Situationen in deinem Beruf. Wen kannst du in solchen Situationen um Hilfe bitten? Wen kannst du deinerseits unterstützen? Welche Erfahrungen hast du bisher mit kollegialer Unterstützung gemacht?

2.4.2 Begegnung

Die zuvor beschriebenen Momente von Präsenz sind ohne ein Gegenüber nicht denkbar. Es handelt sich um Momente der Begegnung. Sie ergeben sich im Miteinander.

Wenn zwei Menschen aufeinandertreffen, treffen eigentlich mindestens sechs aufeinander (Bauer, 2006, S. 87):

1. die leibhaftige Person A,
2. die leibhaftige Person B,
3. die Person, die A in dem Moment zu sein glaubt,
4. die Person, die B in dem Moment zu sein glaubt,
5. die Person, die A in den Augen von B zu sein scheint,
6. die Person, die B in den Augen von A zu sein scheint.

Martin Buber spricht in diesem Zusammenhang von zwei lebenden Menschen, die von «gespenstischen Scheingestalten» begleitet werden (Buber, 2002, S. 279). Er zählt noch zwei weitere dazu:

7. die Person, die A in den Augen von B sein möchte, und
8. die Person, die B in den Augen von A sein möchte.

Wir alle haben Vorstellungen davon, was für ein Mensch wir sind, und zugleich haben wir Vorstellungen, die wir uns von unserem Gegenüber machen oder gemacht haben. Die Bilder zu einer Person in zwei verschiedenen Köpfen stimmen allerdings häufig nicht überein – aufgeklärt wird dies jedoch eher selten. Was bedeutet dies für unsere beruflichen Begegnungen? Ein Beispiel aus dem Hospiz:

Wenn sich die Pastorin Lilo Meier im Hospiz zu einem Schwerkranken setzt – mit gebeugter Körperhaltung, ernster, mitleidender Miene, mit getragener leiser Stimme, im Bewusstsein seines nahenden Todes Trost und Nähe spenden wollend –, kann dies bei einem Hospizgast ganz unterschiedlich ankommen. Im Fall von Herrn Huber stößt ihr Verhalten auf innere Abwehr. Er fühlt sich in Anwesenheit der Pastorin runtergezogen, elender als vor ihrem Besuch. Er findet sich nicht bemitleidenswert, sondern sehnt sich eher nach Aufmunterung, etwas Normalität und freudvoller Ablenkung. Er will sich der durch den Besuch im Raum entstandenen Schwere nicht hingeben, sondern versuchen, sich innerlich aufzubauen, was Kraft kostet. Am liebsten würde er die Pastorin hinausschicken. Herr Huber ist aber ein höflicher Mensch, er will die Pastorin, die es ja sicher «gut meint», nicht vor den Kopf stoßen und hält ihren Besuch aus. Danach ist er erschöpft und missmutig.

Die Pastorin geht nicht auf Herrn Huber und seine momentanen Bedürfnisse ein. Stattdessen folgt sie ihrer eigenen Vorstellung davon, wie einem Hospizgast zumute sein müsste. Der Besuch wird zu einem Ereignis, welches es aus Sicht des Hospizgastes zu ertragen gilt. Die Chance ist verspielt, eine lebendige Begegnung zu schaffen.

Ein Beispiel aus der Schule:

Erinnern wir uns an Linus (Kapitel 1.8), der eine «eiskalte Hand» im Nacken fühlt, wenn seine Lehrerin den Raum betritt. Die Lehrerin ihrerseits hat den Eindruck, die Kinder nehmen sie in ihrer Lehrerautorität nicht ernst – vor allem die Jungen. Schon so häufig musste sie erleben, wie ihr Schüler auf der Nase herumtanzten und sie regelrecht demütigten. In jeder neuen Klasse steht sie unter Stress und gibt sich große Mühe, sich angemessen zu behaupten. Einige Schüler, wie z. B. Linus, nehmen sie allerdings als überstreng und geradezu bedrohlich wahr. Sie fühlen sich eingeschüchtert und stellen sich auf eine schwere Zeit ein …

Was die beiden Beispiele verdeutlichen, ist das, was der Organisationsentwickler Otto Scharmer das bloße «Runterladen und Abspulen» von (alten) Erwartungen und Erfahrungen nennt (Scharmer und Käufer, 2008). Er unterscheidet dabei die folgenden **vier Formen des Zuhörens oder Hinhörens**, die auch und gerade im pädagogischen Kontext ihre Wirksamkeit entfalten und aus meiner Sicht eine hohe Relevanz haben:

1. Das «Runterladen und Abspulen»: Wenn wir auf einen Menschen treffen, laden wir möglicherweise die Bilder und Informationen über ihn herunter, die wir schon im Kopf haben, suchen nach deren Bestätigung und handeln entsprechend – so wie in obigen Beispielen die Pastorin und die Lehrerin. Wir hören, was wir hören wollen bzw. zu hören erwarten. Auf diese Weise findet keine wirkliche Begegnung statt. Erwartungen, Meinungen und Vorurteile werden so nur immer wieder bestätigt und verfestigt. Wir neigen dazu, in diesem oberflächlichen Modus hinzuhören,

- wenn wir bereits eine klare eigene Agenda im Kopf haben, die wir verfolgen,
- wenn wir unsere Aufmerksamkeit vor allem auf die Vorstellung richten, die unser Gegenüber von uns haben könnte,
- wenn uns unser Gegenüber Angst macht oder wir es ablehnen,
- wenn wir der Situation oder Person wenig Bedeutsamkeit zumessen oder abgelenkt sind,
- wenn wir diese Form des Hinhörens als gebräuchliche Form erfahren, gelernt und geübt haben.

In welchen Situationen hast du dich schon dabei ertappt, gar nicht «richtig» zuzuhören und nur das zu hören, was du bereits wusstest, was du dir schon gedacht oder was du erwartet hattest? Welche «gespenstischen Scheingestalten» mischen sich bei dir möglicherweise in berufliche Begegnungen?

2. Das Faktische Zuhören: Bei dieser Art des Zuhörens sind wir bereit, neue Informationen aufzunehmen und uns überraschen zu lassen («Ach, so ist das! Interessant!»). Wir hören in diesem Modus vor allem auf Fakten und Tatsachen, die sich von unserem bisherigen Wissen und unseren Erfahrungen unterscheiden. Der «Wissenschaftler» oder die «Forscherin» in uns hört hier genau hin, denn es gibt möglicherweise etwas Neues zu lernen, abzuwägen und in unsere bisherige Erfahrung einzuordnen.

Wann hast du dich zuletzt beim Zuhören überraschen lassen? Mit welcher Haltung hast du in der Situation hingehört? Was hat dies in dir ausgelöst?

3. Das Empathische Zuhören: Wenn wir empathisch zuhören, geht es uns nicht mehr nur um Fakten. Wir versuchen dann zu erfassen und zu verstehen, wie sich z. B. unsere Gesprächspartnerin fühlt, was sie beschäftigt und was sie braucht («Was bedeutet das für dich?»). Wir öffnen unser Herz, d. h., wir denken nicht nur, sondern wir erspüren und schwingen in diesem Moment emotional mit. Wir nehmen die Perspektive der anderen ein und schlüpfen einen Moment lang in ihre Haut. In einer solchen Begegnung treffen die Vorstellungen, die wir von uns und vom anderen Menschen haben, aufeinander, kommen in Kontakt und erhalten eine neue Qualität. Bestehende Vorstellungen vom anderen können wir revidieren und weiterentwickeln.

Erinnere dich an ein Gespräch, bei dem du empathisch zugehört hast. Was genau hat die andere Person erzählt? Wie war ihr zumute? Was konntest du dabei bei dir selbst wahrnehmen?

Diese Form des Zuhörens ist für pädagogische Fach- und Lehrkräfte essenziell. Lernen gelingt nach Hattie u. a. dann am besten, wenn die Lehrperson sich darum bemüht und dazu hinreichend in der Lage ist, «das Lernen durch die Augen der Lernenden zu sehen» (Hattie, 2015, S. 281).

4. Das Schöpferische Zuhören: Wenn sich unser Hinhören nicht nur auf die Gegenwart, sondern auch auf eine zukünftige Möglichkeit bezieht, spricht Otto Scharmer (2009) von «schöpferischem Zuhören». Wir kommen mit unserem Gegenüber in Resonanz und lassen etwas Eigenes, etwas Neues entstehen. Diese Qualität von Begegnung kann eine neue gemeinsame Energie freisetzen. Martin Buber (2002) spricht vom «dialogischen Prinzip»: Wir sind dann nach einem Gespräch oder einer Begegnung nicht mehr der- bzw. dieselbe. Es hat sich durch die Begegnung in unserer Beziehung zueinander und / oder in uns selbst etwas verändert. «Voraussetzung ist nicht nur der empathische Zugang zum anderen, sondern die Fähigkeit, Zukunftsmöglichkeiten, die im Entstehen begriffen sind, wahrzunehmen und sich damit zu verbinden» (Scharmer und Käufer, 2008, S. 6). Hierzu ein Beispiel:

Maren Phillips, eine Physiotherapeutin und angehende Heilpädagogin, macht regelmäßig Hippotherapie mit Menschen mit Beeinträchtigung, also Physiotherapie auf einem Pferd. Sie behandelt auch Max, einen erwachsenen Mann im Autismus-Spektrum. Bei ihm ist sie etwas in Habachtstellung, denn er schlägt immer mal wieder unvermittelt um sich. Maren hat es nicht leicht, mit ihm in Kontakt zu kommen und ihn zur Kooperation zu bewegen. Er schaut sie nicht an und reagiert auch sonst wenig vorhersehbar auf Marens sprachliche Impulse. Eines Tages jedoch erlebt sie etwas Neues: Sie steht neben ihm, Max sitzt auf dem Pferd. Max zählt immer wieder – ohne erkennbaren Anlass: «Eins, zwei, drei ...» Maren schaut Max eine Weile an und stimmt dann, einem spontanen Impuls folgend, in ruhiger Tonlage in sein Zählen ein: «Eins, zwei, drei ...» Ihre Blicke begegnen sich. Ein intensiver Blickkontakt entsteht. Bei den darauffolgenden gemeinsamen Einheiten findet Maren über das «Einschwingen auf ihn» und das Mittönen seiner Worte oder Laute immer wieder Kontakt zu Max, sodass dieser beginnt, mit ihr zu kooperieren.

Was ist hier geschehen? Maren beschreibt es im Nachhinein in einer E-Mail an mich so:

«In dem Moment habe ich nicht ‹gedacht›. Es fühlte sich frei von allem an. Frei von Gedanken, Mustern, Ängsten – fast so, als wäre der Weg vom Herzen zum anderen Herzen frei für eine Berührung. Dieses Gefühl erlebe ich immer dann, wenn ein geteilter Aufmerksamkeitsfokus entsteht. Ich habe mal gesagt, ich sammle ‹Glücksmomente›, weil es in unserer Arbeit genau diese kleinen Momente sind, die oft den Schlüssel zur Welt unserer Bewohner:innen darstellen. Diese Glücksmomente sind ein Geben und Nehmen, Momente des Glücks auf beiden Seiten. Dabei geht es weder nur um mich noch um den anderen, sondern um das Gemeinsame, Verbindende. Miteinander in Resonanz zu schwingen ist für mich Präsenz im Hier und Jetzt, ein kurzweiliger Moment, der losgelöst von Raum und Zeit ist.»

In einer Begegnung gebe ich etwas von mir und nehme etwas vom anderen in mir auf. Auf diese Weise entsteht etwas Neues.

An welche besondere Begegnung dieser Art erinnerst du dich, die Spuren bei dir hinterlassen hat? Mit welcher Haltung bist du in diese Begegnung gegangen? Was hast du erlebt? Was hat sich durch sie verändert?

2.4.3 Pädagogische Beziehung

Aus Resonanz und Begegnung kann emotionale Verbundenheit entstehen, eine Beziehung. Die pädagogische Arbeit lebt von Beziehungen. Wir können als pädagogische Fach- und Lehrkräfte nur dann eine nachhaltig positive Wirkung auf andere Menschen ausüben und unserem Auftrag gerecht werden, wenn wir mit ihnen eine tragfähige und vertrauensvolle (Arbeits-)Beziehung eingehen. Dafür müssen wir sie kennenlernen und eine Verbindung entstehen lassen. Zahlreiche Studien haben bestätigt, dass ein vertrauensvolles Verhältnis zwischen Lehrperson und Lernenden ein wesentlicher Einflussfaktor für Lernerfolg ist (Hattie, 2015, S. 141–143). Dasselbe gilt umgekehrt: Eine positive Arbeitsbeziehung wirkt z. B. positiv auf die Gesundheit und Arbeitsmotivation von Lehrkräften (Aldrup et. al., 2018).

Professionalität verbinden wir häufig mit «professioneller Distanz». Was bedeutet dieser Begriff für die pädagogische Arbeit? Unsere Arbeit lebt davon, dass wir uns persönlich einbringen und berühren lassen. Wir brauchen insofern «Professionelle Nähe». Dennoch schützen wir unser Privates, unsere psychische Gesundheit und bringen uns und andere nicht in Abhängigkeitsbeziehungen. Professionelle Distanz bedeutet hier, sich private Schutzzonen zu erhalten, die Sorgen und Nöte anderer nicht zu den eigenen zu machen und persönliche Bedürfnisse außerhalb beruflicher Beziehungen zu erfüllen.

Obwohl diese Beziehung Einfluss auf ihre Arbeitszufriedenheit und ihr Wohlbefinden hat, ist eine pädagogische Fach- oder

Lehrkraft weniger persönlich als eher beruflich von ihr abhängig. Umgekehrt aber ist es anders: Das Kind, die Jugendliche oder der Schüler sind persönlich betroffen und davon abhängig, dass diese Beziehung wohlwollend und tragfähig ist, denn sie betrifft ihr persönliches Leben, und die Machtverteilung ist ungleich. Daraus ergibt sich eine besondere Verantwortung. Doch was bedeutet das für die Praxis der pädagogischen Beziehungsgestaltung? Wie erweise ich mich für meine Zielgruppe als beziehungswürdig?

Entscheidend für die pädagogische Beziehungsgestaltung ist unsere innere Haltung, mit der wir anderen Menschen begegnen. «Die Art und Weise, wie wir uns als Einzelne oder als Gruppe in eine Situation hineinbewegen, bestimmt, wie sich eine Situation weiterentwickelt» (Scharmer und Käufer, 2008, S. 7). Schulz von Thun (1998, S. 252 ff.) spricht von unserem «Inneren Empfangskomitee», welches die Weichen für die Entwicklung von Begegnungen und Beziehungen stellt.

Welche Haltung also brauchen wir für einen gelingenden Beziehungsaufbau? Welches innere Empfangskomitee ist hierfür verheißungsvoll?

Bereit sein für Begegnung

Zunächst brauchen wir die Bereitschaft, unserem Gegenüber tatsächlich zu *begegnen*, d. h. nicht nur unsere inneren Bilder, Bewertungen oder Vorurteile herunterzuladen und uns von ihnen leiten zu lassen. Dafür müssen wir diese allerdings zunächst zur Kenntnis nehmen. Unsere innere Erstreaktion auf die andere Person ist in der Regel nicht neutral.

Denke an eine Person, mit der du es beruflich zu tun hast: Welche Gefühle löst der Kontakt in dir aus? Welche Gedanken gehen dir durch den Kopf? Wie reagiert dein Körper auf diesen Kontakt? Wer in dir meldet sich in diesem Kontakt besonders lautstark?

Otto Scharmer macht drei innere Stimmen aus, die einer persönlichen Entwicklung, auch einer Beziehungsgestaltung, besonders nachhaltig im Wege stehen können (Scharmer und Käufer, 2008, S. 10): die Stimme des Urteilens, die Stimme des Zynismus und die Stimme der Angst. Damit wir sie regulieren können, müssen wir sie zunächst erkennen.

1. Die Stimme des Urteilens

Wir haben viele Urteilsgewohnheiten. «Die guckt so bockig. Sicher wird es mit ihr noch Ärger geben!» So menschlich und nützlich es ist, in Sekundenschnelle Bewertungen und Urteile parat zu haben, so schädlich ist es für (Arbeits-)Beziehungen, ihnen das Feld zu überlassen. Wenn wir an ihnen haften bleiben, verhindern wir Begegnung, blockieren ein wirkliches Kennenlernen und erschweren die Entwicklung unseres Gegenübers. Wir tun daher gut daran, innere «Kritikerinnen» oder «Bewerter» aus unserem inneren Empfangskomitee herauszunehmen oder sie zumindest zu zügeln. Ein Moment des Innehaltens kann unserem Oberhaupt helfen, seine inneren Stimmen zu hören und zu regulieren, d. h. die spontane Erstreaktion in eine professionelle Zweitreaktion zu überführen (vgl. Kapitel 2.5.3). Mit viel Übung lässt sich die Stimme des Urteilens bändigen und schließlich unter Kontrolle halten.

2. Die Stimme des Zynismus

Wenn wir zynisch werden, fokussieren wir uns auf Negatives, sind gehässig, erheben uns über andere und fühlen uns dabei geistig überlegen. «Kennst du ihre Eltern? Dann weißt du alles!», «Kein Wunder, dass euer Klassenschnitt bei 3,9 liegt. Wir haben eben einen angemessen hohen Anspruch.» Wir nehmen dann billigend in Kauf, dass wir andere abwerten und verletzen. Zynismus blockiert Empathie. Die Folge ist in der Regel Rückzug oder Rebellion unseres Gegenübers. Es muss sich schützen und tut daher gut daran, keine weitere Angriffsfläche zu bieten und sich zu verschließen. Oder es geht in den Widerstand und reagiert mit Gegenangriffen. Vertrauensvolle Beziehungen werden auf diese Weise verhindert. Zynismus spiegelt, anders als Sarkasmus oder Ironie, eine Lebenshaltung.

Nach einer Studie von Stavrova et al. (2020) sind Zyniker eher misstrauisch und verschlossen und haben meist selbst unter Respektlosigkeit und mangelnder Wertschätzung gelitten. Zynismus kann demnach als Schutzstrategie betrachtet werden, die einen Kreislauf von Demütigungen und Abwertungen am Laufen halten und auf andere übertragen kann.

Da die Folgen dieser Haltung gravierend sind, ist sie im pädagogischen Kontext besonders fehl am Platz. Wenn wir einen aktiven Zyniker in unserem Inneren Team beherbergen, der sich in unsere pädagogische Beziehungsgestaltung einmischt, sollten wir prüfen, welche verletzten inneren Anteile er meint, schützen zu müssen. Hier ist innere Teamentwicklung gefragt (siehe Kap. 3.5). Zynismus kann auch ein Symptom eines Burnouts sein. Wer einen Hang zum Zynismus in sich entdeckt, braucht möglicherweise eine Auszeit und / oder psychotherapeutische Hilfe.

3. Die Stimme der Angst

Es kann vorkommen, dass uns Menschen, für die wir pädagogisch zuständig sind, Angst machen. Angst kann auch im Spiel sein, wenn wir Leistungsdruck empfinden oder uns unter Beobachtung fühlen, wie z. B. als angehende Lehrkräfte bei Sichtstunden im Referendariat. In jedem Fall ist Angst ein schlechter Begleiter der pädagogischen Beziehungsgestaltung, denn sie verengt unsere Wahrnehmung auf Bedrohliches und Negatives. Ein Lehrer, der mit Herzklopfen vor der Klasse steht, kann sich kaum auf die Lernenden einlassen und ihnen empathisch und offen begegnen. Jeder Versuch, sich dennoch möglichst «souverän» zu präsentieren, gerät zur Schauspielerei. Beim Gegenüber erzeugt Angst Unsicherheit, vielleicht auch Mitgefühl, häufig Machtgefühle und verringert möglicherweise den Respekt.

Angst können wir nur regulieren, wenn wir sie wahrnehmen, sie uns eingestehen und ihr aktiv begegnen. Dafür brauchen wir Raum und Zeit zum Innehalten und Beruhigen, möglicherweise die Unterstützung durch das Team oder die Leitung, neue Strategien oder gegebenenfalls eine Veränderung des Settings. Supervision kann hier Gold wert sein.

Kennst du die Stimme des Urteilens, des Zynismus oder der Angst in deinen pädagogischen Beziehungen? Wie wurden bzw. werden sie ausgelöst? Wie bist du bislang damit umgegangen? Was kann dir helfen?

Offenheit für Begegnung bedeutet also, die andere Person zu *sehen* und zu *hören*, uns empathisch auf sie einzulassen und unsere eigenen Bilder von ihr ständig zu erweitern.

Widersprüchlichkeit aushalten und sich überraschen lassen

Nicht immer erscheint uns das Verhalten eines anderen Menschen schlüssig und nachvollziehbar. Eine Schülerin sagt, sie wolle Französisch lernen, investiert aber keine Zeit für Vokabeln. Ein Kind sucht unsere Aufmerksamkeit und Nähe, hält sich aber nicht an unsere Regeln oder tut uns weh. Ein Vater sagt, ihm liege viel an der Leistungsentwicklung seines Sohnes, weiß aber gar nicht, was dieser schon kann. Wir sind in solchen Fällen geneigt, nur einer Seite der Botschaft Glauben zu schenken und solche Widersprüchlichkeit als Unaufrichtigkeit oder Charakterschwäche zu werten. Doch sind nicht nur wir, sondern auch andere Menschen innerlich vielschichtig und haben mehrere innere Teammitglieder, die sich zuweilen widersprechen. Wir brauchen daher vor allem im pädagogischen Kontext **Ambiguitätstoleranz** – die Fähigkeit, Widersprüchlichkeit auszuhalten und Vielschichtigkeit zu akzeptieren. Wir brauchen die Neugier, andere Menschen in ihrer Vielfalt kennenzulernen, und die Bereitschaft, sie nicht auf einzelne Aussagen oder Eigenschaften festzunageln.

Ambiguitätsintoleranz

Wenn wir es z. B. als Erzieher:in mit dem zwölfjährigen Julius zu tun haben, der gerade seinen Küchendienst verweigert und uns Schimpfworte an den Kopf wirft, sind wir vielleicht in Versuchung,

Julius mit Haut und Haar als «Wüterich» wahrzunehmen. Entsprechend sieht vermutlich unsere innere Teamaufstellung aus, wenn wir auf ihn reagieren müssen. In uns übernimmt dann vielleicht intuitiv ein ärgerlicher «Grenzwächter» das Regiment. Vielleicht fühlen wir uns auch verletzt. Wohlwollen können wir in der Situation zumindest nicht spüren.

Ambiguitätstoleranz

Ist uns dagegen bewusst, dass in Julius zwar gerade ein «Wüterich» den Außenkontakt bestimmt, dass er aber auch andere innere Teammitglieder in sich trägt – vielleicht einen «Nähebedürftigen», der sich nach Aufmerksamkeit sehnt, oder einen «Autonomiewächter», der sich hilflos und bevormundet fühlt – können wir anders auf ihn reagieren und unsere innere Vielfalt für eine konstruktive Lösung nutzen.

So manches innere Teammitglied zeigt sich (siehe auch Kapitel 1.4.1) nur selten oder meldet sich ganz leise. Die innere Vielfalt unseres Gegenübers können wir nur kennenlernen, wenn wir uns nicht nur auf die bereits bekannten Stammspieler fokussieren.

Die Bereitschaft, auch vertraute Menschen immer wieder mit einem frischen Blick zu betrachten und sich von ihnen überraschen zu lassen, weitet unsere Wahrnehmung und eröffnet Raum für Facettenreichtum und Entwicklung.

Sich und andere schützen

Begegnungen verlaufen nicht immer harmonisch. Im Zusammenhang mit unserem beruflichen Auftrag haben wir es immer wieder mit Widerständen zu tun. Wir stellen in unserer Rolle Anforderungen, wie z. B. eine Hausarbeit pünktlich abzugeben oder ein Spiel wieder einzuräumen, oder versagen gegebenenfalls Wünsche, wie z. B. nach Süßigkeiten oder nächtlichem Ausgang. Damit strapazieren wir möglicherweise die Frustrationstoleranz unserer Zielgruppe. Wir brauchen die Fähigkeit, gegebenenfalls NEIN zu sagen und standhaft zu bleiben, um unserem Auftrag nachzukommen und unser Gegenüber dabei zu unterstützen, sich selbst zu regulieren, sich zu schützen oder vereinbarte Ziele zu erreichen.

Manchmal sind wir Zeuge von Angriffen auf andere Menschen, auf Tiere oder Gegenstände. Zuweilen werden wir selbst angegriffen. Es ist nicht nur unser Auftrag, hier entschieden Stellung zu beziehen, zu handeln und andere und uns zu schützen. Es ist auch ein wesentlicher Beitrag zu einer vertrauensvollen pädagogischen Beziehung. Respekt und pädagogischen Einfluss können wir nur erreichen, wenn wir im Bedarfsfall wehrhaft sind und den Mut haben, jegliche Formen von Gewalt zu missbilligen. Dafür brauchen wir weniger körperliche Verteidigungsstrategien als die Bereitschaft, hinzuschauen, Missstände zu benennen, uns zu vernetzen und gegebenenfalls Hilfe zu organisieren. Menschen können vor allem dann Vertrauen zu uns aufbauen, wenn sie uns zutrauen, dass wir sie und ihre Würde im Bedarfsfall schützen können.

Balance zwischen Individualität und Gemeinschaft finden

Menschen haben ein Bedürfnis nach Zugehörigkeit zu einer Gemeinschaft – in unterschiedlich starker Ausprägung – und zugleich den Wunsch und das Bedürfnis, als einzigartiges Wesen mit individuellen Talenten, Interessen und Sehnsüchten, aber auch Ecken und Kanten wahrgenommen zu werden. Zu einer tragfähigen pädagogischen Beziehung gehört es dazu, beides zu würdigen und zu berücksichtigen, was mitunter eine besondere Herausforderung darstellen kann. Müssen wir doch einerseits die Regeln und Interessen der Gemeinschaft im Blick haben, andererseits die Bedürfnisse und Bedarfe jedes Einzelnen. Ein Blick in den Alltag der Förderschullehrerin Anna Geiger:

Finn gilt in seinen ersten zwei Schuljahren in einer Grundschule als nicht beschulbar und lernt weder Schreiben noch Rechnen. Die Ursache wird im Elternhaus gesucht. Die Eltern seien zwar bemüht und versorgend, aber zu streng und «gefühlskalt», so die Sachbearbeiterin im Jugendamt.

Nun ist er samt Schulbegleiter in der Förderschule. Zu Beginn zeigt er dasselbe Verhalten: Bei der kleinsten Aufforderung oder Anforderung zerreißt er seine Unterlagen, wirft Stühle oder Tische um oder nimmt Reißaus. Der Klassenlehrerin Anna Geiger fällt allerdings auf, dass er sich für viele Dinge und Tätigkeiten interessiert – im Planen und Konstruieren von gebastelten Bauwerken zeigt er z. B. herausragende Fähigkeiten. Auch erkennt sie, dass er in der Lage ist, sein Verhalten zu steuern, wenn ihm etwas wichtig ist. Gemeinsam mit dem Schulbegleiter und den Eltern vereinbart sie mit ihm einen klaren Rahmen und klare Regeln («Wenn du kleine Aufgaben erledigst, kannst du danach Dinge machen, die du magst. Wenn du in der Klasse randalierst oder wegläufst, müssen dich deine Eltern abholen» …). Konsequent sorgen sie für die Einhaltung der Regeln und versuchen gleichzeitig zu verstehen, was ihn zu seinem Verhalten bewegt. So besorgt Anna Geiger ihm z. B. «Zauberknete», die er in der Hand bearbeiten kann, während er am Stuhlkreis der Klasse teilnimmt, ohne zu stören. Es gelingt Finn immer besser, sich auf überschaubare Aufgaben einzulassen. Er beginnt, zügig Lesen, Schreiben und Rechnen zu lernen. Wenn er Herausforderungen selbst bestimmen darf, zeigt er sogar außergewöhnliche Leistungen.

Es kommt der Corona-Lockdown. Im Homeschooling hält Anna Geiger, so gut es geht, den Kontakt zu Finn und den Eltern aufrecht. Diese berichten von häuslichen Konflikten und massiven Rückschritten bei Finn. Nach dem Lockdown wird die Schulbegleitung vom Jugendamt gestrichen. Die ersten Wochen in der Schule gestalten sich schwierig. Die Lehrerin wird strenger, hat sie doch nun allein für das Wohl aller Kinder zu sorgen. Auch die anderen Kinder kommen belastet aus dem Lockdown. Finn fällt in alte Verhaltensmuster zurück. Die Situation spitzt sich von Woche zu Woche zu. Nach einer Auseinandersetzung läuft Finn davon. Die Lehrerin ruft die Polizei, die ihn sucht und schließlich nach Hause zurückbringt.

Finn, seine Eltern und die Lehrerin sind erschöpft und aufgerüttelt. Es findet ein gemeinsames Gespräch statt: Die Lehrerin erklärt ihm ihre Situation und versucht, Finns Situation zu begreifen. Sie hört ihm zu. Schließlich vereinbaren sie Folgendes:

- *Finn bekommt – ohne Bedingungen – jeden Tag eine Schulstunde «Kreativzeit» und eine Schulstunde «Spielzeit», die eine in der Mitte, die andere am Ende des Tages. Er kann selbstständig basteln, nähen, werken oder bauen – ganz nach seinen eigenen Plänen. Am Tag vorher gibt er der Lehrerin eine Liste mit Materialien, die er dafür benötigt.*
- *In den anderen Schulstunden lässt sich Finn auf die Anforderungen der Lehrerin ein, die er braucht, um das zu lernen, was er für sein Leben noch lernen muss –*

Mathe, Deutsch etc. –, und nimmt an der Klassengemeinschaft teil.
- *Mit den Eltern werden an jedem Freitag Telefonate vereinbart, in denen die Lehrerin über Gelingendes berichtet.*

Die Situation verändert sich. Finn reicht seiner Lehrerin jeden Tag seine Planungen und Materiallisten ein und zeigt dabei deutliche Schreibfortschritte. Er nutzt die Spiel- und Kreativzeit mit Wonne und Ausdauer, um an seinen eigenen Werken zu arbeiten. Immer wieder produziert er Geschenke für Einzelne oder die Klasse. In den anderen Stunden kooperiert er nach Kräften. Nicht immer gelingt es ihm. Die Lehrerin hält emotionale Ausbrüche aus, bleibt konsequent und sucht danach das Gespräch mit ihm: «Was war es denn genau, was dich heute zum Ausrasten gebracht hat?» Die Eltern hören jeden Freitag von den Interessen, Tätigkeiten und Fortschritten ihres Sohnes. Der Vater zeigt einen gewissen Stolz auf seinen Sohn, erkennt sich selbst in ihm wieder und stellt ihm nun einen Teil seiner Werkstatt im Keller zur Verfügung. In der Schule sind seine Werke in einer Klassenausstellung zu sehen. Finn blüht sichtlich auf.

Was geht dir durch den Kopf, wenn du hier einen Einblick in die Arbeit der Förderschullehrerin bekommst? Was erfährst du über ihre pädagogische Haltung? Wie gehst du mit vergleichbaren Situationen um?

Zusammenfassend möchte ich 10 Aspekte einer Haltung benennen, die aus meiner Sicht die Grundlage einer lern- und entwicklungsförderlichen Beziehung ausmachen.

10 Voraussetzungen einer gelingenden pädagogischen Beziehungsgestaltung

1. Ich schätze und achte dich als Mensch – selbst dann, wenn ich dein Verhalten missbillige.
2. Ich respektiere deine Individualität und deine Bedürfnisse.
3. Ich bin an dir und deiner weiteren Entwicklung interessiert.
4. Ich richte meine Aufmerksamkeit besonders auf deine Stärken und Potenziale, sehe und benenne aber auch Schwierigkeiten und Hindernisse.
5. Ich bin davon überzeugt, dass dein Verhalten für dich einen Sinn hat, und versuche, diesen herauszufinden, um dich zu verstehen.
6. Ich nehme meinen pädagogischen Auftrag und meine Rolle ernst, d. h., ich bin bereit, dich in Bezug auf deine Entwicklung bzw. deine Bildung zu unterstützen und dafür in alle Richtungen offen zu denken und kreative Lösungen zu finden.
7. Mir ist es wichtig, mit dir zu kooperieren und gemeinsame Ziele zu verfolgen.
8. Ich fühle mich sowohl für dein Wohl und deinen Schutz als auch für das Wohl und den Schutz anderer und der Gemeinschaft verantwortlich. Hierfür bin ich gegebenenfalls bereit, Grenzen zu setzen und Konflikte auszutragen.
9. Ich sorge auch für mich selbst und schütze mich bei Bedarf.
10. Auch ich habe noch viel zu lernen, bin zuweilen ratlos und mache Fehler.

2.5 Haltung wahren – die Kunst der Selbststeuerung

Selbst wenn wir unsere berufliche Verantwortung annehmen, vorbildliche Werte vertreten, über wesentliche Tugenden verfügen und uns selbstkritisch reflektieren, stoßen wir womöglich immer wieder an unsere Grenzen. Vielleicht bringen uns die Herausforderungen des Alltags zuweilen zur Weißglut, ängstigen uns oder lassen uns hilflos dastehen. Vielleicht verfügen wir – eigentlich – über ein hohes Maß an Empathie, aber es gibt Situationen, in denen wir davon nichts spüren können. Vermutlich ist uns eine konstruktive Feedbackkultur ein Anliegen, doch können wir möglicherweise nur schwer Kritik aushalten, wenn sie uns selbst betrifft. Vielleicht wissen wir sehr genau, wie wir mit Fehlverhalten und Grenzüberschreitungen konstruktiv umgehen können. Wenn es aber tatsächlich dazu kommt, reagieren wir möglicherweise wie in einem Autopilotmodus und können keinen klaren Gedanken fassen. Womöglich bewerten wir auch andere Menschen immer wieder oder tratschen hinter ihrem Rücken über sie – wohlwissend, dass dies eigentlich nicht unserer Haltung entspricht bzw. entsprechen sollte. Wir sind menschliche, allzu menschliche Wesen!

Um eine möglichst professionelle Haltung leben zu können, müssen wir es schaffen, unsere ersten Impulse im rechten Moment zu erkennen und bei Bedarf zu regulieren. In entscheidenden Situationen gilt es, Haltung zu wahren.

2.5.1 Selbstkompetenzen

Zu einer professionellen Haltung gehören, wie Kuhl et al. es nennen, «objektive Selbstkompetenzen» (Kuhl, Schwer & Solzbacher, 2014, S. 107). Sie heben dabei vor allem diese drei hervor:

1. Sich selbst motivieren können.
2. Gut aus Fehlern lernen können.
3. Sich selbst beruhigen können.

Selbstmotivierung bedeutet z. B., negativen Gefühlen positive entgegenzusetzen, um auch bei Hindernissen die Stabilität der eigenen Haltung zu gewährleisten. Einer Pädagogin fällt es möglicherweise schwer, ihre grundsätzliche Wertschätzung gegenüber einer Jugendlichen aufrechtzuerhalten und weiterhin an deren Entwicklungspotenzial zu glauben, die immer wieder in alte Muster von gewalttätigem Verhalten, Verweigerung und Selbstschädigung zurückfällt. Wenn es scheinbar stagniert und nicht weitergeht, wenn wir uns in unseren Bemühungen zurückgeworfen fühlen, anstatt voranzukommen, oder auch nur dann, wenn die erste Euphorie nachlässt und sich der Alltag einschleicht, brauchen wir die Fähigkeit, nicht so schnell aufzugeben, dranzubleiben, uns selbst Mut zu machen bzw. gegebenenfalls unsere Ziele der Realität anzupassen.

Wenn uns etwas misslingt, wir Erfahrungen des Scheiterns erleben müssen oder Fehler machen, tut das zunächst weh.

Fehlergefühle

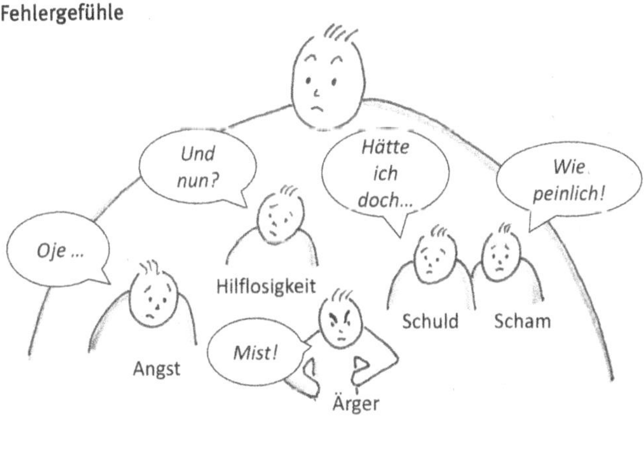

Scham, Schuld, Angst, Hilflosigkeit oder Ärger können sich in solchen Momenten blitzschnell in uns ausbreiten. Für eine professionelle Haltung ist es von großer Bedeutung, ob wir **aus unseren Fehlern lernen** können. Dafür müssen wir die negativen Gefühle, die damit verbunden sind, aushalten und den Fehler genau anschauen, um in Zukunft anders zu handeln.

Schnell steht in uns allerdings eine innere Abwehrmannschaft bereit, die sich dem allzu gerne entziehen und uns vor diesen unangenehmen Gefühlen bewahren will. Allerdings hindert sie uns daran, aus unseren Fehlern zu lernen, und ist auch unseren sozialen Beziehungen wenig dienlich.

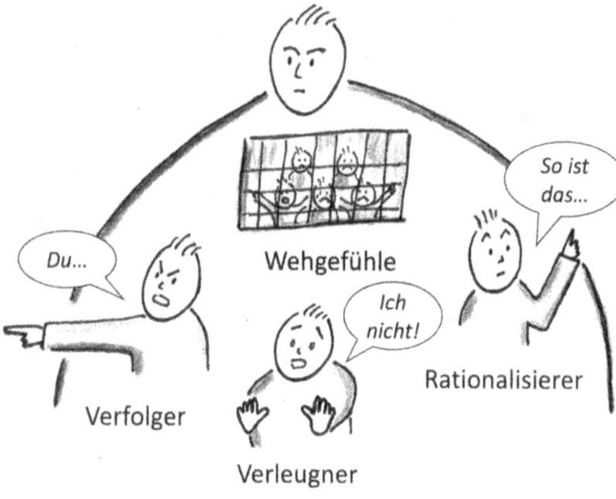

Innere Abwehrmannschaft

Um mit negativen Gefühlen umgehen zu können, hilft uns die Fähigkeit zur **Selbstberuhigung**. Auch wenn wir mit Widerständen oder Aggressivität konfrontiert werden, sind wir darauf angewiesen, unsere Emotionen regulieren zu können. Selbstberuhigung ist eine «Schlüssel-Selbstkompetenz» (vgl. Kuhl & Solzbacher, 2017, S. 23).

Welche der Selbstkompetenzen findest du bei dir bereits wieder? Woran erkennst du das? Welche Selbstkompetenzen möchtest du entwickeln oder stärken?

Sie werden sich nun vermutlich fragen: Das sind ja alles erstrebenswerte und fraglos nützliche Kompetenzen – aber wie erwerbe ich sie?

Im Grunde handelt es sich bei den vorgestellten Selbstkompetenzen um solche, die jeder Mensch benötigt, um gut lernen und sich gut entwickeln zu können. Normalerweise erlernen und üben wir sie nach und nach in der Kindheit und Jugend. Es ist die Aufgabe von Eltern und pädagogischen Fach- und Lehrkräften, Kinder und Jugendliche dabei zu unterstützen, Selbststeuerungsfähigkeiten zu entwickeln. Instruktionen allein wie «Sei mal gelassener!» oder «So, jetzt motiviere dich mal!» zeigen hier wenig Wirkung (Kuhl et al., 2014, S. 98). Menschen lernen, sich selbst zu regulieren, indem sie Regulierungsunterstützung erfahren, Vorbilder haben und positiv angeleitet werden. Säuglinge z. B. sind darauf angewiesen, dass Bezugspersonen ihnen dabei helfen, sich zu beruhigen. Wenn sie weinen, brauchen sie Erwachsene, die ihnen beruhigend zusprechen, sie liebevoll auf den Arm nehmen und ihnen helfen, ihr inneres Gleichgewicht wiederzufinden. Um Kinder und auch Erwachsene bei oder nach verstörenden Erfahrungen wirkungsvoll beruhigen und trösten zu können, sind drei Botschaften relevant, wie die Psychotherapeutin Dagmar Kumbier betont: das Anerkennen des Leids («Ja, das ist schlimm»), die verlässliche und liebevolle Begleitung («Ich bin an deiner Seite») und die Zuversicht («Wir werden einen Weg finden») (Kumbier und Bossemeyer, 2021, S. 72–74). Mit der Zeit können Menschen diese Erfahrungen verinnerlichen und eigene Strategien aufbauen. Vertrauen und ein Gefühl des Angenommenseins sind wichtige Voraussetzungen dafür, sich öffnen und solche Regulierungshilfen annehmen zu können.

Wenn wir andere Menschen dabei unterstützen wollen, sich selbst zu regulieren, sollten wir mit gutem Beispiel vorangehen. Doch wäre es unrealistisch zu glauben, dass wir alle das Glück hatten, die oben ausgeführten Fähigkeiten gut zu erlernen. Wenn wir beruflich Verantwortung für das seelische Wohl anderer Menschen tragen, kommen wir allerdings nicht umhin, sie uns nach und nach selbst zumindest hinreichend anzueignen und auf diese Weise unsere Haltung zu «kultivieren». Auch uns Erwachsenen helfen dabei vertrauensvolle Beziehungen. Auch wir brauchen immer mal wieder Ermutigung oder Trost und die Bereitschaft, uns auf diese Angebote einzulassen. Die Fähigkeit, uns selbst zu steuern, entwickeln wir dann, wenn wir uns diese hilfreichen Stimmen von außen zu eigen machen und sie dann bei Bedarf selbst abrufen können. Unser Oberhaupt kann lernen, die verschiedenen Anteile und die Dynamik unseres inneren Teams zu regulieren. Auf diese Weise werde ich idealerweise zu meiner eigenen ermutigenden und liebevollen Pädagogin.

2.5.2 Innere Führung – das Oberhaupt

Selbstregulation ist eine innere Führungsaufgabe, die unserem Oberhaupt obliegt. Wer genau ist dieses Oberhaupt? «Was wir von uns selbst wahrnehmen, sind vor allem unsere unterschiedlichen Teammitglieder mit ihren Gefühlen und Impulsen» (Kumbier, 2014, S. 30). Unser Oberhaupt können wir weniger gut wahrnehmen, denn es ist die Instanz, die ja unsere inneren Teammitglieder beobachtet und wahrnimmt. Es ist das, was wir «Ich» nennen, wenn wir uns selbst betrachten. Der Familientherapeut Richard Schwartz (1997) und der Persönlichkeitspsychologe Julius Kuhl (Kuhl et al., 2008) sprechen in diesem Zusammenhang – auf jeweils eigene Weise – vom «Selbst». Es hat zwei wesentliche Aufgaben:

Das Oberhaupt nimmt unser Innenleben aufmerksam wahr und kann dessen innere Dynamiken überblicken. Im Idealfall tut es dies mit einer Haltung wohlwollender Zugewandtheit und Akzeptanz den unterschiedlichen Teammitgliedern gegenüber. Darauf ist jedes Teammitglied angewiesen, um sich konstruktiv zeigen und entwickeln zu können.

Als «jene Instanz, die über dem Ganzen steht und die Einheit stiftet» (Schulz von Thun, 1998, S. 68), hat unser Oberhaupt auch die Aufgabe, das innere System zu steuern und gegebenenfalls regulierend einzugreifen. Wie eine Führungskraft kann und sollte es Verantwortung für uns als Gesamtperson übernehmen und dafür sorgen, dass wir im Alltag bestehen und uns gut entwickeln können. Dafür ist es nötig, wie ein Trainer je nach Situation eine passende Mannschaftsaufstellung vorzunehmen, gegebenenfalls Teammitglieder zu trösten, zu versorgen, andere in den Außenkontakt zu schicken u. v. m. Selten ist uns dies bewusst. Unser Oberhaupt agiert meist unbewusst.

Wir haben alle immer wieder damit zu kämpfen, unseren inneren «Haufen» zusammenzuhalten. Manchmal wird unser Oberhaupt von einzelnen inneren Anteilen regelrecht vereinnahmt. Hin und wieder auch scheint es zu schlafen. Doch wir können uns darin üben, es immer wieder aufzuwecken und ihm das Ruder in die Hand zu geben. Indem wir uns selbst wohlwollend beobachten und uns hin und wieder Situationen vergegenwärtigen, in denen es aktiv war, stärken wir unser Oberhaupt – besser gesagt, es stärkt sich selbst.

In Kapitel 2.4.1 wurdest du angeregt, dich an eine Situation zu erinnern, in der du dich angenehm präsent gefühlt hast und in deinem Element warst. Versuche dir ein weiteres Mal eine solche Situation zu vergegenwärtigen. Um welche Situation handelt es sich? Was hast du gemacht? Wie fühlte sich dein Körper an? Was ging in deinem Kopf vor sich? Präge dir möglichst genau die besondere Energie ein, in der du in dem Moment warst. Halte sie noch eine Weile. Wiederhole diese Übung immer mal wieder, sodass du diese Energie bei Bedarf abrufen kannst.

Auch wenn wir z. B. Achtsamkeitsübungen machen, üben wir eine wohlwollende, forschende, nicht bewertende Haltung, mit der wir uns selbst betrachten (Kabat-Zinn, 2013).

Halte beim Lesen kurz inne und beobachte eine Weile deine Atmung. Wo kannst du sie spüren? Welche Gedanken gehen dir gerade durch den Kopf? Welches Gefühl dominiert im Augenblick in dir? Wie fühlt sich dein Körper an? Verweile bei jeder Frage etwas und nimm deine Wahrnehmungen interessiert zur Kenntnis, ohne sie zu bewerten oder verändern zu wollen.

Meditation ist eine Form, das Oberhaupt zu stärken und die inneren Teammitglieder zugleich eine Weile ruhen zu lassen. Dies will allerdings geübt sein.

Hin und wieder kann es sinnvoll sein, eine innere Teamsitzung – Schulz von Thun nennt sie «Innere Ratsversammlung» – einzuberufen: als Moment des strukturierten und strukturierenden Innehaltens. Hier kommt – unter der Moderation unseres Oberhauptes – jedes innere Teammitglied nacheinander ungestört zu Wort. Gerade in Fällen eines inneren Kuddelmuddels oder vor wichtigen Entscheidungen ist es wichtig, alle inneren Stimmen in Ruhe zu identifizieren und ihnen eine Stimme zu geben. Sie aufzumalen unterstützt diesen Prozess. Das Oberhaupt ist gut beraten, auch die leisen Teammitglieder zu hören und mit wichtigen Entscheidungen zu warten, bis auch die inneren Spätmelder Stellung bezogen haben.

Wir können festhalten: Für eine professionelle Haltung brauchen wir ein starkes Oberhaupt, welches ...

- ✓ alle inneren Anteile erkennt und anerkennt,
- ✓ zwischen den inneren Stimmen vermittelt,
- ✓ den äußeren Kontext sensibel wahrnimmt,
- ✓ im Hinblick auf die jeweilige Situation und den Kontext Prioritäten setzt,
- ✓ für ein gutes inneres Betriebsklima sorgt,
- ✓ bedürftige innere Anteile versorgt,
- ✓ seine inneren Teammitglieder für herausfordernde Situationen gut aufstellt,
- ✓ bei Bedarf entschieden handelt.

Das Oberhaupt

Unser Oberhaupt hat damit in unserem Inneren eine ähnlich komplexe und anspruchsvolle Aufgabe wie ein guter Pädagoge oder eine gute Führungskraft im Arbeitsleben.

2.5.3 Erstreaktion und professionelle Zweitreaktion

Alle Menschen neigen zu individuell typischen **Erstreaktionen** (Kuhl & Solzbacher, 2017, S. 30 ff.). Der Philosoph Otfried Höffe spricht von «naturwüchsigen Reaktionen» (Höffe, 2007, S. 138). Dies sind in z. B. herausfordernden pädagogischen Situationen unreflektierte spontane emotionale Reaktionen. Der eine Mensch neigt impulsiv zu Ärger, der andere zu ängstlicher Unsicherheit, der dritte zu hilfloser Hektik, der vierte zu passivem Erstarren. Solche Reaktionen begleiten uns schon lange und haben sich in uns etabliert. So hat jeder Mensch sein persönliches Muster an spontan auftretenden Erstreaktionen. Es handelt sich hier um Stammspieler in unserem Inneren Team, die sich laut und schnell zu Wort melden (vgl. Schulz von Thun, 1998, S. 184 ff.). Nicht immer sind diese Erstreaktionen allerdings uns selbst und der Situation dienlich.

Eine professionelle Haltung zeichnet sich dadurch aus, dass wir unsere inneren Erstreaktionen erkennen und gegebenenfalls absichtsvoll durch persönlich und professionell sinnvolle **Zweitreaktionen** ersetzen bzw. ergänzen können. Diese bestimmen schließlich unser Handeln. Wir überwinden somit unsere ersten Impulse und handeln stattdessen «überlegt und überlegen, also in praktischer Reflexivität oder praktischer Vernunft», wie Otfried Höffe es bezeichnet (Höffe, 2007, S. 138). Dies ist ein wesentlicher Schritt, um Tugenden zu entsprechen bzw. sie sich immer stärker anzueignen. In der Metapher des Inneren Teams bedeutet dies, das Oberhaupt überlässt den dominanten Erstmeldern nicht das Feld, sondern entscheidet und handelt selbst – idealerweise nach Einbeziehung des gesamten Inneren Teams und einer genaueren Betrachtung der Situation.

Dieser Prozess vollzieht sich im Alltag häufig in Sekundenschnelle und mit entsprechender Übung halbbewusst und intuitiv. In Zeitlupe könnte er in etwa so ablaufen:

Ein Ereignis löst bei uns eine spontane emotionale Erstreaktion aus. Diese nehmen wir wahr, agieren sie aber nicht aus, sondern stoppen sie und halten einen Moment inne. Wir nehmen nun erneut die Situation, unser Gegenüber, wie auch unsere eigene innere Verfassung wahr («was ist hier gerade los?») und richten uns an unserem inneren Kompass aus, unserer Haltung. Daraus entwickeln wir einen Sinn, ein Gefühl dafür, was in der jetzigen Situation wichtig und richtig ist. Nun brauchen wir «nur noch» eine passende innere Teambesetzung, um eine sinnvolle Zweitreaktion auch zu verkörpern und in pädagogisches Handeln umzusetzen.

Erstreaktion und professionelle Zweitreaktion

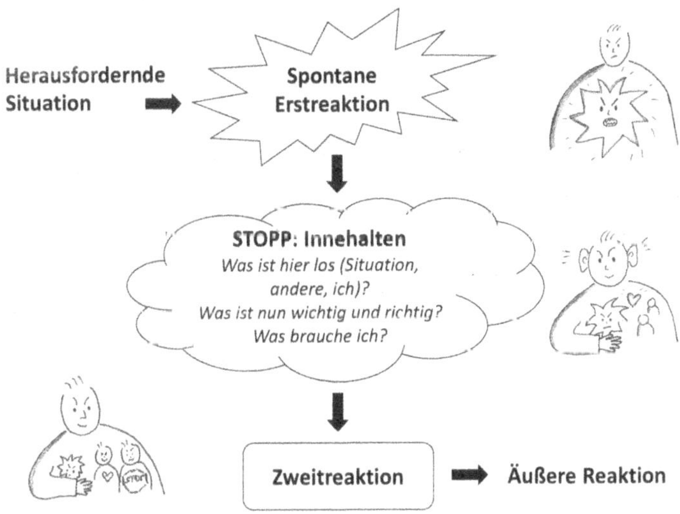

Kuhl und Solzbacher betonen die Notwendigkeit, die Erstreaktion zunächst wahr- und anzunehmen. «Wer seine Erstreaktion unterdrückt, wird sie nicht wirklich los, sondern verliert im Gegenteil die Kontrolle über sie» (Kuhl & Solzbacher, 2017, S. 30). Die Erstmelder brauchen also zunächst Gehör beim Oberhaupt. Dafür ist der Moment des Innehaltens eine wichtige Voraussetzung. Wir müssen ja zunächst erkennen, dass wir gerade dabei sind, unreflektiert einer womöglich ungünstigen Erstreaktion freien Lauf zu lassen, um sie im nächsten Moment zu stoppen. Das Innehalten können wir durch unsere Atmung unterstützen. Bewusstes Ein- und langsames Ausatmen können uns Zeit verschaffen und das Gemüt beruhigen. Das Oberhaupt positioniert dann seine innere Mannschaft gegebenenfalls um, wie es der äußeren und inneren Situation angemessen ist. Da sich pädagogische Situationen immer wieder ähneln, können durch Reflexion neu erlernte Verhaltensmuster auch in unterschiedlichen Kontexten angewendet und geübt werden. Auf diese Weise entstehen eingespielte «Profimannschaften».

Katjas Erstreaktion

Die Erzieherin Katja Elling empfängt morgens die ersten Kinder im Hort. «Guten Morgen, Lisa!» «Du Arsch!», zischt die achtjährige Lisa sie an und wirft ihren Schulranzen mit Wucht in den Hausflur.

Katjas Erstreaktion wird geprägt von einer «Konfliktscheuen» in ihr. Sie fühlt sich durch einen solchen verbalen Angriff bedroht und reagiert in der ersten Sekunde ängstlich-zaudernd. Gleichzeitig melden sich in ihr eine «Moralische» («So spricht man nicht – schon gar nicht mit seiner erwachsenen Betreuerin!») und ein «Bodyguard» («Stopp! So nicht!»).

Katja runzelt kurz die Stirn. Früher hätte sie Lisa vermutlich getadelt und sich eine solche Begrüßung verbeten, dabei allerdings eine deutliche Zaghaftigkeit verspürt.

Katjas Zweitreaktion

Doch sie hält kurz inne und schaut Lisa an. Sie sieht ein gequält dreinschauendes, wütendes Kind. Katja besinnt sich darauf, dass sie es mit Lisa zu tun hat, einem Mädchen, welches häufig von Gewalterfahrungen im Elternhaus berichtet und sich schwertut, seine Emotionen zu regulieren. In Katja melden sich nun eine «Pädago-

gin» und eine «Empathische» zu Wort. Die «Pädagogin» weiß, dass Lisa noch nicht gut gelernt hat, ihre Gefühle zu kontrollieren, und nun erst einmal Ruhe braucht, um ihre offensichtliche Wut abklingen zu lassen. Jede Maßregelung würde nur eine Eskalation heraufbeschwören. Die «Empathische» hat Mitgefühl mit Lisa und ahnt, dass sie am Morgen bereits Ungutes erlebt hat. Die ängstliche «Konfliktscheue» in Katja fühlt sich nicht mehr bedroht und rückt in den Hintergrund, denn es wird ihr klar, dass Lisas Wut nicht ihr persönlich gilt. Der «Bodyguard» bleibt für alle Fälle da. Die «Moralische» muss noch warten. Umgangsformen kann Lisa erst lernen, wenn sich ihr Gemüt beruhigt hat.

Katja sagt zu Lisa in freundlichem, ruhigem und bestimmtem Ton: «Lisa, gehe bitte mit deinem Ranzen schon mal ins Spielzimmer. Wenn du dich beruhigt hast, kannst du mir gleich erzählen, was dich so wütend gemacht hat, okay?» Lisa schaut sie kurz an, nimmt ihren Ranzen und geht grummelnd ins Spielzimmer. Nach einer Weile kommt sie zu Katja in die Küche und erzählt ihr, dass ihre Mutter morgens betrunken nach Hause gekommen sei. Sie sei die ganze Nacht allein gewesen und habe große Angst gehabt.

Katja waren in der Situation ihre inneren Teammitglieder nicht explizit bewusst. Sie hat sie im Nachhinein erhoben. Bewusst waren ihr in dem Moment eher Gefühle, Impulse und Eindrücke. Der Prozess der professionellen Zweitreaktion verläuft mit viel Übung immer routinierter. Wenn bereits eine entsprechende innere Profimannschaft bereitsteht, kann er unter einer starken inneren Führung und mit einer eingespielten inneren Teamdynamik mühelos und nahezu unbewusst ablaufen. In ungewohnten Situationen kann etwas Zeit zum Nachdenken (Innen- und Außenschau) notwendig sein; in besonders herausfordernden Situationen gegebenenfalls auch kollegiale Unterstützung oder Supervision. Sich diese bei Bedarf zu verschaffen ist ein Qualitätsmerkmal professioneller Haltung.

2.6 Haltung zeigen – Zivilcourage im beruflichen Alltag

Im Idealfall fühlen wir uns mit unserer pädagogischen Haltung in guter Gesellschaft und können mit anderen – unserem Team, unseren Vorgesetzten, Eltern oder Kostenträgern – an einem Strang ziehen. Wer mit seiner Haltung allerdings weitgehend isoliert dasteht, braucht viel Energie, um sich selbst, seinen Werten und Überzeugungen treu zu bleiben bzw. diese auch «gegen den Strom» umzusetzen. Möglicherweise geraten wir in Situationen, in denen wir z. B. die Würde anderer derart verletzt sehen, dass wir uns durch unser Gewissen genötigt fühlen, aktiv zu werden und einzuschreiten. In solchen Momenten ist (Zivil-)Courage gefragt.

2.6.1 Was ist Zivilcourage?

Nach Jonas, Boos und Brandstätter (2007) zeigen Menschen dann Zivilcourage, wenn sie sich trotz persönlicher Risiken für die Durchsetzung humanitärer und demokratischer Werte einsetzen. Es müssen folglich zwei Komponenten verknüpft sein:

1. eine Haltung, die universelle Grund- und Menschenrechte nicht als gegeben, sondern als aufgegeben ansieht. Sie ist getragen von Werteüberzeugungen wie z. B. sozialer Verantwortung;
2. der Mut, in diesem Sinne tätig zu werden, auch wenn dadurch gegebenenfalls persönliche Nachteile entstehen. Die Bereitschaft, bei Bedarf eine Minderheitenposition einzunehmen oder gegen den Strom zu schwimmen, ist ein wesentlicher Bestandteil von Zivilcourage.

Wenn wir im Beruf (zivil-)couragiert handeln wollen, geht es darum, unsere professionelle Haltung nicht nur zu fühlen und zu denken, sondern sie in die Tat umzusetzen, sie zu leben – auch und gerade gegen Widerstände.

Auch in unserer eigenen Einrichtung können wir Zeuge von grenzverletzendem Verhalten werden, dem couragiert entgegenzutreten wäre.

Im Lehrerzimmer ziehen zwei Kollegen über eine Schülerin her. «Sie ist dumm wie Brot.» «Ja, sie gehört hier wirklich nicht hin.»

Die Kita-Leiterin schreit immer wieder Kinder an, die ihrer Erwartung nicht nachkommen, z. B. sich zu langsam anziehen oder nicht sofort reagieren, wenn sie gerufen werden.

Wenn Kollege Meier den Raum betritt, hören die Gespräche auf, die Anwesenden werfen sich vielsagende Blicke zu oder fangen an, leise zu tuscheln. So geht es schon eine Weile.

Es geht darum, Rückgrat zu zeigen. Doch wie häufig tun wir es nicht! Zuweilen wird uns erst im Nachhinein klar, dass und wie wir hätten handeln können, sollen und wollen!

An welche Arbeitssituationen erinnerst du dich, in denen aus deiner Sicht Zivilcourage gefragt war? Wie hast du reagiert? Wie hättest du im Nachhinein reagieren wollen?

Um in solchen Situationen aktiv zu werden, müssen wir nach den amerikanischen Sozialpsychologen Bibb Latané und John M. Darley (1970) fünf Schritte durchlaufen.

1. Schritt: Um angemessen reagieren zu können, müssen wir als Erstes überhaupt **bemerken, dass etwas geschieht, das einer Handlung bedarf**. Das funktioniert nur, wenn wir mitbekommen, was um uns herum passiert. Wenn ich z. B. in dem Lehrerzimmer sitze, in dem die zwei Kollegen gerade über eine Schülerin herziehen, kann es sein, dass ich, obwohl ich sie akustisch hören kann, das Gesagte nicht bewusst verarbeite und verstehe. Vielleicht bin ich gerade in Gedanken versunken oder damit beschäftigt, die Materialien für die kommende Stunde zusammenzutragen.

2. Schritt: Wenn wir eine Situation bemerken, ist es relevant, ob wir sie **als grenzverletzend interpretieren**. Manchmal sind Situationen nicht eindeutig. Wenn ich gehört und verstanden habe, was die Kollegen über die Schülerin sagen, muss ich erst mal überlegen, ob es im «grünen Bereich» liegt oder ob «rote Linien» überschritten sind. Dies bringt nicht selten einen inneren Dialog in Gang. Wenn mehrere andere Kolleginnen und Kollegen dabeisitzen und nicht auf die Aussagen reagieren, könnte mich dies dazu verleiten zu denken, dass die anderen die Situation als harmlos oder zumindest als «noch in Ordnung» einstufen, und mich daran orientieren. Allerdings könnte es sein, dass alle so denken. Dieses Phänomen wird «Pluralistische Ignoranz» genannt (Boos et al., 2007, S. 212).

3. Schritt: Wenn ich die Äußerungen der Kollegen über die Schülerin eindeutig als Beleidigung empfinde, aber noch mehrere andere Kolleginnen und Kollegen in Lehrerzimmer sitzen, die ebenfalls Zeugen der Situation sind, könnte es sein, dass ich mich nicht **verantwortlich fühle,** etwas zu tun. Ich müsste mich ja hervortun, das könnte unangenehm werden, und es sind schließlich genug andere da, die reagieren könnten. Studien haben gezeigt: Je mehr Personen Zeuge eines Ereignisses sind, desto geringer ist die Wahrscheinlichkeit, dass jemand sich verantwortlich fühlt, einzuschreiten. Unter dem Begriff «Verantwortungsdiffusion» ist dieses Phänomen in die Fachliteratur eingegangen (Boos et al., 2007, S. 212).

4. Schritt: Wenn ich bereit bin zu intervenieren, heißt das noch nicht, dass ich auch **weiß, wie ich das am besten tun** kann. Hierzu gilt es aber, eine Entscheidung zu treffen – häufig unter Zeitdruck. Es kann sein, dass ich nicht weiß, was ich sagen soll, um den Kollegen zu signalisieren, dass ich Abwertungen von Lernenden nicht in Ordnung finde. Dies wiederum könnte dazu führen, dass ich es sein lasse. Nicht selten sprudeln die guten Ideen dann, wenn die Situation vorüber ist.

5. Schritt: Schließlich muss ich meine **Entscheidung umsetzen**. Selbst wenn ich weiß, wie ich agieren möchte, kann es sein, dass mir letztlich der Mut dazu fehlt. Vielleicht habe ich die Sorge, dass mir die betreffenden Kollegen meine Kritik übel nehmen oder dass die Stimmung gegen mich kippt.

2.6.2 Hilfreiche innere Teammitglieder für zivilcouragiertes Verhalten

Es wird deutlich, dass Zivilcourage einen anspruchsvollen Prozess voraussetzt, der wesentliche Handlungs- und Selbstkompetenzen erfordert. Daher brauchen wir in unserem Inneren Team nicht den einen «Zivilcouragierten», sondern mehrere unterschiedliche Qualitäten. Nicht in jeder Situation ist jede erforderlich, doch sie sollten, abrufbar sein und zusammenarbeiten (vgl. Schulz von Thun und Stratmann, 2004, S. 195 ff.).

Betrachten wir die oben erläuterten Schritte, lassen sich daraus hilfreiche innere Teammitglieder ableiten. Ich stelle sie im Folgenden aus Gründen der Vereinfachung entweder männlich oder weiblich dar, das Geschlecht ist unerheblich und frei wählbar, wie auch der Name.

- Die **«Aufmerksame»** hat einen Rundumblick und ist im Hier und Jetzt präsent.

- Der **«Empathische»** nimmt feinfühlig wahr, wie es den Betroffenen in einer Situation geht.
- Der **«standhafte Idealist»** strebt danach, seine Werte aufrichtig und konsequent zu leben.
- Die **«Konfrontationsfähige»** kann Missstände aufzeigen und hat kein Problem damit, sich auch mal unbeliebt zu machen.
- Die **«Verantwortungsbereite»** fühlt sich zuständig für die Koordinierung und Regulierung von Situationen. Sie scheut sich nicht, Entscheidungen zu treffen und sich um die Lösung von Problemen zu kümmern.
- Der **«Ungenierten»** macht es nichts aus, in die Öffentlichkeit zu treten und im Rampenlicht zu stehen.

Hilfreiche innere Teammitglieder für Zivilcourage

Welche der genannten inneren Teammitglieder kennst du bereits in deinem Inneren Team? Welche würdest du gerne stärken?

2.6.3 Innere Bedenkenträger

In Situationen, die Zivilcourage erfordern, bringen sich allerdings auch innere Teammitglieder in Stellung, die uns davor warnen oder daran hindern, aktiv zu werden. Dies können z. B. folgende sein:

Die **«Sicherheitsbedürftige»** hat Angst vor möglichen Gefahren.

Die **«Harmonieliebende»** möchte sich auf keinen Fall unbeliebt machen oder negativ auffallen.

Die **«Abgrenzungsfähige»** will mit den Problemen anderer nichts zu tun haben und sich nicht zuständig fühlen.

Wir brauchen auch diese Anteile in unserem privaten und beruflichen Leben. Allerdings sind sie in Situationen, die Zivilcourage erfordern, nicht die passende innere Besetzung. Wenn sie dominieren, ersticken sie mutiges Eingreifen im Keim. Sie können uns jedoch als Ausgleich dienen, damit wir es mit der Courage nicht übertreiben, allzu leichtsinnig werden oder uns selbst überfordern. Couragiertes Handeln kann tatsächlich unangenehme Folgen haben. Whistleblower sind im eigenen Betrieb bekanntermaßen wenig beliebt und möglicherweise sogar gefährdet.

Andererseits wecken wir, wenn wir mutig «Haltung zeigen», in den Inneren Teams von anderen möglicherweise Gleichgesinnte auf und ermutigen sie, gemeinsam Haltung zu zeigen und die bestehende Kultur zu verbessern.

Kommen wir auf das Beispiel im Lehrerzimmer zurück. Wenn ich mich entschieden von den Aussagen der beiden Lehrer, die über die Schülerin herziehen, distanziere, könnte das so klingen: «Also, wenn ich höre, wie ihr über die Schülerin sprecht, platzt mir der Kragen. Ich frage mich, wer hier hingehört und wer nicht!» Die «Konfrontationsfähige» ist hier ganz in ihrem Element. Wenn ich allerdings mit den Kollegen weiterhin zusammenarbeiten und eine andere Kultur etablieren möchte, könnte ich auch so etwas sagen wie: «Ihr gebt ja gnadenlose Urteile ab. Wie soll sich jemand entwickeln können, wenn seine Lehrer so über ihn denken! Das klingt nach ziemlich viel Frustration. Was genau ist das Problem?» Hier kommen neben der «Konfrontationsfähigen» die «Harmonieliebende» und die «Empathische» ins Spiel. Sie bemühen sich um einen konstruktiven Ausgang der Situation. Aber Achtung! Der Ton macht auch hier die Musik. Allzu leicht ergattern die sanften Stimmen die Oberhand und führen dazu, das eigentliche Problem zu bagatellisieren und jede Intervention wirkungslos verpuffen zu lassen.

2.7 Haltung verkörpern – die innere Profimannschaft

Die für eine professionelle Haltung notwendigen Tugenden und Selbstkompetenzen können wir, wenn wir das Modell des Inneren Teams zu Hilfe nehmen, neben dem Oberhaupt einzelnen inneren Teammitgliedern zuordnen. Wenn diese gut zusammenarbeiten und von einem integrationsstarken Oberhaupt geleitet werden, können sie uns in ihrer Gesamtheit die Professionalität verleihen, die wir brauchen, um unseren herausfordernden pädagogischen Alltag zu bewältigen.

Ich werde im Folgenden einzelne innere Teammitglieder vorstellen, die aus meiner Sicht mit ihrem jeweiligen Wesen und in ihrer Gesamtheit für eine professionelle pädagogische Haltung stehen. Dabei habe ich ihnen jeweils einen Namen gegeben, der mir persönlich schlüssig und passend erscheint. Das Geschlecht ist zufällig gewählt. Fühlen Sie sich eingeladen, sie passend umzubenennen, ihnen ein anderes Geschlecht zu geben, sich ein eigenes Bild von ihnen zu machen oder sie auch um weitere, Ihrer Erfahrung nach relevante Teammitglieder zu ergänzen.

Wir brauchen die einzelnen inneren Teammitglieder sowohl im Innendienst, das heißt im Zusammenwirken mit anderen Teammitgliedern, für die Selbstreflexion und die innere Atmosphäre als auch im Außendienst, d. h. z. B. im Kontakt mit unserer Zielgruppe, mit Kooperationspartnern oder Vorgesetzten. In Anlehnung an Karen Zoller (2017, S. 213 ff.) stelle ich sie mit ihrem Namen, ihrer Botschaft, ihrem Wesen, ihrem Potenzial sowie – im Falle fehlenden Ausgleichs – auch mit den mit ihnen potenziell verbundenen Gefahren dar. Denn wie alle Tugenden brauchen auch sie einen entsprechenden Ausgleich, damit sie nicht übergewichtig werden.

Die Verantwortungsbewusste: «Ich kenne meinen Einfluss und bin bereit, ihn zum Wohle aller zu nutzen!»

Die Verantwortungsbewusste ist zugleich eine Verantwortungsbereite. Ernsthaftigkeit und Vernunft prägen ihr Denken und Handeln. Sie ist sich ihres Einflusses auf sich selbst und andere bewusst und steht dazu. Auch weiß sie, dass niemand anderes als sie selbst für ihre Gefühle, Bedürfnisse und Gedanken zuständig ist. Sie geht davon aus, dass sie jederzeit Entscheidungen treffen kann und somit ihr eigenes Handeln zu steuern vermag. Sie ist, wie Ruth Cohn es nennt, ihr eigener «Chairman».

Im Innendienst ist sie eine wichtige Unterstützung für das Oberhaupt, um die anderen inneren Teammitglieder für ein handlungsfähiges Team aktiv in Position zu bringen. Sie sorgt für die nötige Entschiedenheit.

Im Außendienst füllt sie ihre berufliche Rolle mit Engagement und zugleich mit Bedacht aus. Sie ist sich durchaus bewusst, dass andere in einem Abhängigkeitsverhältnis zu ihr stehen und am «kürzeren Hebel» sitzen. Daher fühlt sie sich verantwortlich für eine gelingende berufliche Beziehungsgestaltung. Strukturen, Systeme, Regeln und die gelebte Praxis prüft sie immer wieder dahingehend kritisch, ob sie dem Auftrag und der Zielgruppe wirklich dienlich sind.

Allerdings braucht die Verantwortungsbereite gegebenenfalls Ausgleich, um es nicht zu übertreiben. Wenn die Leib- und Seelenwächterin nicht Einhalt gebietet, neigt sie dazu, sich selbst zu überfordern oder anderen Verantwortung abzunehmen, die diese selbst tragen könnten und möglicherweise wollen. Auch kindliche Anteile können hin und wieder ihrer Ernsthaftigkeit ggf. etwas Leichtigkeit entgegensetzen und für den nötigen Humor sorgen.

Der Schatzfinder: «Wir finden einen Weg!»

Der Schatzfinder hat Potenziale sowie zukünftige Chancen und Möglichkeiten im Blick und steht für Ressourcenorientierung. Er glaubt fest daran, dass in jedem Menschen ungeahnte Kraftquellen lauern, die noch nicht entdeckt wurden und sich noch entfalten können. Er ist voller Urvertrauen und unterstellt im Zweifel anderen gute Absichten. Hindernisse und Rückschritte bringen ihn nicht von seinem Weg ab, denn er ist beseelt von dem Vertrauen, dass viel mehr möglich ist, als es zunächst erscheint.

Im Innendienst ist der Schatzfinder ein Segen, indem er die Qualitäten der anderen inneren Anteile erkennt und würdigt. Damit ist er eine große Unterstützung für das Oberhaupt. Er hilft uns, das Vertrauen in die eigenen Fähigkeiten und die eigene Zukunft zu festigen, immer wieder Mut zu schöpfen und uns Herausforderungen zu stellen.

Im Außendienst brauchen wir ihn, um konstruktive Anteile in unserem Gegenüber wahrzunehmen, anzusprechen und zum Wachsen zu bringen. Auch findet er häufig kreative Lösungen für scheinbar vertrackte Situationen.

Wenn der Schatzfinder jedoch in uns allein das Sagen hätte,

könnte es sein, dass wir mögliche Risiken und Unterstützungsbedarfe oder innere Nöte unserer Zielgruppe aus den Augen verlieren. Auch neigt er dazu, eigene Fehler und Entwicklungsbedarfe auszublenden oder zu bagatellisieren. Wir brauchen an seiner Seite die Empathische, den Forscher wie auch die Verantwortungsbewusste.

Die Empathische: ***«Ich spüre … und nehme dich ernst.»***

Die Empathische ist einfühlsam und feinfühlig. Sie kann aufmerksam zuhören, spürt Befindlichkeiten, Stimmungen und nimmt diese ernst. Es gelingt ihr gut, sich in andere und deren Emotionen, Sichtweisen und Lebenswelten hineinzuversetzen. Sie strahlt Wärme aus, meint es gut mit sich und anderen und ist mit dem Herzen dabei.

Im Innendienst sorgt die Empathische für einen achtsamen und annehmenden Umgang mit eigenen (auch unliebsamen) Emotionen und Gedanken und somit für eine vertrauensvolle innere Stimmung.

Im Außendienst ist sie unverzichtbar, um sich im menschlichen Miteinander zu orientieren, tragfähige (Arbeits-)Beziehungen aufzubauen und kontextsensibel agieren zu können. Die Empathische trägt wesentlich dazu bei, dass sich andere Menschen in ihrer Anwesenheit wohl- und angenommen fühlen und auf dieser Basis gut lernen und sich entwickeln können.

Sie kann allerdings schwer NEIN sagen. Auch besteht die Gefahr, dass sie sich das Leid anderer zu eigen macht und sich nicht ausreichend schützt. Gelegentlich neigt sie möglicherweise dazu, in ihrem Mitgefühl übergriffig zu sein. Sie braucht an ihrer Seite vor allem die Leib- und Seelenwächterin und einen Ruhepol.

Die Leib- und Seelenwächterin: *«Stopp! So nicht!»*

Die Leib- und Seelenwächterin hat ein gutes Gespür für Grenzen und merkt, wenn unsere seelische oder körperliche Integrität oder die anderer in Gefahr gerät. Sie fühlt sich dafür verantwortlich, uns und andere zu schützen, kann gut NEIN sagen und ist wehrhaft. Dabei hat sie keine Angst, sich unbeliebt zu machen.

Sie leistet uns wichtige Dienste im Innendienst, um uns vor uns selbst zu schützen. Wenn andere innere Teammitglieder in ihrem Engagement unsere Grenzen aus dem Blick verlieren, schaltet sich die Leib- und Seelenwächterin ein, um uns vor Überlastung und Selbstüberforderung zu bewahren.

Wir brauchen sie besonders im Außendienst. Sie vermittelt den Menschen, mit denen wir arbeiten, ein Gefühl von Sicherheit. Wir brauchen die Leib- und Seelenwächterin auch, um unsere Werte gegen Widerstand vertreten und (Zivil-)Courage zeigen zu können. Wenn sie in unserem Inneren Team präsent ist, muss sie selten aktiv handeln. Sie ist in unserer Ausstrahlung spürbar und entfaltet schon dadurch eine gewisse schützende Wirkung.

Schießt sie über das Ziel hinaus, wird die Leib- und Seelenwächterin möglicherweise zum «Kampfhund». Wir brauchen an ihrer Seite unbedingt die Empathische und den Ruhepol.

Der Forscher: «Was genau? Wie genau? Warum genau?»

Der Forscher ist lernfreudig und wissbegierig. Er will den Dingen auf den Grund gehen und nimmt auch sein Umfeld genau unter die Lupe. Sein Blick ist dabei nüchtern und sachlich, sein Denken logisch. Er kann zwischen Beobachtungen und Bewertungen unterscheiden – bei sich selbst wie bei anderen. Er weiß, dass alles, was er wahrnimmt, vielfältige Hintergründe haben kann. Um Erklärungen zu finden, bildet er Hypothesen, denen er forschend nachgeht.

Der Forscher interessiert sich brennend für alles Ungewöhnliche und Neue. Vielfalt und Komplexität faszinieren ihn. Hier ist er ganz in seinem Element. Ihm ist bewusst, dass er, trotz seines Wissens und seiner Fachkompetenz, ein Lernender ist und bleibt.

Im Innendienst kann er für eine kritische Selbstreflexion Gold wert sein. Mit ihm im Inneren Team wissen wir, worauf es ankommt, wenn wir komplexe Situationen im Nachhinein betrachten und verstehen wollen. In Stresssituationen hilft uns sein nüchterner Blick, auf dem Boden der Tatsachen zu bleiben und Ruhe zu bewahren. Auch macht er uns bewusst, dass wir im pädagogischen Bereich zwar fachlich begründete Hypothesen aufstellen, aber letztlich keine abschließenden Diagnosen stellen oder Urteile über Menschen und ihre Zukunft fällen können und dürfen. Er mahnt zur fachlichen Weiterentwicklung und Bescheidenheit zugleich.

Im Außendienst sorgt der Forscher für fachliche Kompetenz. Er geht außerdem mit großem Interesse und ohne Vorbehalte mit Diversität um.

Da der Forscher allerdings sehr «verkopft» vorgeht, braucht auch er Ausgleich. Als Ergänzung bietet sich die Empathische an seiner Seite an. Ohne sie bestünde die Gefahr, dass er verschiedene Befindlichkeiten und Hintergründe zwar erkennt und benennt, nicht aber auf sie eingeht und einfühlsam reagiert.

Die Situationsbewusste: *«Ich ‹höre› und folge dem Ruf der Situation!»*

Die Situationsbewusste ist mit ihrer ganzen Aufmerksamkeit und mit allen Sinnen bei dem, was gerade um sie herum passiert. Sie erfasst Stimmungen, Zwischentöne, systemische Zusammenhänge, weiß um Rollenerwartungen, ungeschriebene Gesetze und Fettnäpfchen. Sie hat einen «Riecher» dafür, welches Verhalten in welcher Situation angemessen oder «daneben» wäre. Die Situationsbewusste beherrscht, was Kuhl et al. «Kontextsensitivität» nennen (Kuhl, Schwer & Solzbacher, 2014, S. 107).

Im Innendienst unterstützt sie das Oberhaupt dabei, eine zur jeweiligen Situation passende innere Mannschaft aufzustellen, d. h. situationsgerecht die einen Teammitglieder in Aktion treten zu lassen und andere bewusst zurückzuhalten. Auf diese Weise können wir zur richtigen Zeit das jeweils Stimmige tun.

Indem wir uns «geschmeidig» auf die Herausforderungen einer Situation einlassen können, sparen wir Energie und steigern unsere pädagogische Wirksamkeit.

Damit wir dabei allerdings nicht unsere eigenen Positionen, Werte und unsere Aufgabe aus dem Blick verlieren, brauchen wir zum Ausgleich ein starkes Oberhaupt mit einem Ohr auch für die anderen inneren Teammitglieder, vor allem aber einen standhaften Idealisten.

Der Ruhepol: ***«Ich bin und bleibe da.»***

Der Ruhepol ist der Fels in der Brandung. Er strahlt Gelassenheit aus und vermag es, den Blick auf das Basale im Leben zu richten – auf das schiere Sein. Wenn um ihn herum der Trubel des Alltags tobt, bleibt er ruhig. Er betrachtet seine Umgebung und sich selbst wohlwollend – ohne zu bewerten, sich aufzuregen oder mittreiben zu lassen. Er nimmt das, was ist, an, ohne es verändern zu wollen – dazu gehören auch alle anderen Menschen mit ihren Eigenheiten und Besonderheiten. Er weiß, dass er so, wie er ist, gut genug ist, und dass sein innerer Kern unberührbar ist. Selbst, wenn sich um ihn herum alles dreht, bleibt er der, der er ist.

Im Innendienst leistet der Ruhepol einen wesentlichen Beitrag zur Stressprävention. Er hilft uns, in stürmischen Zeiten die Ruhe zu bewahren und Wichtiges von Unwichtigem zu unterscheiden. Auch relativiert er so gegebenenfalls Sorgen und Nöte. Er hat dadurch eine wohltuende Wirkung auf alle anderen Teammitglieder. Somit ist er eine wichtige Unterstützung für das Oberhaupt. Mit ihm in unserem Inneren Team können wir uns selbst annehmen und mutig dem Alltag stellen. Denn er vermittelt uns innere Sicherheit und Gelassenheit.

Im Außendienst wirkt er auf gleiche Weise wie nach innen. Wenn ein Ruhepol in unserem Inneren Team präsent ist, fühlen sich die Menschen um uns herum sicherer, wohler und entwickeln eher Vertrauen. Wir können dann andere gut beruhigen und trösten. Sie spüren, dass wir hinreichend belastbar sind, um sie auszuhalten – auch in schwierigen Phasen und Situationen. Dies führt u. a. dazu, dass sie bereit sind, Fehler zu wagen, und auf dieser Basis gut lernen und sich entwickeln können.

Wenn der Ruhepol allerdings allein am Ruder wäre, würde es vermutlich etwas sehr geruhsam. Wir brauchen z. B. den Forscher an seiner Seite, um am Puls der Zeit zu bleiben. In einigen Situationen mag außerdem die Leib- und Seelenwächterin notwendig werden.

Der standhafte Idealist: «Ich stehe hier und kann nicht anders!»

Der standhafte Idealist vertritt konsequent seine Werte und Überzeugungen. Wie ein Leuchtturmsteht steht er für etwas *gerade*, zeigt *Hal*tung im wörtlichen Sinne. Er hat ein starkes Rückgrat und lässt sich von Widerständen nicht beeindrucken.

Im Innendienst sorgt er dafür, dass vor lauter anderen Impulsen und Argumenten die wesentlichen Grundwerte nicht aus dem Blick geraten. Er justiert immer wieder den inneren Kompass.

Im Außendienst sorgt der standhafte Idealist für Verlässlichkeit und eine gewisse Vorhersehbarkeit. Insbesondere Kinder sind darauf angewiesen, um sich wohlzufühlen.

Ein unflexibles Festhalten an Prinzipien ist dem Erreichen eines pädagogischen Ziels in aller Regel nicht dienlich. Daher braucht er zum Ausgleich vor allem die Situationsbewusste.

Die Teamplayerin: «Gemeinsam sind wir stark!»

Der Teamplayerin ist eine konstruktive Zusammenarbeit ein Herzensanliegen. Sie ist engagiert, loyal und kooperativ, wenn es um die Erreichung einer gemeinsamen Vision bzw. eines gemeinsamen Ziels geht. Hier bringt sie sich nach Kräften ein, kann ihre eigenen Ideen und Anliegen aber auch zurückstellen und bei Bedarf anderen die Bühne überlassen.

Im Innendienst trägt sie zu einem friedfertigen Miteinander und innerem Zusammenhalt bei.

Sie wird vor allem im Außendienst gebraucht, denn sie kann ggf. Verantwortung und Verpflichtungen teilen und uns somit vor Überlastung schützen. Gleichzeitig ist sie bereit, sich für ihr

Team stark zu machen und die kollegiale Zusammenarbeit zu stärken.

Allerdings neigt die Teamplayerin dazu, dem Teamfrieden zuliebe eigene Anliegen und Ideale aus den Augen zu verlieren oder gar zu verleugnen. Sie braucht den standhaften Idealisten und die Leib- und Seelenwächterin an ihrer Seite.

Das freie Kind: «Ich bin da und genieße das Leben!»

Die bisher vorgestellten inneren Teammitglieder sind erwachsene Anteile, die gemeinsam für die Professionalität der pädagogischen Arbeit verantwortlich sind und sie garantieren. Es gibt allerdings in jedem von uns auch kindliche Anteile, die auf ihre Weise zu ihr beitragen können. Eric Berne nennt sie im Kontext seiner Transaktionsanalyse «freie Kinder» (Berne, 1970).

Das freie Kind ist verspielt, abenteuerlustig, voller Ideen, lebt im Hier und Jetzt und hat feine Antennen dafür, was ihm guttut und was nicht. Im Inneren Team ist es die Quelle von Spontaneität, Kreativität, Lebenslust und Leidenschaft, weshalb es zuweilen von einem rigiden Oberhaupt als störend, oder gar bedrohlich, erlebt und weggesperrt wird. Die Energie eines freien Kindes ist ansteckend und springt leicht auf andere über (Kumbier, 2013, S. 26ff.).

Für eine professionelle Haltung kann das freie Kind auf unterschiedliche Weise hilfreich sein. Im Innendienst verbreitet es Leichtigkeit, Kreativität und Humor. Die hierdurch geschaffene innere Distanz begünstigt das Aufbrechen eingefahrener Situationen und das Kreieren guter Ideen. Darüber hinaus ist ein freies Kind im Inneren Team kostbar für die eigene Psychohygiene, sofern ihm vom Oberhaupt zu passender Zeit genügend Raum gelassen wird. Es hat einen sehr direkten Zugang zu seinen Gefühlen und ist somit ein guter Indikator dafür, ob etwas «nicht stimmt». Hierauf kann das Oberhaupt dann reagieren.

Im Außendienst erleichtert es durch eine «gemeinsame Wellenlänge» die pädagogische Beziehungsgestaltung v. a. zu Kindern. Hier kann es vitalisierend wirken und mit seiner Kreativität und Lebenslust anstecken. Wenn es sich sicher fühlt, kann es Vertrauen entwickeln und sich offen auf Neues einlassen. Im Zusammenspiel mit den oben vorgestellten erwachsenen Anteilen kann das freie Kind insofern eine ernst zu nehmende Rolle in der pädagogischen Teamaufstellung spielen.

Allerdings brauchen wir im professionellen Kontext zu jeder Zeit Erwachsene an seiner Seite. Es kümmert sich noch wenig um die Folgen seines Handelns. Die Verantwortungsvolle ist hier unentbehrlich, um sowohl den Auftrag als auch das Wohl aller im Blick zu behalten. Zuweilen agieren Kinder außerdem egozentrisch und können die Perspektiven und Bedürfnisse anderer nicht ausreichend mitdenken. Dafür ist die Empathische zuständig. Um uns vor der Blauäugigkeit und Wehrlosigkeit des freien Kindes zu schützen, brauchen wir darüber hinaus die Leib- und Seelenwächterin an seiner Seite.

Fühle dich in die beschriebenen Teammitglieder ein. Welche Teammitglieder erkennst du in dir selbst wieder? Welches Teammitglied hast du bislang noch nicht oder kaum in dir entdecken können? Welche Namen würdest du ihnen geben? Welches Teammitglied würdest du gerne entwickeln oder gar neu einstellen wollen? Welche hier nicht aufgeführten Teammitglieder hältst du für wünschenswert, um eine professionelle Haltung zu verkörpern?

Nicht in jeder Situation ist jedes Teammitglied der inneren Profimannschaft gefragt. Wer an der Kontaktlinie gebraucht wird, entscheidet sich von Moment zu Moment. Unsere inneren Profis sollten jedoch – auch wenn sie immer wieder «Pause» haben – für das Oberhaupt bei Bedarf abrufbar sein.

Je nach Beruf benötigen wir weitere Teammitglieder, wie spezialisierte Fachleute, die ein bestimmtes «Handwerk» beherrschen. So brauchen Lehrkräfte z. B. – neben den für eine professionelle Haltung zuständigen Teammitgliedern – eine fachliche Expertin, einen geschickten Didaktiker und eine kreative Animateurin.

Unsere inneren Teammitglieder folgen nicht Rezepten oder Ablaufplänen, sondern ihrem jeweiligen Wesen und Anliegen. Das hat einen entscheidenden Vorteil. Wenn wir sie etabliert haben, entfalten sie ihre Wirkung ganz von allein. Mit viel Übung und Erfahrung kann pädagogisches Handeln auf diese Weise fast intuitiv und somit energiesparend vollzogen werden und zugleich im positiven Sinn hochwirksam sein. Wie ein gut geeichter Kompass leitet uns unsere professionelle Haltung dann durch pädagogisch unwegsames Gelände.

Jeder Beruf hält andere Herausforderungen bereit, und jeder Mensch hat ein ganz individuelles Muster an persönlichen Werten, Einstellungen und Überzeugungen, die in ihrer Umsetzung wiederum bestimmte Selbstkompetenzen erfordern. Finden Sie daher selbst heraus, welche inneren Teammitglieder Sie in Ihrem Profiteam brauchen, um in der Praxis kontextsensibel und wirkungsvoll agieren zu können.

2.8 Haltung schützen – Umgang mit Stress

Haben wir eine innere Profimannschaft etabliert, heißt das noch nicht, dass sie jederzeit einsatzbereit ist. Dafür braucht sie entsprechende «Trainings- und Spielbedingungen». Auch wenn in vielen Schulen, Kitas oder Wohngruppen gute Arbeit geleistet wird, erlebe ich häufig zwei «Großbaustellen»: Haltungsmängel auf der einen Seite und eine hohe Stressbelastung auf der anderen. Wie beides zusammenhängt, will ich nun näher beleuchten.

2.8.1 Stress schadet der Haltung

Wenn es uns gutgeht und wir uns entspannt fühlen, können wir mit herausfordernden Situationen oft erstaunlich souverän umgehen. In solchen Momenten bewältigen wir unsere Arbeit mit einer gewissen Leichtigkeit und Freude. Was sonst viel Energie kostet, gelingt uns dann fast mühelos. Umgekehrt scheinen sich gerade dann, wenn wir sowieso schon gestresst sind, Belastungen und Unannehmlichkeiten zu häufen. Stress zieht offenbar weiteren Stress an. Was geht da genau vor sich?

Auslöser für Stress sind sogenannte **Stressoren** wie z. B. Zeitdruck, Konflikte, Arbeitsverdichtung oder Überforderungssituationen. Wenn sich Stress aufbaut, führt das zu **Stressreaktionen**, die sich auf verschiedenen Ebenen zeigen können (Kaluza, 2018, S. 15 ff.):

Unser **Körper** mobilisiert in Stresssituationen seine gesamte Energie und versetzt sich in Alarm- und Aktionsbereitschaft. Der Puls geht in die Höhe, die Atem- und Herzfrequenz steigt, und unsere Muskeln spannen sich an. Das ist höchst sinnvoll, wenn es darum geht, schnell oder kraftvoll handeln zu müssen – z. B. zu kämpfen oder zu fliehen. Wenn unser Körper allerdings diesen Alarmzustand immer wieder oder über einen längeren Zeitraum aufrechterhalten muss, führt das irgendwann zu Erschöpfungszuständen und möglicherweise gesundheitlichen Schäden. Herz-Kreislauf-Erkrankungen, Kopf- oder Rückenschmerzen, Tinnitus oder eine Regulationsstörung des Immunsystems können z. B. die Folge sein.

Wenn wir im Stress sind, verändern sich unsere **Wahrnehmung** und unser **Denken**. Wir fokussieren uns eher auf Problematisches, Anstrengendes, Schwieriges und finden Fehler. Dabei verengt sich unsere Wahrnehmung, sodass wir den Überblick verlieren. Auch der Zugang zu unserer Empathie und die Fähigkeit, andere Perspektiven einzunehmen, sind uns dann eher versperrt. Typisch sind Gedanken der Ausweglosigkeit, Vorwürfe anderen oder sich selbst gegenüber, ständiges Grübeln oder Leere im Kopf.

Auf der Ebene der **Gefühle** dominieren Unruhe, Nervosität, Ärger, Frustration, Hilflosigkeit, die Angst zu versagen oder sich zu blamieren.

Auch unser **Verhalten** verändert sich im Stresszustand. Wir werden in unseren Bewegungen möglicherweise fahrig und hastig, nehmen uns keine Zeit mehr für Pausen und genussvolle Momente, arbeiten viel, jedoch häufig ineffektiv, oder reagieren anderen Menschen gegenüber gereizt oder gar ungehalten. Wir essen möglicherweise unregelmäßig, wahlloser und ungesünder. Auch der Konsum von Alkohol, Nikotin, Medikamenten oder Kaffee geht in die Höhe. Dies wiederum hat Auswirkungen auf unsere Gesundheit, verschlechtert mittel- und langfristig unsere mentale Verfassung und verringert unsere Stressresistenz.

Stressreaktionen auf allen vier Ebenen (d. h. Körper, Wahrnehmung und Denken, Gefühle und Verhalten) stehen miteinander im Zusammenhang und schaukeln sich häufig gegenseitig hoch (Kaluza, 2018, S. 17). Darunter leiden nicht nur unsere Gesundheit, sondern auch soziale Beziehungen, unsere Arbeitsfähigkeit – und unsere pädagogische Haltung. Der Persönlichkeitspsychologe Julius Kuhl und sein Team beschreiben dies wie folgt: «Ab einer kritischen Stressintensität gehen ganzheitliche Funktionen verloren, der Überblick über die Gesamtsituation weicht dem Tunnelblick für unstimmige Einzelheiten, und statt des verstehenden Sich-Einfühlens können die Kinder buchstäblich nur noch als ‹Objekte› gesehen werden, erkennbar daran, dass man auf (störende) Einzelheiten fixiert ist oder dass man zum Kategorisieren, Typisieren oder gar Pathologisieren neigt» (Kuhl et al., 2014, S. 95).

Kinder und Jugendliche leiden unter dem Stress ihrer Erziehungspersonen oder Lehrkräfte im doppelten Sinne. Zum einen erfahren sie weniger Empathie und Wohlwollen, werden häufiger als fehlerhaft oder «nervig» wahrgenommen und erleben häufiger verletzendes Verhalten (Boll & Remsperger-Kehl, 2021). Zum anderen wirkt der Zustand der Erziehungspersonen in gewisser Weise ansteckend (Bauer, 2018, S. 50–51). Schlecht gelaunten Menschen gehen wir meist aus dem Weg, wenn wir unsere eigene innere Balance wahren wollen. Kinder und Jugendliche oder betreute Erwachsene dagegen stehen in einem Abhängigkeitsverhältnis und können sich diesen Beeinflussungen schwerlich entziehen.

Im beruflichen Kontext ist bei chronischem Stress häufig von einem Burnout die Rede. «Burn-out bezeichnet einen psychovegetativen Erschöpfungszustand, der im Zusammenhang mit Arbeit auftritt. Es handelt sich dabei um keine eigenständige Erkrankung, sondern um einen Risikofaktor für unterschiedliche – psychische (v. a. Depressionen) und körperliche – Erkrankungen» (Kaluza, 2018, S. 36). Das besondere Kennzeichen eines Burnout-Syndroms ist, neben den beschriebenen Stressreaktionen, eine soziale Erschöpfung. Sie äußert sich z. B. in dem Gefühl, von anderen «ausgesaugt» zu werden, Zynismus, sozialem Überdruss oder negativen Einstellungen anderen und sich selbst gegenüber. Für Betroffene im pädagogischen oder medizinischen Bereich ist dabei besonders die Einbuße der Empathiefähigkeit problematisch sowie die Neigung, andere nicht mehr als Persönlichkeiten, sondern als «Fall» oder «Nummer» zu betrachten (Kaluza, 2018, S. 36–37). Dies hat, wie wir uns vorstellen können, zwangsläufig massive Auswirkungen auf ihre pädagogische Haltung und ihr pädagogisches Handeln. Es müsste Trägern von Schulen und anderen pädagogischen Einrichtungen folglich ein besonderes Anliegen sein, die Mitarbeiter:innen nicht über die Maße zu belasten.

Auch andere Erkrankungen können unsere pädagogische Haltung zumindest vorübergehend beeinträchtigen. Wenn wir Schmerzen haben oder uns erschöpft fühlen, ist unser Nervenkostüm dünner, wie nehmen dann unsere Mitmenschen und soziale Herausforderungen negativer wahr und reagieren möglicherweise schneller gereizt und überfordert. In besonderem Maße gilt dies für psychische Erkrankungen, die unsere Wahrnehmung massiv beeinträchtigen können, sodass wir möglicherweise sehr um uns selbst kreisen, uns weniger offen auf andere Menschen und neue Situationen einlassen, vieles übermäßig persönlich nehmen und die Bedürfnisse anderer weniger feinfühlig erfassen können. Aus diesem Grund haben pädagogisch Tätige eine besondere Verantwortung, sich um die eigene Gesundheit zu kümmern, im akuten Krankheitsfall der Arbeit fernzubleiben und bei Bedarf rechtzeitig professionelle Hilfe in Anspruch zu nehmen.

2.8.2 Ist das Oberhaupt am Ruder?

Was passiert im Stresszustand mit unserem Inneren Team? Im Idealfall kann unser Oberhaupt mit bewältigbaren Stressoren einen Umgang finden, der die innere Dynamik und unsere Gesamtpersönlichkeit sogar stärken kann.

Dem Lehrer Maxim Ludwig sitzt beim Elternsprechtag ein Vater gegenüber, der sich über seinen Unterricht und die Notenlage des Sohnes beschwert. Der Unterricht sei wenig zielführend, er übe täglich mit dem Sohn, um die Mängel des Unterrichtes auszubügeln – ohne Erfolg. Die Klassenarbeiten seien zu schwer und die Bewertungen des Lehrers ungerecht. Betrachten wir angesichts dieser Vorwürfe den inneren Dialog von Maxim Ludwig: Er spürt, während der Vater noch spricht, eine Welle der Empörung in sich aufsteigen. Seine Atmung wird schneller, seine Brust fühlt sich eng an. «Was bildet der sich ein! Wie spricht der eigentlich mit mir?» Er merkt, dass er im Begriff ist, sich kräftig zu echauffieren. «Oh, jetzt gehe ich gleich in die Luft! Langsam atmen …» Sogleich schaltet sich eine beruhigende innere Stimme ein: «Verschaffe dir etwas Zeit. Lass ihn erst mal ausreden. Er ist empört und regt sich auf. Lass dich nicht anstecken! Vielleicht hat der Ärger gar nichts mit dir zu tun!» Er beschließt, dem Vater weiter zuzuhören, um genauer zu verstehen, worum es ihm geht. Er bittet ihn, etwas ausführlicher zu erzählen, was ihn beunruhigt. Der Vater wird nun etwas freundlicher und berichtet von seinen Sorgen. Nach einer Weile ändert sich auch der innere Zustand des Lehrers. Er ist wieder ruhiger, und im Vordergrund steht zunehmend Mitgefühl. «Offenbar hat der Vater große Sorge um die Zukunft seines Sohnes und fühlt sich überfordert mit der häuslichen Begleitung, die zu vielen Konflikten führt. Ich teile die Sorge zwar nicht, aber ich muss mal überlegen, welche der Kritikpunkte gerechtfertigt sind. Vielleicht sollte ich mich tatsächlich mehr mit den Eltern austauschen?» Er erzählt dem Vater nun, wie er seinen Sohn wahrnimmt, was dieser bereits gelernt hat und welche Stärken er bei ihm erkennen kann. Er sagt ihm auch, was er aus seiner Sicht noch zu lernen hat, wie sie gemeinsam daran arbeiten und wie sich die Noten als momentanes Abbild der Leistungen erklären lassen. Er bittet ihn darum, seinem Sohn und ihm zu vertrauen, dass sie gemeinsam einen Weg gehen, der Höhen und Tiefen haben, aber zu einem Ziel führen wird. Der Vater zeigt sich nun freundlich und kooperativ. Maxim Ludwig trifft mit ihm Vereinbarungen, wie sie den Sohn gut unterstützen und dabei an einem Strang ziehen können. Er ist nach dem Gespräch etwas erschöpft, aber zufrieden.

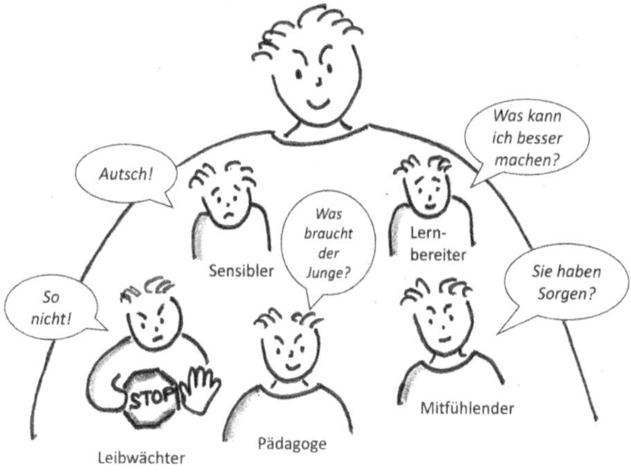

Das Innere Team von Maxim Ludwig beim Elterngespräch

In dieser Situation war das Oberhaupt des Lehrers erfolgreich aktiv. Es hatte die eigenen inneren Anteile und deren Befindlichkeiten im Blick und sorgte dafür, dass sie reguliert wurden. Der innere «Leibwächter», der zuerst im Alleingang die innere Bühne stürmen wollte, um empfindsame Teammitglieder wie den «Sensiblen» zu beschützen, wurde zurückgepfiffen. Das

Oberhaupt stellte ihm deeskalierende Anteile an die Seite wie den «Mitfühlenden», den «Lernbereiten» und den engagierten «Pädagogen». Der impulsiven Erstreaktion folgte eine der eigenen inneren Realität und der Situation angemessene Zweitreaktion (siehe Kapitel 2.5.3).

Vor allem in Stresssituationen können Momente des Innehaltens dem Oberhaupt die Möglichkeit verschaffen, seine Aufgabe der Teamleitung zu erfüllen. Dann trommelt es, wenn es darauf ankommt, eine passende innere Mannschaft zusammen, um die Herausforderung zu bewältigen, und sorgt zugleich dafür, dass die empfindsamen inneren Teammitglieder geschützt werden. Dabei sammeln die inneren Teammitglieder Erfahrungen, erleben persönliche Erfolge und ein Gemeinschaftsgefühl, das Oberhaupt erfährt Selbstwirksamkeit, und das Innere Team geht gestärkt aus einer solchen Situation hervor.

Erinnere dich an eine Herausforderung, die du gut gemeistert hast. Was war in der Situation von dir gefordert? Auch wenn du dir in der Situation keine Gedanken um dein Inneres Team gemacht hast – versuche zu rekonstruieren: Welche inneren Teammitglieder haben dich aktiv werden lassen? Welche inneren Teammitglieder haben dich ggf. geschützt?

Nicht immer ist unser Oberhaupt so präsent. «Das Selbst wird bei Stress abgeschaltet», schreiben Julius Kuhl und seine Mitautorinnen (Kuhl et al., 2014, S. 92). Unter dem Selbst versteht er den Teil der Persönlichkeit, der dem Oberhaupt entspricht – die Instanz, die den Überblick hat und die innere und äußere Lage feinsinnig erfassen und kreative Lösungen finden kann (Kuhl, 2008).

Im Stresszustand übernehmen entweder einzelne innere Anteile das Ruder, oder es gibt ein inneres Kuddelmuddel verschiedener innerer Anteile ohne Regie. Da Stressreaktionen mit negativen Gedanken und Gefühlen einhergehen, sind es vor allem wenig konstruktive Anteile, die sich nun Raum verschaffen und das Geschehen bestimmen. Eine Gruppe angehender Heilpädagoginnen hat z. B. folgende innere Teammitglieder identifiziert, die bei ihnen in Stresssituationen besonders aktiv werden: eine «Zynikerin», einen «Jammerlappen», eine «Anklägerin», einen «Angsthasen» oder ein «Wutmonster».

Entspannungsübungen wie Autogenes Training, Yoga oder Achtsamkeitsübungen (MBSR) zielen z. B. darauf ab, das Oberhaupt zu aktivieren und ihm das Zepter zurück in die Hand zu geben. Aber auch Spaziergänge, Begegnungen oder schöne Aktivitäten können unsere Oberhaupt-Energie wieder hervorholen und stärken.

Was hilft dir, um deine Energie wiederzufinden? Welche Strategien hast du etabliert, um dich zu entspannen und neue Kraft zu schöpfen? Welche möchtest du verstärkt anwenden? Auch hier hilft der Gedanke an Momente, in denen du dich ganz in deiner Kraft gefühlt hast. Erinnere dich an einen solchen Moment. Wie war das? Wie fühlte es sich an? Vertiefe dich eine Weile in dieses Gefühl.

2.8.3 Innere Stressverstärker

Manchmal machen wir uns durch die Art und Weise, wie wir denken, bewerten und interpretieren, selbst Stress. Gert Kaluza (2018, S. 124–125), der das Stressbewältigungstraining «Gelassen und sicher im Stress» entwickelt hat, beschreibt stressverschärfende Denkmuster, die den persönlichen Stresspegel zusätzlich nach oben schrauben können. Wir machen uns das Leben demnach besonders schwer, wenn wir

- ... uns übermäßig schnell und nachhaltig über Dinge aufregen, die wir nicht verändern können oder wollen.
- ... unseren Blick einseitig auf Negatives, negative Folgen, auf Schwächen, Fehler und Defizite richten.
- ... dazu neigen, unangenehme Ereignisse oder Erlebnisse persönlich zu nehmen.

In seinem Buch «Anleitung zum Unglücklichsein» illustriert Paul Watzlawick verschiedene dieser Denkstile in Form humorvoller Kurzgeschichten (Watzlawick, 2009).

Neben stressverschärfenden Denkmustern können uns auch innere Stresstreiber unter Druck setzen und auf Trab halten. Damit sind innere Teammitglieder gemeint, die zwar Gutes im Sinn haben, es aber maßlos übertreiben und einseitige, zum Teil notorisch überhöhte Anforderungen an uns stellen. Kaluza (2018, S. 129–136) bezeichnet sie als innere «Sollwerte». Sie werden hier exemplarisch in weiblicher Form vorgestellt. Fühlen Sie sich frei, sie Ihrem Geschlecht anzupassen.

Die Perfektionistin: *«Sei perfekt!»*

Sie steht für Qualität und sorgt dafür, dass wir unsere Sache möglichst gut machen. Gut ist ihr allerdings nicht gut genug, und mit Erfolgen ist sie nur kurzfristig zufrieden. Sie investiert viel Energie, um persönliches Versagen, Fehler oder Misserfolge zu vermeiden. Doch sie zahlt dafür eventuell einen hohen Preis. Selbstüberforderung und Erschöpfung können die Folge sein.

Wer seine Energie vorrangig in Perfektionierung und Fehlervermeidung steckt, hat wenig innere Freiheit, das Ganze mit Abstand zu betrachten, kreative und vielleicht unkonventionelle Ideen zu entwickeln und sich auch mal ganz auf die Bedürfnisse, Gefühle, Eigenheiten und Interessen des Gegenübers einzulassen. Die Perfektionistin ist mit ihrer Aufmerksamkeit dann möglicherweise auch in zwischenmenschlichen Situationen sehr beim Ich (... muss alles richtig und besonders gut machen) und weniger beim Du (... hast vielleicht ganz andere Bedürfnisse, Gefühle und Interessen).

Sie braucht im Inneren Team Ausgleich – z. B. durch eine gelassene, annehmende («Ich bin gut genug!») oder eine ressourcenorientierte Stimme («Was habe ich schon geschafft?»).

Die Harmoniebedürftige: *«Sei beliebt!»*

Sie ist umgänglich, hilfsbereit und liebevoll. Verbundenheit, Zugehörigkeit und Harmonie sind ihr wichtige Bedürfnisse, die sie antreiben. Allerdings gerät sie immer dann in Stresssituationen, wenn es Konflikte gibt, wenn sie Kritik erfährt oder Ablehnung befürchtet. Solche Situationen versucht sie unbedingt zu vermeiden. Es fällt ihr schwer, NEIN zu sagen oder andere mit deren Fehlverhalten zu konfrontieren. Sie versucht, es allen recht zu machen, und stellt immer wieder eigene Interessen «des lieben Friedens willen» zurück, womit sie sich allerdings zusätzliche Arbeit einhandelt und ihre eigenen Belastungsgrenzen missachtet. In sozialen Kontakten gerät sie in Gefahr, ausgenutzt zu werden.

Die Harmoniebedürftige braucht als Ausgleich eine abgrenzungsfähige Stimme («Stopp! So nicht!»), die sich gut behaupten kann und der es nichts ausmacht, sich auch mal unbeliebt zu machen.

Die Autonome: *«Sei unabhängig!»*

Stärke, Selbstständigkeit und Unabhängigkeit sind ihre Markenzeichen. Ihr ist es äußerst wichtig, selbstbestimmt ihr Leben zu meistern. Sorgen und Nöte macht sie meist mit sich allein aus. Jegliche Abhängigkeit oder gar Hilfsbedürftigkeit sind ihr ein Graus. Sich Schwächen einzugestehen und um Unterstützung zu bitten, fällt ihr schwer. Am liebsten erledigt sie alles selbst. Dies führt über kurz oder lang zu Situationen der Selbstüberforderung und möglicherweise zu Einsamkeit. Auch sie braucht mal eine Schulter zum Anlehnen, die ihr so aber in entscheidenden Situationen verwehrt bleibt. Unter ihrem Arbeitsstil leiden ihre Beziehungsgestaltung zu anderen Menschen wie auch ihre Teamfähigkeit.

Damit sie nicht übers Ziel hinausschießt, sollte ihr ein inneres Teammitglied zur Seite stehen, welches andere vertrauensvoll um Unterstützung bitten und Hilfe annehmen kann («Ich brauche deine Hilfe!»). Auch ein kooperationsfreudiger Anteil («Wir schaffen das gemeinsam!») könnte für den nötigen Ausgleich sorgen.

Die Sicherheitsbedürftige: *«Behalte Kontrolle!»*

Sie ist strukturiert, vorausschauend und hat zur Sicherheit noch Plan B und C in der Tasche. Ein starkes Bedürfnis nach Kontrolle treibt sie an. Unvorhergesehenes und Uneindeutiges machen ihr Angst bzw. verursachen ihr Stress. Daher versucht sie, Risiken zu minimieren und für alle Fälle gewappnet zu sein. Es fällt ihr schwer, anderen zu vertrauen und Aufgaben zu delegieren. Durch ihr Misstrauen leiden möglicherweise soziale Beziehungen und in jedem Falle ihre Teamfähigkeit. Da sie Kontrolle nicht abgeben möchte, halst sie sich immer wieder weitere Arbeit auf, die Kraft kostet und sie zu überfordern droht.

Der Sicherheitsbedürftigen würde ein Teammitglied, das zuversichtlich in die Zukunft schaut und an das Gute im Menschen glaubt, Ausgleich bieten («Es wird schon gutgehen!»). Auch ein innerer Anteil, der dazu bereit ist, sich vertrauensvoll auf andere zu verlassen, könnte helfen («Sie kriegen das auch hin!»).

Die pflichtbewusste Arbeiterin: «*Halte durch!*»

«Nur nicht hängen lassen!», ist die Devise der pflichtbewussten Arbeiterin. Sie ist hart sich selbst gegenüber, um ihre Ziele zu erreichen. Ihr gelingt es gut, kurzfristigen Verlockungen, Ablenkungen und Genüssen zu widerstehen. Allerdings um den Preis des Verzichts auf Dinge, die ihr guttäten. So arbeitet sie ohne Pausen, nimmt sich kaum Zeit zum Essen oder gesteht sich nicht ausreichend Schlaf zu. Ihren Stil propagiert sie als vorbildliche Tüchtigkeit und stellt möglicherweise auch rigorose Erwartungen an andere. Sie hat wenig Verständnis für Müßiggang und verlangt sich selbst viel ab. Dabei vernachlässigt sie allerdings sträflich die Fürsorge für sich selbst. Ihr Arbeitseifer führt so zu einem erhöhten Stresspegel, den sie jedoch oft zunächst nicht wahrhaben will oder gegebenenfalls durch die Einnahme von Medikamenten, Alkohol oder anderen Suchtmitteln zu reduzieren versucht. Erst wenn sich gesundheitliche Schäden einstellen, die sich nicht mehr ignorieren lassen, gesteht sie sich möglicherweise Überlastung ein.

An ihrer Seite braucht sie dringlich eine selbstfürsorgliche Stimme («Ich sorge für mich!»), die die eigenen Grenzen im Blick hat, deren Einhaltung einfordert und sich auch mal erholsamen Genuss und Müßiggang gönnt.

Welche inneren Stresstreiber kommen dir bekannt vor?
Wie und in welchen Situationen zeigen sie sich bei dir?

Welche inneren Anteile willst du stärken, um Ausgleich zu schaffen?

2.8.4 Wechselwirkungen zwischen inneren und äußeren Bedingungen

Ob ein Stressor tatsächlich zu einer Stressreaktion führt, hängt davon ab, wie wir ihn bewerten und wie wir unsere Fähigkeit einstufen, ihn bewältigen zu können. Nicht jeder Mensch reagiert auf dieselben Herausforderungen gleichermaßen gestresst. Wenn wir z. B. einen neuen Auftrag als zusätzliche Belastung empfinden, reagieren wir mit einer Stressreaktion. Betrachten wir ihn als willkommene Herausforderung, entsteht möglicherweise eine freudige Aktivierung. Stressoren führen nur dann zu einer Stressreaktion, wenn wir uns ihnen momentan nicht gewachsen oder durch sie bedroht fühlen. Kompetenzen und Bewältigungsstrategien sind von Mensch zu Mensch unterschiedlich ausgeprägt. So auch die Anlässe für Unter- oder Überforderung. Es kommt beim Stressempfinden weniger auf die tatsächliche Bewältigungskompetenz einer Person an als darauf, wie sie von ihr subjektiv eingeschätzt wird.

Der israelische Medizinsoziologe Aaron Antonowsky befasste sich mit der Frage, wie es Menschen schaffen können, trotz offensichtlich hoher äußerer Belastungen psychisch und physisch gesund zu bleiben – eine Frage, der auch die Resilienzforschung nachgeht. Er entwickelte das Modell der Salutogenese, in dem der sogenannte **Kohärenzsinn** eine wesentliche Rolle spielt (Antonowsky & Franke, 1997). Damit meint er eine Sicht auf die Welt und das Leben, die von drei Komponenten geprägt ist: dem Gefühl der **Verstehbarkeit**, der **Handhabbarkeit** und der **Sinnhaftigkeit**.

Unser Oberhaupt kann dann die Regie behalten, wenn wir uns in schwierigen Situationen einen Reim darauf machen können, was gerade (mit uns) geschieht, uns den Herausforderungen (gegebenenfalls mit Unterstützung anderer) gewachsen fühlen und unserer Situation eine Sinnhaftigkeit abgewinnen können. Dann schwimmen ihm nicht «die Felle davon», sondern es hat die Chance, auch schwere Belastungen zu bewältigen und dabei gesund zu bleiben.

Denke an die Herausforderungen, die dich im Moment bei deiner Arbeit beschäftigen. Hast du den Eindruck, du kannst sie überblicken? Fühlst du dich ihnen gewachsen? Betrachtest du sie als sinnvoll?

Den Menschen, mit denen wir arbeiten, ergeht es nicht anders. Es lohnt sich, immer wieder zu prüfen, ob auch das, was wir ihnen z. B. im Kontext Schule «zumuten», aus ihrer Perspektive verstehbar, handhabbar und sinnhaft ist.

In Arbeitszusammenhängen gibt es sehr unterschiedliche Bedingungen. Unsere Belastbarkeit ist auch davon abhängig, wie gut an unserem Arbeitsplatz unsere **wesentlichen Bedürfnisse erfüllt** sind. Dies sind vor allem drei:

1. Neben physischen Grundbedürfnissen haben wir alle ein Bedürfnis nach **Sicherheit**. Wenn unser Arbeitsplatz bedroht ist oder wenn wir von Mitarbeitenden, Vorgesetzten oder unserer Klientel Demütigungen oder Aggressionen zu befürchten haben, erhöht dies unseren Stresspegel ungemein.
2. Ein weiteres Grundbedürfnis ist **Zugehörigkeit und An-**

erkennung. Wenn wir an unserem Arbeitsplatz isoliert sind oder uns abgelehnt fühlen, verringert sich unsere Stressresistenz. Während der Corona-Pandemie z. B. haben viele Menschen unter einem Mangel an Kontakten gelitten. Auch hier gilt allerdings: Menschen sind unterschiedlich stark auf soziale Kontakte, Nähe und Harmonie angewiesen.

3. Auch in Hinsicht auf das Bedürfnis nach **Autonomie und persönlichem Wachstum** gibt es individuelle Unterschiede. Grundsätzlich jedoch möchte wohl jeder Mensch möglichst selbstbestimmt sein, sich entfalten und entwickeln können. Ist dieses Bedürfnis jedoch nicht hinreichend erfüllt, fühlt er sich eingeengt und gestresst.

Entscheidend für unser Stresserleben ist die «Passung» zwischen unseren individuell ausgeprägten Bedürfnissen und den Bedingungen, die wir an unserem Arbeitsplatz vorfinden. Der Kinderarzt Remo Largo beschreibt dieses Phänomen in seinem «Fit-Konzept» (Largo, 2018). Beides allerdings ist nicht unabhängig voneinander. Sind die Arbeitsbedingungen schlecht, wirkt sich das auf unsere Arbeitsmotivation und -leistung aus. Umgekehrt sind wir ein Teil des Betriebes und können möglicherweise darauf hinwirken, dass sich Rahmenbedingungen verändern.

2.8.5 Professionelle Haltung erhöht die Stressresistenz

Stress geht auf Kosten von professioneller Haltung. Das wurde oben deutlich. Wir sollten daher nicht nur im eigenen gesundheitlichen Interesse, sondern auch mit Blick auf unsere Professionalität dafür sorgen, dass wir chronische Stresszustände nach Möglichkeit vermeiden. Dafür gibt es drei Ansatzpunkte (Kaluza, 2018):

1. Wir können **Stressoren reduzieren**, indem wir z. B. gutes Zeitmanagement betreiben, Prioritäten setzen, Probleme lösen, Konflikte klären oder durch Fortbildungen o. Ä. unsere Kompetenzen erhöhen.
2. Wir können **Einfluss auf unsere persönlichen Stressverstärker** nehmen, indem wir uns z. B. stressreduzierende Denkmuster angewöhnen (vgl. Kaluza, 2018, S. 127–128) und dafür sorgen, dass innere Stresstreiber mittel- und langfristig entsprechenden Ausgleich in unserem Inneren Team erfahren. Kaluza spricht hier von kognitiven Strategien der Stressbewältigung.
3. Wir können unsere **regenerativen Fähigkeiten verbessern**, indem wir z. B. ein Entspannungstraining erlernen, für ausreichend Bewegung und gute Ernährung sorgen, Hobbys und Kontakte pflegen und Pausen für unsere Erholung nutzen.

Wenn wir, wie in den vergangenen Kapiteln beschrieben, unsere pädagogische Haltung professionalisieren, decken wir wesentliche Formen der Stressprävention bereits ab. Eine wichtige Rolle spielt dabei ein starkes und einsatzbereites Oberhaupt. In unserer inneren Profimannschaft versammeln sich idealerweise Mitglieder, die Stressoren vermeiden oder verringern, stressreduzierende Gedanken fördern oder zu unserer Regeneration beitragen können.

Die innere Profimannschaft im Umgang mit Stress

Eine professionelle Haltung gibt uns also nicht nur Orientierung in Bezug auf unser pädagogisches Handeln, sondern schützt uns auch vor Stress. Sie anzustreben kommt demnach auch uns selbst zugute und trägt dazu bei, dass wir möglichst lange gesund, motiviert und zufrieden unserer Arbeit nachgehen können.

3 Haltung weiterentwickeln – aber wie?

Rufen wir uns nun wieder die drei Erzieherinnen Inga, Catarina und Betül zu Beginn des ersten Kapitels ins Gedächtnis, die auf den dreijährigen Igor zu reagieren haben. Alle drei zeigen mit ihrer Reaktion ihre Haltung gegenüber Igor und der Situation. Sie ist in dem Augenblick in der jeweiligen Erzieherin präsent und wird bei Igor ihre Wirkung entfalten. Ob diese Wirkung ihren Erwartungen und ihrem pädagogischen Auftrag entspricht? Ob Inga, Catarina oder Betül ihre eigene Haltung und ihr Verhalten wohl hinterfragen oder später reflektieren?

«Wir halten unsere momentanen Vorstellungen in der Regel für gültig, weil wir uns zukünftige nicht vorstellen können» (Largo, 2018, S. 291).

Unsere Haltung fühlt sich meist stimmig an, weil es die unsere ist und wir sie uns einst – vermutlich aus gutem Grund – zu eigen gemacht haben. Daher sind wir in der Regel wenig geneigt, sie in Frage zu stellen oder verändern zu wollen. Wenn uns unsere Haltung allerdings – wie ein innerer Kompass – Orientierung im pädagogischen Alltag bieten soll, muss sie wie ein solcher gut geeicht sein, d. h. immer wieder auf ihre Stimmigkeit hin geprüft und feinjustiert werden. Im Laufe unserer Berufserfahrung wird sie auf diese Weise immer differenzierter und damit für unsere Berufspraxis brauchbarer.

Wir können anderen Menschen eine professionelle pädagogische Haltung nicht beibringen oder sie «lehren», sondern sie vor allem selbst – so gut es uns möglich ist – leben und vorleben. Wir können Menschen allerdings dazu einladen, sie inspirieren und dabei unterstützen, ihre eigene Haltung zu reflektieren und weiterzuentwickeln. Unsere Haltung gehört zu unserer individuellen beruflichen und privaten Denkweise und Lebensform. Nur wir selbst können sie weiterentwickeln. In sie zu investieren lohnt sich, denn für das Gelingen unserer pädagogischen Tätigkeit ist sie von entscheidender Bedeutung.

3.1 Weckrufe

Es gibt besondere Auslöser, die unserer Haltung einen Entwicklungsschub verleihen können:

Hin und wieder sehen wir uns möglicherweise mit Situationen oder Herausforderungen konfrontiert, die wir mit unserem gewohnten Repertoire nicht lösen können. **Erfahrungen des Scheiterns** können ein Weckruf sein, die bisherige Praxis zu überdenken und die vorliegende Situation wie auch die daran beteiligten Menschen mit einem neuen Blick zu betrachten.

Dem Lehrer Markus Meier ist es jahrelang leichtgefallen, 25 Jugendliche in einem Klassenraum in Mathematik zu unterrichten. Seit einigen Jahren allerdings fällt es ihm zunehmend schwerer. Die Jugendlichen scheinen sich verändert zu haben. Seine Methoden der Motivierung und Disziplinierung fruchten nicht mehr. Er strengt sich sehr an, die Lernenden bei Laune zu halten und konsequent zu sanktionieren – doch ohne nennenswerten Erfolg. Mehr von demselben bringt offenbar nicht mehr. Über die «Jugend von heute» zu klagen auch nicht. Es geht nicht nur ihm so. Im Austausch mit Kolleg:innen kommt er zu dem Entschluss, seine bisherige Unterrichtspraxis von Grund auf zu überdenken. Es findet sich eine Gruppe Interessierter, auch die stellvertretende Schulleiterin schließt sich an. Gemeinsam hospitieren sie in – als erfolgreich bekannten – anderen Schulen, führen Gespräche mit Eltern und vor allem mit den

Jugendlichen selbst. Auch wenn es zunächst schwerfällt, gelingt es ihnen allmählich zu verstehen, wie die aktuelle Lebenswelt der Jugendlichen aussieht, was sie ggf. am Lernen hindert und was sie brauchen, um sich gut entwickeln zu können. Gemeinsam verabreden sie eine Erprobungszeit, in der sie neue Unterrichtsformen und Herangehensweisen ausprobieren, um sie im Anschluss zu evaluieren. Trotz des zunächst erhöhten Arbeitsaufwands auf allen Seiten steigt die Zufriedenheit aller Beteiligten deutlich an. Markus Meier berichtet von einem «neuen Blick» auf die Jugendlichen. Er sehe nun nicht mehr vorrangig «desinteressierte Verweigerer» vor sich sitzen, sondern vielschichtige, interessante und zum Teil erheblich vorbelastete Menschen, in denen mehr Initiative und Potenzial stecken, als er zuvor geahnt habe.

Auch emotional **berührende Erfahrungen oder Begegnungen** können Spuren in unserer Haltung hinterlassen oder sie gar nachhaltig prägen.

Nach dem Abitur arbeitete ich drei Monate als Praktikantin in einem Kinderkrankenhaus. In einem der Zimmer lag über mehrere Wochen Matthias, ein 30-jähriger Mann, der wegen einer Mehrfachbehinderung pflegebedürftig war und sich nicht sprachlich äußern konnte. «Eigentlich pflegt ihn seine Mutter zu Hause. Die liegt aber gerade mit Brustkrebs im Krankenhaus, deshalb ist er hier. Er hat die Intelligenz von einem Baby und versteht nicht, was du sagst, aber du solltest trotzdem immer mal etwas sagen, das macht man so.» Ich hatte bis dahin noch keinen Kontakt mit Menschen mit schwerer Beeinträchtigung. Voller Unsicherheit und Vorbehalte ließ ich mich in seine Pflege einführen. Matthias lag immer auf gleiche Weise stumm in seinem Bett, und ich nahm bei ihm zunächst kaum Reaktionen auf das wahr, was ich sagte oder tat. Eines Morgens aber fiel mir laut krachend und platschend die Waschschüssel auf den Boden. Matthias lachte – laut und deutlich! Nach einem ersten Schrecken meinerseits lachten wir beide. Von da an meldete ich mich jeden Tag freiwillig, bei der morgendlichen Pflege sein Zimmer zu übernehmen; niemand sonst wollte es. Ich betrachtete Matthias allmählich mit anderen Augen, konnte mit der Zeit seine Reaktionen immer besser lesen und ließ mich überraschen, wie viel er verstand und wie situativ passend er häufig reagierte.

Meine Haltung Matthias gegenüber – und generell Menschen mit schwerer Beeinträchtigung – hatte sich verändert. Für mich entstand eine neue Erfahrungswelt, die mir vorher gänzlich verschlossen war bzw. der ich mich durch meine skeptische, unsichere Haltung selbst verschlossen hatte. Ich erlebte, dass persönliche Begegnungen nachhaltige Schlüsselerlebnisse für den Abbau von Vorurteilen gegenüber «andersartigen» oder unvertrauten Menschen sein können. Bei wirklichen Begegnungen finden wir uns im anderen meist auf irgendeine Weise selbst wieder.

Eines Tages erlebte ich die Visite mit. Eine Gruppe von Ärzten und Pflegerinnen «fegte» zur Tür herein und versammelte sich vor Matthias' Bett. Sie begrüßten mich, nicht aber Matthias. «Ja, für ihn müssen wir schnell eine Lösung finden. Eben kam der Anruf, die Mutter ist gestorben.» «Die hat sich ja aufopferungsvoll um ihn gekümmert, bis zuletzt!» «Das kann man wohl sagen, sie ging uns ziemlich auf den Geist mit ihrer Überfürsorglichkeit. An allem hatte sie etwas auszusetzen.» «Frau ... muss benachrichtigt werden, dann sollten Sie sich darum kümmern, dass ... Die Verlegung ins ... sollte bald erfolgen.» Schon war die Gruppe wieder zur Tür hinaus und hinterließ – Stille. Matthias war an dem Tag für mich kaum noch erreichbar. Bei meinem nächsten Dienst war er nicht mehr da.

Diese Erfahrung hat mich damals tief erschüttert. Sie prägt mein bis heute andauerndes Bestreben, mich für einen würdevollen Umgang mit Menschen in Abhängigkeitsverhältnissen einzusetzen – seien es Kleinkinder, Lernende in der Schule oder betreute Erwachsene.

3.2 Inspirationen

Begegnungen können uns auf unterschiedliche Weise berühren und zur Veränderung unserer Haltung anregen. Manchmal inspirieren uns andere Menschen z. B. mit ihrer Art und Weise, mit anderen umzugehen oder Herausforderungen zu begegnen. Das «Lernen am Modell» nach Albert Bandura ist auch in Bezug auf professionelle Haltung vielversprechend. Wir prägen uns dabei beobachtete Verhaltensweisen von Menschen ein, die uns beeindrucken, berühren oder nahestehen und die offenbar mit ihrem Verhalten Erfolg haben.

Gute **Vorbilder** können ein Geschenk sein! Sie führen uns vor, wie wir etwas umsetzen können, was vorher nicht zu unserem Repertoire gehörte oder was wir bislang nicht gewagt hatten. Wir lernen von Vorbildern intuitiver als aus der Theorie, denn wir nehmen etwas von ihrem «Wesen» in uns auf und können auf diese Weise neue Verhaltensmuster leichter verinnerlichen und zum Leben erwecken. Sie müssen allerdings zu uns und unseren Fähigkeiten und Möglichkeiten passen. Vorbilder haben darüber hinaus eine ermutigende Wirkung, weil sie uns beweisen, dass etwas gelingen kann.

Auch **Lernreisen** zu interessanten Einrichtungen oder in andere Kulturen können eine gute Möglichkeit sein, den eigenen Horizont zu erweitern und die eigene Haltung weiterzuentwickeln. Hier können wir anhand von Hospitationen, Interviews, Gesprächen oder Beobachtungen eine andere Praxis erleben und uns von deren Wirkung ein Bild machen. Einstellungen wie «Wo kämen wir hin, wenn ...» können wir überprüfen, indem wir hingehen und nachschauen.

Allerdings profitieren wir nur dann, wenn wir den neuen Eindrücken eine Chance geben, d. h. ihnen mit Offenheit, Unvoreingenommenheit und Neugierde begegnen, genau hinhören und hinschauen. In Kapitel 2.4.2 wurden die vier Formen des Zuhörens (Scharmer & Käufer, 2008) dargestellt. Von ihnen sind hier das faktische, das empathische und vor allem das schöpferische Zuhören vielversprechend.

Ich stand vor etwa 20 Jahren der gemeinsamen Beschulung von Kindern mit sehr unterschiedlichen Lernvoraussetzungen in einer weiterführenden Schule zunächst kritisch gegenüber. «Kann dies wirklich gelingen? Geht es nicht auf Kosten der schwächsten und blockiert zugleich die Lernentwicklung der leistungsstarken Kinder? Müssen die Lehrerkräfte nicht maßlos überfordert sein?» Mit kleinen Delegationen besuchte ich Gesamtschulen in Bielefeld, Hamburg und Lübeck. Ich hospitierte im Unterricht, sprach mit Schulleitungen, Lehrkräften und Lernenden. Mein Bild veränderte sich. Mir wurde klar, dass ich von Schule und Unterricht ausgegangen war, wie ich beides kannte. Ich lernte, Schule neu zu denken, und entwickelte großen Respekt vor den Schulen und vor allem den entsprechenden Lehrkräften, die es schafften, im Spannungsfeld von Individualisierung und Gemeinschaft die so unterschiedlichen Kinder und Jugendlichen in ihrer Bildungsentwicklung bestmöglich zu unterstützen.

3.3 Fachwissen

Unsere Haltung entwickelt sich auch im Zuge unserer fachlichen Weiterentwicklung. Neben Selbstkompetenzen bildet nach Kuhl und Solzbacher relevantes Fachwissen die Basis für Professionalität (Kuhl & Solzbacher, 2017, S. 39). Sie unterscheiden dabei Theorieverstehen und Fallverstehen.

Theorieverstehen brauchen wir, um unsere Überzeugungen fachlich zu überprüfen und immer wieder zu aktualisieren. Seit ich z. B. weiß, dass Menschen individuell sehr unterschiedliche angeborene Tag-Nacht-Rhythmen haben, die sich willentlich kaum verändern lassen, zeige ich gegenüber den «Nachteulen» unter den Lernenden, die morgens um 7.45 Uhr noch nicht aktiv am Unterricht teilnehmen (können), ein wesentlich größeres Verständnis und gebe ihnen die Möglichkeit, allmählich anzukommen. Fundiertes Hintergrundwissen – beispielsweise zur Entwicklungspsychologie oder zu Gruppenprozessen – hilft uns, Situationen einzuordnen und angemessen darauf reagieren zu können.

Auch die Auseinandersetzung mit wissenschaftlicher Arbeit kann unsere pädagogische Haltung kultivieren. So hat mich die Beschäftigung mit empirischer Forschung während meines Psychologiestudiums Bescheidenheit gelehrt. Ich begriff, dass ich nicht von mir und dem mir bekannten Umfeld auf andere oder gar alle schließen kann – habe ich es doch mit einer unzulässig winzigen und wenig repräsentativen Stichprobe zu tun! Auch verstand ich, dass wir uns der Wirklichkeit mit wissenschaftlichen Methoden annähern, sie aber niemals ganz erfassen können. Meine spontanen Urteile und mein «Weltwissen» erschienen mir nun in einem ganz anderen, deutlich schwächeren Licht, sodass ich mir anzugewöhnen versuchte, Vermutungen auch als solche zu benennen und mich nicht mit *einer* möglichen Erklärung zufrieden zu geben. Auch die in der Wissenschaft notwendige Praxis, Beobachtungen von Interpretationen bzw. Bewertungen zu trennen, ist ein wichtiger Bestandteil einer professionellen pädagogischen Haltung.

«In der Theorie mag das interessant klingen, in der Praxis sieht es aber ganz anders aus!» Solche Aussagen höre ich bei Praxisbesuchen immer wieder. Das Verbindungsglied zwischen Theorie und Praxis ist das, was Kuhl et al. (2017, S. 39) **Fallverstehen** nennen. Da Menschen individuell sehr unterschiedlich «ticken» und keine Situation der anderen gleicht, können wir aus der Theorie keine allgemeingültigen Handlungsanweisungen ableiten. Die Herausforderung besteht folglich darin, die jeweilige Situation mit ihrer Vorgeschichte und den daran beteiligten Menschen mit all ihrer Vielschichtigkeit und ihrer Dynamik möglichst gut zu verstehen und daraus sinnvolle Schlüsse für das pädagogische Handeln zu ziehen. «Professionell Handelnde suchen nach Reflexionswissen, nicht nach Rezeptwissen» (Nentwig-Gesemann et al., 2012, S. 9). Einige aus meiner Erfahrung geeignete Methoden, um Praxissituationen zu reflektieren, stelle ich im folgenden Kapitel vor.

Um pädagogisch professionell handeln zu können, brauchen wir neben dem sogenannten **Verfügungswissen**, d. h. dem Wissen um fachliche Inhalte und Methoden, vor allem **Orientierungswissen**. Dies befähigt uns u. a. dazu, selbstständig zu denken, Sinnzusammenhänge zu ergründen, ein übergeordnetes Ziel im Blick zu haben, zu argumentieren, vernünftigen Argumenten gegenüber zugänglich zu sein und ethische Fragen mitzuberücksichtigen.

3.4 Reflexion von Praxissituationen

Wir entwickeln unsere Haltung besonders nachhaltig weiter, wenn wir unsere gelebte Praxis immer wieder unter die Lupe nehmen, nachdenklich betrachten und zu verstehen versuchen. Nachträgliche Reflexion ist insbesondere bei Situationen sinnvoll,

- die in uns ein ungutes Gefühl hinterlassen haben,
- die immer wiederkehren und unbefriedigend verlaufen,
- die wir gerne verstehen wollen,

- für die wir in der Zukunft gerne (andere) Handlungsoptionen parat hätten,
- die wir als besonders gelingend erlebt haben und aus denen wir lernen, d. h. positives Wissen schöpfen wollen.

Ich stelle im Folgenden unterschiedliche Herangehensweisen und Modelle vor, die hierfür hilfreich sein können. Alle Methoden können allein im stillen Kämmerlein durchgeführt werden oder gemeinsam mit kundigen, wohlwollenden und interessierten anderen. Letzteres hat entscheidende Vorteile: Im Austausch mit anderen Menschen gelangen wir meist zu umfassenderen Erkenntnissen. Die Fragen eines Außenstehenden können uns Aspekte sichtbar machen, an die wir vorher nicht gedacht haben. Wir bleiben außerdem mit einem «Coach» an unserer Seite eher bei der Sache und schweifen weniger ab. Auch verankern wir Reflexionen und deren Ergebnisse stärker im Gedächtnis, wenn wir sie mit anderen geteilt haben. Interaktionsmomente werden leichter erinnert als individuelle Denkmomente. Wenn wir uns von einer anderen Person verstanden fühlen, können wir uns zudem leichter unangenehmen Erkenntnissen stellen.

3.4.1 Der Blick auf die eigene Haltung – ein Haltungscheck

Unsere Haltung zu anderen Menschen enthält, wie in Kapitel 1.8 beschrieben, vier Seiten – den Sachinhalt, die Selbstkundgabe, die Beziehungsbotschaft und den Appell (vgl. Schulz von Thun, 1981).

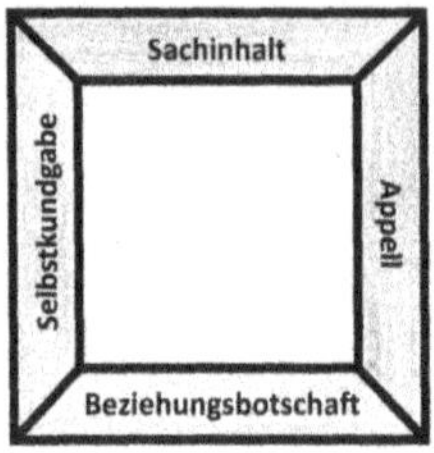

Wenn wir in einer konkreten Situation unsere Haltung unserer beruflichen Zielgruppe gegenüber unter die Lupe nehmen wollen, lohnt es sich, noch weiter zu differenzieren.

Schulz von Thun stellte fest, dass die Beziehungsbotschaft, also die untere Seite im Kommunikationsquadrat, im Grunde zwei verschiedene Botschaften beherbergt – eine Du-Botschaft («So sehe ich dich») und eine Wir-Botschaft («So stehen wir zueinander») (Schulz von Thun, 1981, S. 28; 2018, S. 23 ff.). Für die Selbstreflexion einer pädagogischen Haltung ist diese Unterscheidung relevant und nützlich. Nun haben wir also fünf Aspekte zu bedenken.

Die fünf Finger unserer Hand können uns dabei eine praktische Erinnerungshilfe sein, die wir immer dabeihaben. Jeder Finger steht für einen Aspekt unserer Haltung zu unserem Gegenüber:

- Der **Daumen** steht für uns selbst, die **Selbstkundgabe.**
- Der **Zeigefinger** steht für die unserer Haltung innewohnende **Du-Botschaft.**
- Der **Mittelfinger** steht für **Werte und Überzeugungen**, die uns im Umgang mit der Person oder Gruppe leiten.
- Der **Ringfinger** steht für den **Beziehungsaspekt**, die Wir-Botschaft in unserer Haltung.
- Der **kleine Finger** steht für unsere **Erwartungshaltung.**

Wir schauen uns sprichwörtlich selbst auf die Finger, wie unsere Haltung zu einer bestimmten Person oder Gruppe gerade aussieht. Da unsere Haltung einer anderen Person oder Gruppe gilt und von dieser wahrgenommen wird – ob wir es beabsichtigen oder nicht –, kommen wir ihr am besten mit Fragen auf die Spur, die wir uns aus der Perspektive unseres Gegenübers stellen – der Kinder, Jugendlichen oder betreuten Erwachsenen. Wir beantworten diese dann spontan, frei und unzensiert. Die Antworten dienen allein unserer Selbsterkenntnis.

Haltungscheck: Reflexion der eigenen Haltung zu einer Person oder Gruppe

Ich werde die einzelnen Schritte nun an einem Beispiel veranschaulichen, und Sie sind zugleich eingeladen, an einem eigenen Beispiel einen Haltungscheck durchzuführen.

Überlege dir eine Praxissituation und eine Person oder Gruppe, zu der du deine Haltung einmal genau unter die Lupe nehmen willst. Es kann auch die Situation mit deiner Zielgruppe im Hier und Heute sein. Vergegenwärtige dir die Menschen und die Situation vor deinem inneren Auge und stelle dich darauf ein, nun Fragen zu beantworten, die so formuliert sind, als würden sie von der Person oder den Menschen gestellt, um die es bei dir geht.

Kurz nach dem Abitur meldete ich mich als Ehrenamtlerin für eine vierwöchige Stadtranderholung für Kinder aus «sozial schwachen Familien». Ich betreute zusammen mit einer weiteren pädagogisch «Ungelernten», die ich zuvor nicht kannte, acht Stunden am Tag 12 Sechsjährige. Die einzige Erzieherin im Haus war für vier Gruppen zuständig und schaute hin und wieder vorbei. Im Nachhinein betrachte ich nun meine Haltung den Kindern gegenüber zu Beginn der Ferienfreizeit. Eine typische Szene des ersten Tages:

Einige Kinder verwenden die Vorhänge als Lianen und schwingen juchzend hin und her, während andere nach ihren Eltern weinen und sich von uns beiden Fremden nur schwer beruhigen lassen. Zugleich wollen zwei Kinder in ständigem engem Körperkontakt mit uns sein. Wieder andere rennen streitend um den Tisch und werfen dabei Stühle um, ein weiteres versucht gerade auszubüxen.

Der Daumen – ich selbst:
Andere Menschen oder Gruppen lösen in uns Empfindungen aus, die sich auf unsere Haltung ihnen gegenüber auswirken. Der Daumen steht für das, was uns selbst betrifft – unsere Gefühle, Bedürfnisse, Interessen und Kompetenzen in Bezug auf den Umgang mit einer Person oder Gruppe.

Perspektive der Zielgruppe: Wie ist dir im Umgang mit mir bzw. uns zumute? Was löse ich bzw. lösen wir in dir aus? Fühlst du dich der Arbeit mit mir bzw. uns gewachsen?

«Ich fühle mich völlig überfordert. Eigentlich war ich stolz, eine Kindergruppe betreuen zu dürfen, aber nun merke ich, dass ich gar nicht weiß, wie das geht. Ich habe Sorge, dass ihr euch nicht wohlfühlt. Mir tut es sehr leid, wenn einige von euch ihre Eltern vermissen und viel weinen. Mir ist es allerdings etwas unangenehm, wenn ihr intensiv Körperkontakt zu mir sucht und dabei auch noch streng riecht. Wir kennen uns doch noch gar nicht. Ich fühle mich euch vor allem dann nicht gewachsen, wenn ihr gewalttätig werdet, was leider immer wieder vorkommt. Das macht mir Sorge. Hoffentlich passiert nichts Schlimmes, und ihr lasst euch gegenseitig einigermaßen heil. Ich habe ein schlechtes Gewissen, weil wir euch offensichtlich nicht gerecht werden. Wir brauchen dringend Unterstützung.»

Der Zeigefinger – mein Bild vom anderen:
Wir können gar nicht anders, als uns ein Bild von einem anderen Menschen zu machen, wenn wir mit ihm zu tun haben. In unserem Kopf entstehen blitzschnell Assoziationen, Bewertungen und Kategorisierungen. Wir ordnen den anderen ein und betreiben eine intuitive Form von Diagnostik, die sich auf die Gegenwart («So eine / r bist du»), aber auch auf zukünftige Möglichkeiten bezieht («Das traue ich dir [nicht] zu»). Der Zeigefinger steht für diese Du-Botschaften.

Perspektive der Zielgruppe: Wie siehst und erlebst du mich bzw. uns?
Welche Entwicklung traust du mir bzw. uns zu?

«Ihr seid extrem anstrengende Kinder. Einige von euch sind ziemlich aggressiv und hauen, beißen, spucken und treten. Ihr hört auch oft nicht auf, wenn wir etwas sagen oder einschreiten. Einige von euch sind sehr ungepflegt. Ich habe den Eindruck, ihr seid überhaupt nicht erzogen und kennt keine Regeln oder Grenzen. Ihr werdet alle nach den Ferien eingeschult – ich frage mich, wie das klappen soll ...»

Der Mittelfinger – meine Werte und Überzeugungen:
Im beruflichen Alltag richten wir unser Handeln an Werten und Überzeugungen aus. Der Mittelfinger zeigt symbolisch betrachtet an, wofür wir momentan (moralisch) stehen.

Perspektive der Zielgruppe: Was ist dir im Umgang mit mir bzw. uns wichtig? Welche Werte und Überzeugungen leiten dich? Wie stark und konsequent orientierst du dich an diesen Werten oder Überzeugungen? Woran machst du das fest?

«Hm, schwer zu sagen. Mir ist es wichtig, euch Gutes zu tun. Ich dachte eigentlich, wenn wir nett sind und gute Laune verbreiten, dann macht ihr mit und habt Spaß. Ich möchte, dass ihr die Stadtranderholung genießen könnt. Es sind schließlich eure Ferien. Außerdem könnt ihr ja nichts dafür, dass ihr unter erschwerten Bedingungen aufwachsen müsst.

Der Ringfinger – unsere Beziehung:
Gelingende pädagogische Arbeit lebt von der Art und Weise der Beziehungsgestaltung. Der Ringfinger steht für unsere momentane Beziehung zu der Person oder Gruppe, unsere Vorstellung, die wir von einer pädagogischen Beziehung haben, und für unsere Bereitschaft, in sie zu investieren.

Perspektive der Zielgruppe: Wie stehst du zu mir bzw. uns? Wie siehst du unsere momentane Beziehung? Wie wichtig ist sie dir?

«Noch habe ich keine wirkliche Beziehung zu euch, ich kenne euch kaum. Ich würde zu euch gerne eine liebevollere Beziehung aufbauen und denke, wir brauchen das alle, um besser miteinander klarzukommen. Allerdings finde ich das in der jetzigen Situation schwierig.»

Der kleine Finger – meine Erwartungen:
Erwartungshaltungen prägen unser pädagogisches Handeln. Implizit oder explizit laden wir andere Menschen ein, auf eine Weise zu denken, zu sprechen oder zu handeln, die unseren Erwartungen entspricht. Für diesen Appell steht der kleine Finger.

Perspektive der Zielgruppe: Welche Erwartungen hast du an mich bzw. uns?
Woran orientieren sich deine Erwartungen – z. B. an deiner pädagogischen Aufgabe, an deinen eigenen Bedürfnissen und Interessen, an Konventionen oder an den Erwartungen Dritter?

Auf welche Weise kommunizierst du deine Erwartungen? Welche Erwartungen gibt es, die du nicht explizit äußerst?

«Ich erwarte von euch, dass ihr euch auf unsere Angebote einlasst und mitmacht, ohne grenzverletzend zu werden. Ihr sollt euch an die Regeln halten.»

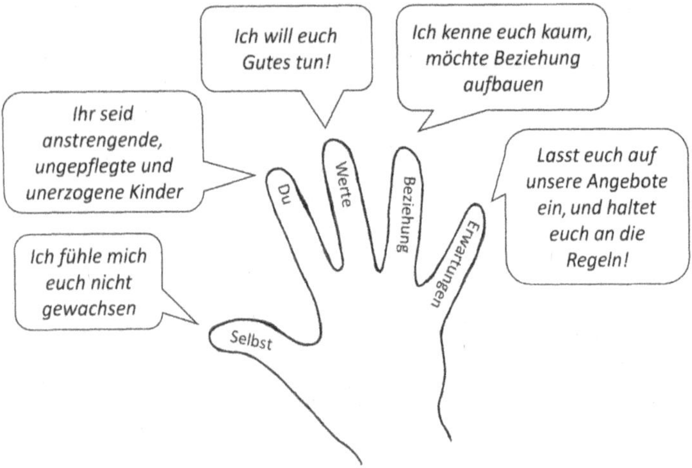

Haltungscheck Stadtranderholung

Wenn wir uns selbst mit dieser Reflexionsmethode auf die Finger schauen, bringen wir gnadenlos eine Haltung ans Licht, die häufig professionellen Ansprüchen nicht genügt. Was aber macht hier Professionalität aus?

Aufrichtiges Hinschauen

Eine angehende Erzieherin sagte, während sie diesen Haltungscheck im Rahmen der Praktikumsreflexion durchführte: «Das ist eine fiese Methode. Entweder ich bin nicht ehrlich, oder ich entlarve mich!» Wenn wir uns selbst bei einer Haltung oder einem Verhalten ertappen, das als moralisch verwerflich gilt oder unseren eigenen Grundsätzen widerspricht, erzeugt dies Schamgefühle. Wir neigen dann möglicherweise dazu, nicht genau hinzuschauen und uns selbst lieber so wahrzunehmen, wie es (sozial) erwünscht ist. Das Vertuschen hindert uns allerdings daran, uns zu entwickeln. Der erste Schritt einer professionellen Selbstreflexion besteht darin, mit uns selbst ehrlich zu sein und unsere intuitiven Gedanken und Gefühle aufrichtig wahrzunehmen und anzuschauen, möglichst ohne sie zu verdrängen, sie anderen in die Schuhe zu schieben oder sie zu verteufeln. Das ist keineswegs einfach.

Stimmigkeit der fünf Aspekte

Wie die fünf Finger einer Hand sind die fünf Aspekte einer Haltung miteinander verbunden und führen idealerweise im koordinierten Zusammenspiel dazu, dass wir – bildlich gesprochen – sensibel tasten, feinsinnig bearbeiten und bei Bedarf auch beherzt zupacken können. Nicht immer allerdings funktioniert dieses Zusammenspiel reibungslos. Wenn jeder Finger etwas anderes tut, sind wir nicht handlungsfähig. Mal passt z. B. unser Blick auf den anderen nicht zu unseren Werten, mal haben wir Erwartungen, deren Erfüllung wir unserem Gegenüber gar nicht zutrauen. Solche Widersprüche lohnt es zu erkunden und zu betrachten.

Betrachte die fünf Aspekte deiner Haltung zu einer Person bzw. Gruppe. Wie schätzt du ihr Zusammenspiel ein? Gibt es Widersprüche oder Unstimmigkeiten?

Mein Blick auf die Gruppe (Zeigefinger) war sehr von Problemen und Defiziten geprägt. Mit meinem Anliegen, den Kindern eine schöne Ferienzeit zu gestalten, ihnen Gutes zu tun (Mittelfinger), und meinen Erwartungen an sie (kleiner Finger) war dieser wenig kompatibel. Meine Überzeugung, dass gute Laune und Freundlichkeit allein schon ansteckend wirken (Mittelfinger), passte nicht zu meinem Befinden (Daumen). Auch fühlte ich mich selbst kaum in der Lage, für eine gelingende und freudvolle Stadtranderholung Sorge zu tragen.

Wirksamkeit

Unsere Haltung ist dann nützlich und Orientierung stiftend, wenn sie das erfüllt, was sie gemäß unserem Auftrag erfüllen soll. Fühlen sich z. B. die Kinder oder Jugendlichen mit dieser unserer Haltung von uns eingeladen, ermutigt und inspiriert, sich zu entwickeln und zu bilden? Können sie sich sicher und geschützt fühlen und Vertrauen fassen?

Was bewirkt deine momentane Haltung bei der Person bzw. Gruppe und bei dir selbst? Ist es die Wirkung, die du bezweckst bzw. dir erhoffst?

Ich befürchte, ich konnte in den ersten Tagen mit meiner Haltung wenig dazu beitragen, dass sich die Kinder sicher und angenommen fühlen konnten – im Gegenteil. Ich vermittelte ihnen eher den Eindruck von Unsicherheit, Ambivalenz und Führungsschwäche. Mein Bild von ihnen war negativ und wenig ermutigend. Ihr zum Teil ängstliches oder grenzüberschreitendes Verhalten machte dies deutlich.

Entwicklungsbereitschaft
Wir können uns die Einsicht, dass unsere Haltung möglicherweise noch nicht stimmig oder wirkungsvoll ist, zunutze machen und als Weckruf verstehen, um je nach Bedarf an den fünf Aspekten zu feilen, d. h. unser eigenes Befinden und unsere Kompetenzen, das Bild vom anderen, die Umsetzung unserer Werte, die pädagogische Beziehung oder unsere Erwartungen in den Blick zu nehmen und weiterzuentwickeln.

Wie gut kannst du dich bei Bedarf schützen, Unterstützung suchen, diese annehmen und für dich sorgen?
Bist du bereit, deinen Blick auf die Zielgruppe zu verändern und dich von ihren Fähigkeiten oder ihrer Lern- oder Kooperationsbereitschaft überraschen zu lassen? Gibst du ihr jeden Tag eine neue Chance, sich zu zeigen und zu entwickeln?
Bieten dir deine Werte und Überzeugungen Orientierung im Umgang mit der Zielgruppe? Kannst du sie leben? Bist du bereit, sie immer wieder zu überprüfen und gegebenenfalls zu verändern?
Bist du bereit, dich auf die Zielgruppe einzulassen? Meinst du es gut mit ihr? Kann sie dir vertrauen? Wie gestaltest du den Umgang mit Nähe und Distanz? Wie gehst du mit möglichen Abhängigkeiten und Machtunterschieden um?
Welchen Sinn haben deine Erwartungen? Tauschst du dich mit der Zielgruppe über deine und auch ihre Erwartungen aus? Bist du bereit, deine eigenen Erwartungen immer wieder zu überdenken und gegebenenfalls anzupassen?

Ratlos tauschten meine Kollegin und ich uns aus. Wir entschlossen uns, die Erzieherin um ihren fachlichen Rat zu bitten. Diesen erhiel-

ten wir zwar nicht wie erhofft, fanden aber Gehör und Verständnis für unsere «Not». Auch sie sei mit der Gesamtsituation überfordert, sagte uns die Erzieherin. Wir beschlossen zusammenzuhalten und nicht so schnell aufzugeben. Meine Haltung den Kindern gegenüber veränderte sich, und ich konnte immer mehr ihre kindlichen Bedürfnisse und Absichten erkennen, auf sie eingehen und mit ihnen gemeinsam freudvolle Stunden genießen. Ich gewann nach und nach eine größere Sicherheit, und es entstand zunehmend eine emotionale Verbindung, die viele anfänglich beklagten Defizite weit in den Hintergrund treten ließ.

Die Reflexionsfragen in diesem Haltungscheck präzise zu beantworten ist nicht immer leicht. Möglicherweise vermischen sich unterschiedliche Gefühle, Bedürfnisse, Interessen und Vorstellungen wie die Farben in einem Aquarell. Ein solcher Zustand lädt dazu ein, mit dem Modell des Inneren Teams einen genaueren Blick auf unser buntes Innenleben zu richten.

3.4.2 Der Blick auf die innere Vielfalt – die Arbeit mit dem Inneren Team

Eine Selbstreflexion mit dem Inneren Team (Schulz von Thun, 1998) bietet sich an, wenn es darum geht, den eigenen Anteil an einer Situation zu betrachten bzw. innere Verwirrung oder Uneindeutigkeit zu beleuchten. Auch wenn wir uns nicht darüber im Klaren sind, wie wir uns in einer Situation positionieren wollen, wenn wir einen inneren Zwiespalt wahrnehmen oder starke Emotionen im Spiel sind, kann es helfen, die inneren Stimmen bzw. Teammitglieder, die sich dazu melden, einzeln zu erheben und zu hören. Dies kann auch im Rückblick geschehen. Der Gewinn dieser Methode besteht darin, sehr viel klarer seine inneren «Pappenheimer» kennenzulernen und sich so für die Zukunft besser aufstellen zu können.

Der Förderschullehrer Kuno Winter berichtet von folgender Situation am Vormittag: Der 14-jährige Max sitzt im Unterricht und soll an seinem Arbeitsheft arbeiten. Max erklärt, dass er wieder einmal sein Arbeitsheft in der Wohngruppe verloren habe. Er bekommt daraufhin ein neues Blatt zum Schreiben. Max steht auf und schaut aus dem Fenster. Daraufhin wird er von Kuno Winter aufgefordert, sich wieder hinzusetzen und an seiner Aufgabe zu arbeiten. Max setzt sich nicht. Er geht zu einem Mitschüler und schmeißt dessen Federtasche auf den Boden. Dieser reagiert wütend und beschimpft ihn. Max lacht laut auf. Kuno Winter fordert ihn auf, die Federtasche wieder aufzuheben. Max schreit seinen Lehrer an, rennt aus dem Klassenzimmer und knallt die Tür hinter sich zu. Kurze Zeit später reißt Max die Tür wieder auf, ruft laut «Du Wichser!» in die Klasse und knallt die Tür erneut hinter sich zu.

Max lebt seit zwei Jahren in einer stationären heilpädagogischen Einrichtung. Seine Mutter ist vor drei Jahren verstorben, sein Vater alkoholkrank. Max wurde aus der Familie herausgenommen, nachdem die Situation dort mehrfach eskaliert war. Er zog daraufhin zu seiner Oma. Jedoch war diese mit ihrem Enkel dermaßen überfordert, dass sie ihn in eine stationäre Einrichtung gab. Nach wie vor kümmert sich sein Vater sehr wenig um ihn. Vergangenes Wochenende hat er z. B. darauf gewartet, wie verabredet von seinem Vater abgeholt zu werden. Dieser ist jedoch – ohne sich zu melden – nicht gekommen. Situationen wie diese am Vormittag gab es in der Schule bereits häufig.

Kuno Winter fühlt sich nach der beschriebenen Situation mal wieder erschöpft, ratlos und innerlich zwiegespalten.

1. Schritt – Fragestellung

Zunächst brauchst du eine Fragestellung, zu der du dein Inneres Team erheben willst. Unsere innere Besetzung wechselt von Situation zu Situation und von Anlass zu Anlass. Du solltest also konkret formulieren, zu welcher Fragestellung du gerne mehr Klarheit hättest. Das ist nicht immer einfach. Zuweilen schwirrt uns vor allem Diffuses im Kopf herum. Eine konkrete Fragestellung herauszuarbeiten, kann dann schon der erste Schritt zur Erhellung der Situation sein.

Kuno Winter formuliert folgende Frage: Wie kann ich mit dem Verhalten von Max einen konstruktiven Umgang finden?

2. Schritt – Erhebung des Inneren Teams

Zeichne einen Kopf mit einem großen Leib auf ein Blatt Papier oder ein Flipchart, um dein Inneres Team zu der Fragestellung zu visualisieren. Vergegenwärtige dir noch einmal die Situation, um die es geht. Erfasse nun eine innere Stimme nach der anderen, die sich zu deiner Fragestellung meldet. Innere Teammitglieder können sich in Form von Gefühlen, Impulsen, Anliegen, Ideen, Wünschen oder Gedanken äußern. Wenn du an deine Fragestellung denkst:

- Wer meldet sich dazu in dir? Was hat diese Stimme zu sagen?
- Welches Gefühl zeigt sich in dir? Wer in dir hat dieses Gefühl?
- Welches Anliegen hast du dazu? Wer in dir hat dieses Anliegen?

- Welche Lösung hättest du gerne? Wer in dir möchte diese Lösung?
- Welche anderen Stimmen gibt es dazu noch in dir?

Zeichne dann jedes innere Teammitglied in den großen Leib, gib ihm einen passenden Namen und schreibe ihm eine typische Botschaft in eine Sprechblase. Vielleicht findest du es manchmal schwierig, einen passenden Namen zu finden. Dann notiere erst einmal einen vorläufigen Namen oder eine kurze Beschreibung. Scheue dich nicht, auch Wortspiele, Fantasienamen oder Metaphern zu wählen. In jedem Inneren Team kommen sehr eigene Gestalten vor. Es ist eher unwahrscheinlich, dass es bei dir genau die sind, die du hier in den Beispielen findest. Nur du entscheidest, welcher Name passend ist. Er kann später immer noch verändert werden.

In Kuno Winter zeigt sich zunächst die genervte Stimme des «Lehrers»: «Schon wieder hindert mich Max am Unterrichten und macht die ganze Klasse wuschig!» Auch ein «gekränkter Menschenfreund» oder «Humanist» meldet sich zu Wort: «Ach, Mann! Ich habe schon so viel Zeit investiert, um auf Max und seine besondere Situation einzugehen. Immer wieder habe ich ihn positiv bestärkt. Und nun scheint das alles wieder für die Katz gewesen zu sein!» Der «Hilflose» in ihm weiß nicht weiter: «Ich habe alles versucht. Was soll ich denn jetzt noch machen?» Nach einer Weile meldet sich ein weiser «Pädagoge»: «Ruhig bleiben! Bloß keine Eskalationen befeuern! Er kann nicht anders! Das hat nichts mit mir zu tun!» Ein «Empathischer» ergänzt: «Er macht es sich selbst schwer. Es ist ja auch schlimm, wie wenig Halt er hat und was er aushalten muss.»

Inneres Team des Lehrers

3. Schritt – Darstellung der inneren Teamdynamik

Wenn du alle inneren Stimmen zu der Fragestellung erhoben hast, mache dir ein Bild von der momentanen inneren Dynamik. Betrachte die einzelnen inneren Anteile und fragen dich, wer in deinem Inneren Team im Hintergrund bleibt und nur von dir gespürt wird und wer vorne an der Kontaktlinie steht und auch von anderen wahrgenommen werden kann. Wer ist laut und wer leiser? Wer liegt mit wem in Konflikt, welche Koalitionen werden deutlich? Wer wird weggedrängt oder verbannt? Vielleicht können mehrere Stimmen, die das Gleiche im Sinn haben, zu einer verbunden werden, oder vielleicht werden auch aus einer zwei, wenn verschiedene Anliegen in ihr stecken. Nun kann es sinnvoll sein, ein weiteres Bild zu malen, um die innere Dynamik nicht mehr nur unsystematisch, sondern auch in ihrer Dynamik bildlich darzustellen.

Kuno Winter schaut sich sein Inneres Team an und ist zufrieden: Die Abbildung spiegelt recht gut seine momentane innere Befindlichkeit wider. Der Lehrer, der gekränkte Menschenfreund und der Hilflose bestimmen seine emotionale Lage. Der Pädagoge und der Empathische sorgen allerdings dafür, dass er seine Verzweiflung wenig nach außen trägt und die Fassung behält.

4. Schritt – innere Mannschaftsaufstellung

Nun geht es darum, wie die anfängliche Fragestellung beantwortet werden kann bzw. wie dein Inneres Team dafür am besten aufgestellt sein sollte. Zunächst ist es wichtig, als Oberhaupt die Führung zu übernehmen. Häufig haben innere Anteile das Ruder an sich gerissen und müssen erst mal in ihre Schranken verwiesen werden. Betrachte dein bisheriges Inneres Team. Wie ein guter Coach kannst du dich fragen: Wenn ich an meine Fragestellung denke, was bewirkt meine jetzige innere Aufstellung? Was sollte anders sein?

Wen in meinem Inneren Team brauche ich an der Kontaktlinie? Wer sollte gegebenenfalls zum Ausgleich da sein? Wen brauche ich für alle Fälle im Hintergrund? Wer sollte sich hier nicht nach außen zeigen? Wer ist verletzt und braucht Versorgung? Wen brauche ich noch? Muss ich einen Anteil erst mal aufpäppeln oder gar neu einstellen?

Wenn du nun eine Mannschaftsaufstellung gefunden hast, male sie auf.

Kuno Winter empfindet vor allem den Hilflosen in sich als unangenehm und seinem pädagogischen Auftrag wenig dienlich. Auf die Frage, welche Qualität denn in dem Hilflosen steckt, entgegnet er: «Er behauptet zumindest nicht, alles zu wissen und zu können.» Er benennt ihn um in den «Lernenden», da er Max und sein Verhalten verstehen will. Allein mit dem neuen Namen fühlt sich Kuno Winter schon wohler. Nun überlegt er, mit welcher inneren Aufstellung er Max begegnen möchte, um möglichst konstruktiv mit solchen Situationen umzugehen. Er braucht an der Kontaktlinie den Pädagogen, der besonnen die Situation betrachten kann. Daneben den Lehrer, der für einen möglichst ungestörten Unterricht sorgt. Auch der Empathische sollte präsent sein, um mit Max in Kontakt gehen und rechtzeitig seine Bedürfnisse erkennen zu können. Den Lernenden möchte Kuno Winter dabeihaben, um weiterhin nach kreativen und möglichst nachhaltigen Lösungen zu suchen. Der gekränkte Menschenfreund in ihm hat offenbar Bedürfnisse und Erwartungen, die Max nicht erfüllen kann. Dieser braucht zunächst den Schutz des Oberhauptes und Perspektiven, wie er seine Bedürfnisse z. B. nach Anerkennung und harmonischer Beziehung anders erfüllen kann.

Innere Mannschaftsaufstellung des Lehrers

Es hilft allein, sich immer wieder die inneren Teammitglieder zu vergegenwärtigen, die nun deine Arbeit gestalten sollen – vor einer herausfordernden Situation und, wenn möglich, auch mittendrin. Stelle dir vor, wie ein Teammitglied, das du präsenter haben willst, sich anfühlt, auch körperlich (vgl. Kapitel 3.5).

3.4.3 Der Blick auf den anderen – der Perspektivwechsel

Auch unser Gegenüber ist mit sich selbst nicht immer «ein Herz und eine Seele» und hat vermutlich unterschiedliche, gegebenenfalls widersprüchliche innere Teammitglieder. Wenn uns ein Mensch aggressiv, feindselig oder verschlossen begegnet, ist dies in der gegebenen Situation vermutlich nicht sein gesamtes Inneres Team, das wir zu spüren bekommen, sondern vielleicht nur eines von mehreren inneren Teammitgliedern, welches sich in der Situation die innere Bühne erobert hat.

Selbst wenn es nicht möglich ist, eine Situation mit den Beteiligten gemeinsam zu reflektieren, ist es unverzichtbar, in der Reflexion auch deren Gefühle, Bedürfnisse und Gedanken mitzuberücksichtigen, um ihnen möglichst gerecht zu werden. Wir können zwar niemals wissen, was in anderen vorgeht – doch wir können es uns mit einer wohlwollenden, forschenden Haltung annähernd erschließen. Gegebenenfalls können wir hypothetisch ein Inneres Team der anderen Person erheben. Dabei können uns Empathie und Fachexpertise helfen. Constanze Bossemeyer (2021) beschreibt im Kontext von Adoptiv- und Pflegekindern typische innere Teammitglieder von Kindern, die Traumatisierungen erfahren haben. Einige von ihnen können wir auch bei Max vermuten:

*Offenbar gibt es im Inneren Team von Max aufgrund seiner Erfahrungen von Vernachlässigung und massiver Ablehnung ein **«verletztes Kind»**. Bei traumatischen Erfahrungen ist das Erlebte nicht auszuhalten und wird daher – als notwendige Schutzmaßnahme – innerlich verdrängt. Das verletzte Kind ist daher verbannt und tritt nicht direkt in Erscheinung – es sei denn, es gibt von außen Auslöser dafür, dass es kurzzeitig wieder aktiviert (getriggert) wird. Es hat allerdings einen wesentlichen Einfluss auf die weitere innere Teambesetzung, denn es braucht eine starke innere Schutzmannschaft, die es bewacht und die im Kontakt nach außen verhindert, dass es zu weiteren Verletzungen kommt. In Max' Innerem Team können wir daher folgende weitere Teammitglieder vermuten:*

*Da ist zum einen ein **«Überlebenskämpfer»**. Er aktiviert ein Notprogramm, wenn es für Max gefährlich wird, d. h. wenn frühere traumatische Erfahrungen berührt werden. Er ist dafür verantwortlich, dass Max immer wieder «ausrastet», die Fassung verliert und dann äußerst aggressiv agiert. Dies passiert erfahrungsgemäß immer dann, wenn sich Kuno Winter auf einen Machtkampf mit ihm einlässt und Max sich in die Ecke gedrängt fühlt.*

*Max hat auch einen **«Autonomen»** in sich, der gelernt hat, niemandem zu trauen außer sich selbst. Er will auf keinen Fall auf andere angewiesen sein oder möglicherweise in Abhängigkeiten geraten. Daher lässt er sich auf Beziehungsangebote nur sehr zögerlich ein.*

*Der **«Tester»** in ihm stellt Beziehungen immer wieder auf die Probe. Da er erlebt hat, von anderen nicht ausgehalten zu werden, prüft er Menschen, die ihm wichtig werden, ob sie ihn wirklich bedingungslos wertschätzen. Immer wieder macht er dabei die Erfahrung: «Siehst du, der hält mich auch nicht aus, lehnt mich ab und lässt mich fallen!»*

*Ein **«Bestimmer»** in seinem Inneren Team legt es darauf an, das*

Geschehen um ihn herum zu kontrollieren, um ihm auf keinen Fall wieder hilflos ausgeliefert zu sein.

Es gibt allerdings auch zahlreiche Momente, in denen Max sich große Mühe gibt, es seinem Umfeld recht zu machen. Dann ist er äußerst hilfsbereit, kooperativ und freut sich sehr, wenn er positive Rückmeldung erfährt. Dies ist der ***«Angepasste»*** *in ihm.*

Ein ***«Selbstentwerter»*** *in ihm traut sich wenig zu. Vor allem neue Situationen und Herausforderungen ängstigen ihn, weshalb er sie häufig vorauseilend ablehnt. Dadurch versäumt er immer wieder Gelegenheiten, zu lernen und sich zu entwickeln.*

Kuno Winter vermutet schließlich noch ein weiteres Teammitglied in Max: den ***«Showmaster».*** *Denn er hat ein großes Bedürfnis, gesehen und gehört zu werden. Dafür inszeniert er immer wieder eine «Show», um von seinem Publikum Anerkennung zu ernten. Der Showmaster zeigt sich im Positiven, wie z. B. beim Zirkusprojekt im letzten Sommer, wie im Negativen, wenn er, wie jetzt, das Unterrichtsgeschehen umlenkt.*

Mögliches Inneres Team von Max (vgl. Bossemeyer, 2021, S. 32)

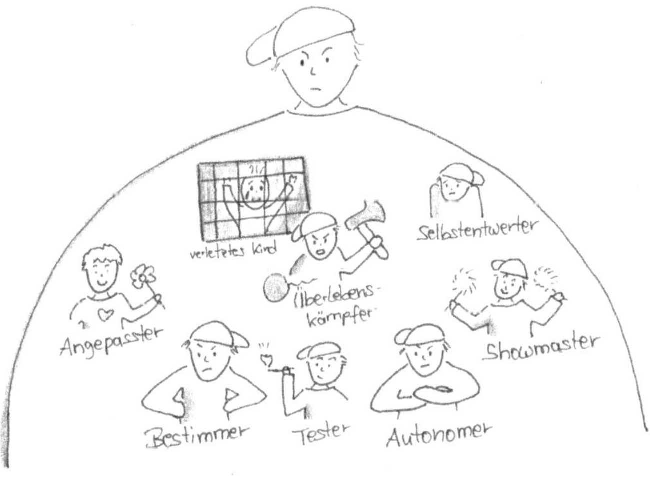

Wollte er prüfen, ob sein Lehrer ihn auch dann schätzt, wenn er sich «danebenbenimmt» (der Tester)? Hatte er Freude daran, die Aufmerksamkeit auf sich zu ziehen und in der Situation Macht über den Lehrer auszuüben (der Showmaster und der Bestimmer)? Fühlte er sich von der Aufgabe überfordert (der Selbstentwerter) oder fremdbestimmt (der Autonome)? War es eine Mischung aus allem? Hat ihn etwas «geritten», was er sich selbst nicht erklären kann? Hatte er die Kontrolle über sich und eine gefühlte Entscheidungsfreiheit – oder war der Überlebenskämpfer am Werk? Kuno Winter wird es nur erfahren, wenn er später mit Max darüber spricht und Max sich ihm entsprechend öffnen kann.

Für den Perspektivwechsel können folgende Fragen hilfreich sein. Da wir nur Vermutungen anstellen können, ist bei allen Antworten ein «möglicherweise» einzufügen:

- Welchen Sinn ergibt das Verhalten für die Person?
- Welche Lernerfahrungen liegen dem Verhalten zugrunde?
- Mit welchen Entwicklungsaufgaben ist die Person im Moment befasst?
- Über welche Möglichkeiten verfügt die Person im Moment, die Situation zu lösen?
- Welche persönlichen Einschränkungen begünstigen die Situation?
- Welche Grundbedürfnisse sind nicht erfüllt?
- Welche innere Vielfalt tritt zutage?
- Was braucht die andere Person, um sich gut entwickeln zu können?
- Was braucht sie, um mit mir kooperieren zu können?

3.4.4 *Der systemische Blick – Teufelskreise und Auswege*

«Wenn der andere (das Kind, die Kollegin, der Chef, die Mutter ...) doch nur anders wäre, dann hätte ich das Problem nicht!» Wir Menschen neigen dazu, die Verantwortung für zwischenmenschliche Missstände bei dem anderen zu suchen. Wenn Situationen zwischen Menschen unbefriedigend verlaufen, liegt das allerdings häufig weder eindeutig an dem einen noch eindeutig an dem anderen – auch wenn es uns zuweilen so erscheinen mag.

Wenn wir mit einem systemischen Blick auf die Situation schauen, betrachten wir die Dynamik, die sich zwischen Menschen abspielt und suchen hier nach Erklärungen für Missliches. Wir schauen dann nicht darauf, wer für die ungute Situation verantwortlich, d. h. schuldig ist oder angefangen hat, sondern darauf, was an dem Miteinander nicht gut läuft. Dies entspricht nicht unserem gewohnten kausalen Denken («wenn ..., dann ...»). Hier denken wir zirkulär, d. h., wir betrachten das System mit seinen Wechselwirkungen.

Um die Dynamik zwischen Menschen beleuchten zu können, eignet sich das **Teufelskreismodell** (Schulz von Thun, 1989). Allzu häufig geraten Beziehungsdynamiken in sich negativ verstärkende Kreisläufe. Nach Bossemeyer (2021, S. 138) besteht u. a. dann Teufelskreisverdacht, wenn ...

- ein Konflikt immer schlimmer wird,
- er sich schon an Kleinigkeiten entzündet,
- sich die Art, wie der Konflikt ausgetragen wird, wiederholt,
- sich mindestens eine Partei als Opfer fühlt
- mindestens eine Partei glaubt, der andere handele mit Absicht.

Das Grundgerüst des Modells beschreibt folgendes Schema: Das Verhalten von Person A («Äußerung» von A) löst Gefühle bei Person B aus («Innerung» von B). Diese wiederum führen zu einem entsprechenden Verhalten von Person B («Äußerung» von B). Hierauf reagiert Person A wiederum mit Gefühlen («Innerung» von A), die das gezeigte Verhalten («Äußerung» von A) verstärken. Auch Teufelskreise werden visualisiert, um sie mit etwas Abstand betrachten zu können. Dabei werden die jeweiligen Äußerungen viereckig und die Innerungen rund umrahmt.

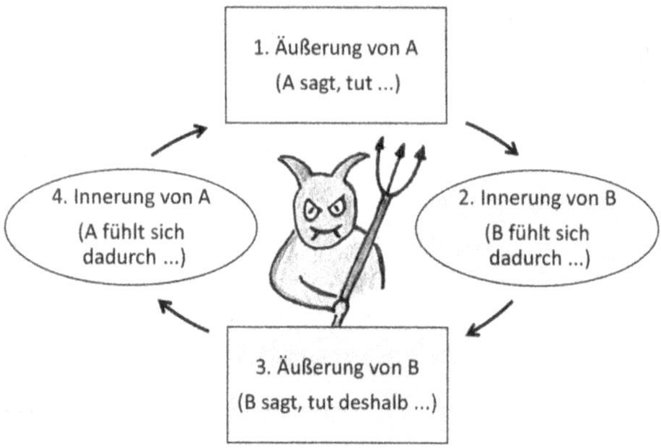

Teufelskreismodell nach Friedemann Schulz von Thun (1989)

Wir erkennen im Teufelskreis, dass keiner allein die Verantwortung an der unguten Situation trägt – auch wenn jeder Beteiligte der festen Überzeugung ist, er reagiere nur auf die «Zumutungen» des anderen. Nicht ein Einzelner ist gestört, sondern die Dynamik zwischen beiden (Schulz von Thun, 1989, S. 28). Teufelskreise können durch persönliche «wunde Punkte» («Hilfsmotoren») noch zusätzlich angeheizt werden.

Kuno Winter erlebt vergleichbare Situationen mit Max immer wieder. Sobald er etwas von ihm fordert, ihn ermahnt, sich über ihn ärgert oder mit ihm streng wird, drohen Eskalationen, d. h., Max schreit, beschimpft ihn, zerstört etwas oder flüchtet.

Betrachten wir die Dynamik zwischen Max und seinem Lehrer:

Wenn Max den Unterricht stört,

→ fühlt sich Kuno Winter nicht respektiert, ist genervt und ärgerlich.

→ Daraufhin weist er Max zurecht.

→ Wenn er vom Lehrer zurechtgewiesen wird, fühlt Max sich angegriffen und abgelehnt

→ und reagiert umso heftiger mit grenzverletzendem Verhalten.

Max reagiert besonders empfindlich auf Kritik und Zurechtweisung. Er hat in seinem Leben häufig die Erfahrung gemacht, abgelehnt worden zu sein (verletztes Kind), und hört diesbezüglich «die Flöhe husten». Da sich dies bei ihm bereits als inneres Arbeitsmodell abgespeichert hat, erlebt er immer wieder

Teufelskreis mit Hilfsmotor zwischen Max und seinem Lehrer

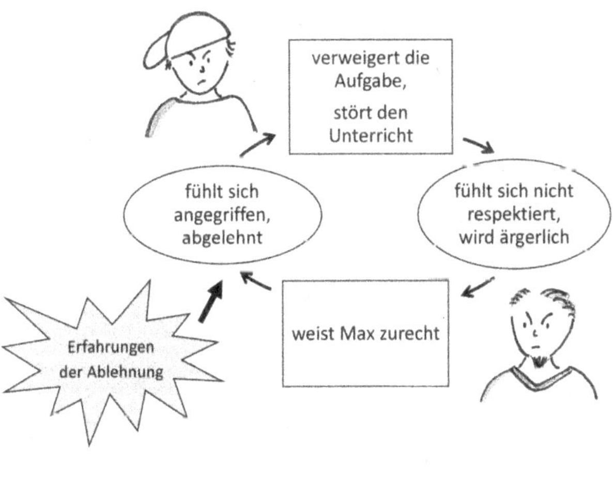

Anlässe, die diese Erfahrung bestätigen – wie in diesem Fall. Dieser «wunde Punkt» von Max dient hier als Hilfsmotor, der den Teufelskreis zusätzlich anheizt.

Wege aus dem Teufelskreis

Teufelskreise enden nur, wenn sie durchbrochen werden. Wenn es sich um Teufelskreise zwischen Menschen in einem Abhängigkeitsverhältnis handelt, z. B. Erwachsener-Kind, Lehrkraft-Schülerin, Betreuerin-Betreuter, liegt es an dem «Ranghöheren», die Initiative zu ergreifen, den Teufelskreis zu durchbrechen. Dies ist auch ohne die Mitwirkung des anderen erfolgversprechend. An allen vier Stationen können wir ansetzen (vgl. Schulz von Thun, 2007, S. 81–95). Wenn der Lehrer von Max den Teufelskreis durchbrechen wollte, könnte er:

1. **Das Verhalten des anderen neu interpretieren.** Z. B. könnte er prüfen, welche Stärken in Max' Verhalten sichtbar werden oder welchen subjektiven Sinn sein Verhalten für ihn ergibt.
2. **Die Verantwortung für die eigenen Gefühle übernehmen.** Vielleicht sind in ihm auch andere Teammitglieder zu finden als das eine, welches immer wieder prompt emotional «anspringt». Vielleicht verändern sich die eigenen Gefühle allein schon durch ein Innehalten und Betrachten der eigenen inneren Vielfalt.
3. **Neues Verhalten ausprobieren.** Der Lehrer könnte mal bewusst anders reagieren als gewohnt – z. B. das störende Verhalten ignorieren oder die Situation mit Humor lösen.
4. **Sich für die Innerungen des anderen interessieren.** Kuno Winter könnte sich anstatt auf das gezeigte Verhalten auf die Gefühle von Max konzentrieren. Wenn er

versucht, in dessen Haut zu schlüpfen, kann er womöglich nachvollziehen, warum Max auf geringe Reize so aufgeheizt reagiert. Erfolgversprechend ist es hier, dem Gegenüber möglichst gute Absichten zu unterstellen.

3.4.5 Den Blick weiten – vielfältige Hypothesen

Wenn wir untersuchen wollen, wie eine Situation entstanden ist, können wir uns einer wissenschaftlichen Vorgehensweise bedienen und möglichst vielfältige Hypothesen bilden. Es gibt selten nur eine Ursache. Häufig kommen verschiedene Faktoren zusammen, warum es zu einer misslichen Situation kommt. Im eher unreflektierten «Alltagsdenken» neigen wir möglicherweise dazu, uns mit einer spontanen Ursachenzuschreibung (Attribution) schnell zufriedenzugeben und gar nicht weiter nachzuforschen. Wenn wir dann entsprechend reagieren, können wir durch Fehleinschätzungen Chancen verspielen und sogar Schaden anrichten.

Um die Situation umfassend zu betrachten, können wir Hypothesen entwickeln, die sich

1. auf unseren eigenen Anteil beziehen,

z. B. Max erfährt von mir zu wenig Orientierung und Sicherheit. Er erlebt und respektiert mich nicht als Führungskraft.

2. auf unser Gegenüber bzw. andere Beteiligte,

z. B. aufgrund seiner belastenden familiären Situation resigniert Max momentan. Er hat nichts mehr zu verlieren – weil es für ihn ja nichts zu gewinnen gibt.

3. auf die Dynamik zwischen den Beteiligten,

z. B. Max sucht die Aufmerksamkeit der anderen Kinder, um Anerkennung zu erfahren. Damit stößt er allerdings auf Ablehnung, was ihn dazu bringt, noch mehr Aufmerksamkeit zu suchen (Teufelskreis).

4. **auf den Kontext bzw. die Rahmenbedingungen,**
z. B. Max saß in der gegebenen Situation bereits eine Weile an einer anderen Aufgabe, und er bräuchte nun eine Pause.

Den einzelnen Hypothesen zu einer Situation können wir gedanklich nachgehen und sie – am besten im Austausch mit den Beteiligten – prüfen. Häufig treffen mehrere auf einmal zu.

3.4.6 Der Blick auf das Gute – aus dem Gelingen lernen

Nicht nur Schwieriges sollte jedoch Gegenstand unserer Reflexion sein. Es lohnt sich, auch Situationen des Gelingens reflektierend zu betrachten. Wenn wir aus Fehlern lernen, entwickeln wir «negatives Wissen», d. h. Kenntnisse darüber, wie etwas nicht funktioniert (vgl. Oser und Spychiger, 2005). Im Vergleich dazu kann positives Wissen besonders ergiebig sein, denn etwas hat nachweislich schon einmal funktioniert, und wir wissen daher, wie es geht, wie es sich anfühlt, und haben das Verhalten in unserem Handlungsrepertoire. Die Betrachtung von Gelungenem hat darüber hinaus eine ermutigende Wirkung auf uns selbst und kann uns helfen, Visionen davon zu entwickeln, wie es wäre, dies häufiger zu erleben.

Betrachte deine Arbeit in der vergangenen Woche und greife dir eine herausfordernde Situation im Umgang mit Menschen heraus, die dir aus deiner Sicht gut gelungen ist.
Was genau ist passiert?
Wie fühlte es sich an?
Was hat aus deiner Sicht zum Gelingen geführt?
Was war dein Anteil daran?

Sicherlich hat Kuno Winter mit Max schon Situationen erlebt, die positiv verlaufen sind, in denen er ihm helfen konnte, seine Gefühle zu regulieren, in denen er sich sicher fühlte oder Max wohlwollend, wertschätzend und zugleich klar und bei Bedarf Grenzen setzend begegnen konnte. Es lohnt sich, diese genau anzuschauen und sich das damit verbundene Gefühl und die eigene Haltung in solchen Momenten zu vergegenwärtigen und gut einzuprägen. Auf diese Weise kann genau diese Haltung, diese innere Teamaufstellung, in neuen Situationen leichter wieder erinnert und abgerufen werden. Nicht selten kommt es zu sich selbst verstärkenden «Engelskreisen» (vergleichbar mit Teufelskreisen, s. o.).

3.4.7 Einen neuen Blick wagen – das eigene Denken in Bewegung bringen

Manchmal erscheinen herausfordernde Situationen oder Beziehungskonstellationen unlösbar, alternativ- und ausweglos. Reflexionsfragen, die unser bisheriges Denken und unsere bisherige Vorstellung von Lösungsmöglichkeiten erweitern oder irritieren, können uns helfen, unsere bisherige, momentan vielleicht etwas festgefahrene Haltung in Bewegung zu bringen. Die folgenden exemplarisch ausgewählten Fragen stammen zumeist aus dem systemischen Ansatz und kursieren in beruflichen Kontexten wie Therapie, Coaching, Stressbewältigungstrainings oder Mediation.

Identifizieren des Problems: Worum geht es eigentlich? Woran mache ich fest, dass die Situation problematisch ist? Woran würde ich konkret merken, dass das Problem gelöst ist?

Einordnung der Dramatik der Situation: Was kann schlimmstenfalls passieren? Wie wahrscheinlich ist das? Was passiert, wenn nichts passiert und es so weitergeht wie bisher?

Den eigenen Anteil an der Situation erkennen: Wie würde ich die Situation noch verschlimmern? Inwiefern halte ich die Situation mit meinem Verhalten aufrecht?

Abstand gewinnen: Wie denke ich wohl in einem Jahr darüber, in fünf Jahren, als alter, weiser Mensch? Was würde ich einer guten Freundin in dieser Situation raten?

Entkatastrophisieren: Was bringt es, und wozu führt es, wenn ich mich jetzt weiter darüber aufrege?

Eigene Ressourcen aktivieren: Wie habe ich vergleichbare Situationen in der Vergangenheit gelöst? Auf welche eigenen Kompetenzen und Erfahrungen kann ich mich verlassen?

Sinnhaftigkeit finden: Wofür ist die Situation für mich «gut»? Was kann ich daraus lernen?

Vom Einzelkämpfertum zur Vernetzung: Wer kann mich in dieser Situation unterstützen? Wer ist außer mir beteiligt oder zuständig? Welche professionellen Anlaufstellen gibt es?

3.5 Innere Teamentwicklung

Niemand hat in seinem Inneren Team zu jeder Zeit alle beisammen. Mal schießt ein Teammitglied übers Ziel hinaus, mal ist ein anderes zu zaghaft oder taucht nicht auf, wenn es gebraucht wird. Vielleicht haben wir unliebsame Teammitglieder aus dem aktiven Geschehen verbannt, die auf eine Rehabilitierung warten und uns nun gute Dienste leisten könnten. Möglicherweise haben wir auch den Eindruck, dass uns ein wichtiges Teammitglied fehlt. Wenn wir unser Inneres Profiteam durch Neuzugänge erweitern möchten oder einzelne Teammitglieder stärken wollen, ist innere Teamentwicklung gefragt.

3.5.1 Stärkung eines Teammitglieds

Hanna Lorenz, die ehemalige Polizistin, von der ich bereits in Kapitel 2.1.1 berichte, nimmt sich in ihrem Praktikum als angehende Erzieherin vor, die «Empathische» in sich zu stärken. Sie hatte als Polizistin vor allem einen inneren «Bodyguard» gut ausgebildet. Die Empathische dagegen war eher unerwünscht. Sie befürchtet daher, den Kindern in der Kita gegenüber zu grob aufzutreten und zu wenig feinfühlig zu agieren. Beim ersten Praxisbesuch sprechen wir darüber, in welchen Situationen sich die Empathische in ihr schon einmal spürbar gezeigt hat. Hanna denkt nach und erkennt, dass sie in ihr durchaus hin und wieder aktiv ist – wenn auch etwas «gedämpft». Beim Abschlussgespräch nach zehn Wochen Praktikum kann Hanna anschaulich von Situationen erzählen, in denen die Empathische in ihr eine tragende Rolle spielte.

Wir können ein bislang wenig entwickeltes inneres Teammitglied gezielt stärken. Dafür ist es zunächst wichtig, dass wir, als das Oberhaupt, seine Daseinsberechtigung anerkennen, es würdigen und ihm Raum geben. Hanna hat es geholfen, die Empathische nicht nur theoretisch zu erfassen, sondern praktisch – d. h. mit ihrem Wesen und dem Gefühl, welches sie in Hanna auslöst, wenn sie aktiv ist. Im Alltag kann sie dann immer wieder bewusst geweckt werden. Interessanterweise ist das dann oft gar nicht mehr nötig. Wenn die Empathische erst mal Aufnahme gefunden hat, entdeckt sie zunehmend selbst die Situationen, in denen sie gefragt ist, und wird aktiv.

Welches innere Teammitglied willst du stärken?
Welchen Namen gibst du ihm?
Lass es mal sprechen! Was ist sein Anliegen, seine Kernbotschaft?

In welchen Situationen kennst du es bereits?
Wer hindert es möglicherweise daran, mehr in Erscheinung zu treten?
Wie fühlt es sich an, wenn es in seinem Element ist?

3.5.2 Transfer eines Teammitglieds aus einem anderen Lebensbereich

Manchmal vermissen wir im beruflichen Kontext innere Teammitglieder, die wir in anderen Kontexten durchaus parat haben. In solchen Fällen kann, wie das folgende Beispiel zeigt, der Transfer von einem Lebensbereich in den nächsten vielversprechend sein.

Leon Stitz, ein angehender Erzieher, will in seinem ersten Praktikum alles richtig machen. Sein Arbeitsplatz ist eine heilpädagogische Jugendwohngruppe. Leon erledigt alle praktischen Aufträge nahezu formvollendet. Allerdings hat er Schwierigkeiten, in persönlichen Kontakt mit den Jugendlichen zu kommen. Der «Perfektionist» in ihm bestimmt sein Handeln, sodass er sich fast nie die Zeit nimmt, einfach mal «nur» dazusitzen und zuzuhören, schlicht präsent zu sein. Im Praxisgespräch bekommt er eine entsprechende Rückmeldung. Er setzt sich daraufhin die Entwicklungsaufgabe, den «Müßiggänger» in sich zu stärken, um sich auf die Jugendlichen einlassen zu können. Hierfür ist allerdings innere Überzeugungsarbeit nötig. Sein Perfektionist steht dem Oberhaupt sehr nahe. Doch der scheinbar paradoxe Auftrag, sich auch mal «gehenlassen» zu sollen, um seine Arbeit gut zu tun, überzeugt ihn schließlich. Leon kennt den Müßiggänger bereits aus seinem Privatleben. Hier ist er sogar oft am Ruder, wie er sagt – meist zu oft. Nun versucht er, ihn auch im Praktikum zuzulassen. Dies führt dazu, dass er tatsächlich häufiger in Gespräche verwickelt wird, z. B. über die gemeinsame

Leidenschaft Fußball. Die Jugendlichen kommen allmählich von sich aus auf ihn zu, um ihn um Hilfe zu bitten oder gemeinsame Aktivitäten zu unternehmen. Sein innerer Müßiggänger hilft ihm letztlich dabei, seine Rolle als Erzieher effektiver erfüllen zu können.

Gibt es ein Teammitglied, welches du aus anderen Kontexten bereits kennst, aber im beruflichen Kontext vermisst? Versetze dich hinein, wie es sich anfühlt, wenn es aktiv ist. Was würde es im beruflichen Kontext verändern? Woran merkst du, dass es da ist?

3.5.3 Die Integration unliebsamer innerer Anteile

Wir alle haben innere Teammitglieder, die zu unserer Professionalität einfach nicht passen wollen. In Kapitel 2.1.1 haben wir bereits erfahren, dass es keine gute Idee ist, sie dauerhaft aus unserem Inneren Team zu verbannen und als Außenseiter zu behandeln. Sie sind ein Teil von uns, und unser Oberhaupt ist gut beraten, sie zu integrieren und einen guten Umgang mit ihnen zu finden. Dafür muss es die inneren Teammitglieder, die ihm Sorgen bereiten oder das (Arbeits-)Leben schwer machen, erst mal genauer kennen- und schätzen lernen. Denn auch wenn es auf Anhieb nicht so erscheinen mag – jedes Teammitglied hat Gutes im Sinn und einen guten Grund, warum es da ist. Wer immer wieder missverstanden, nicht gehört und ausgegrenzt wird, wird unleidlich. Vielleicht fühlt sich ein Teammitglied noch sehr für unseren Schutz verantwortlich – z. B. ein «Haudegen», ein «Verfolger» oder eine «Kritikerin» – und schießt immer wieder über das Ziel hinaus, obwohl es sich inzwischen zurücklehnen könnte, weil wir den Schutz gar nicht mehr nötig haben. Wir können als Oberhaupt die einzelnen inneren Teammitglieder fragen, was sie brauchen, um sich entspannen zu können.

Wenn sich innere Anteile zugehörig, gesehen und gewürdigt fühlen, können sie leichter ihre eigentliche Qualität zeigen. Um die den vermeintlichen Schwächen innewohnenden Stärken zu finden, kann uns das **Werte- und Entwicklungsquadrat** eine Hilfe sein. In Kapitel 2.2.2 wurde bereits das Grundprinzip dieses kommunikationspsychologischen Werkzeugs vorgestellt. Zur Auffrischung: Jede Tugend braucht als Ausgleich eine Schwestertugend, um nicht in eine Untugend «abzurutschen».

Erinnern Sie sich nun an die Heilerziehungspflegerin Theresa Tuchel (Kapitel 2.1.1). Sie will und kann nicht zulassen, dass ihre innere «Jammerliese» und ihre «Egoistin» in Erscheinung treten. Wie wir gesehen haben, verschaffen sie sich diesen Raum allerdings unkontrolliert – je mehr sie überhört werden, desto hartnäckiger melden sie sich an unpassenden Stellen zu Wort. Die «pflichtbewusste Fachfrau» und die «Menschenfreundin» in ihr sind umso aktiver und versuchen, den beiden unbeliebten Stimmen Einhalt zu gebieten. Dadurch verfällt Theresa Tuchel allerdings in das andere Extrem, d. h., sie hört zu wenig auf ihre Bedürfnisse und sorgt zu wenig für sich selbst und ihre Energiereserven. Für ihre Professionalität braucht sie beides – Nächstenliebe und Pflichtbewusstsein wie auch Selbstfürsorge und Selbstschutz.

Wir fassen jeweils beide Eigenschaften (Selbstfürsorge und Selbstschutz bzw. Nächstenliebe und Pflichtbewusstsein) nun in einem gemeinsamen Werte- und Entwicklungsquadrat zusammen. Aus entgegengesetzten Qualitäten kann etwas Gemeinsames, Gutes, Neues entstehen. Friedemann Schulz von Thun (Pörksen und Schulz von Thun, 2014, S. 122) bezeichnet dies als Regenbogenqualität. Wir brauchen das Wasser des Regens und die wärmende und erhellende Sonne. Beides ist nicht nur Grundlage für alles Leben, sondern beidem entspringt auch etwas sehr Schönes: der Regenbogen.

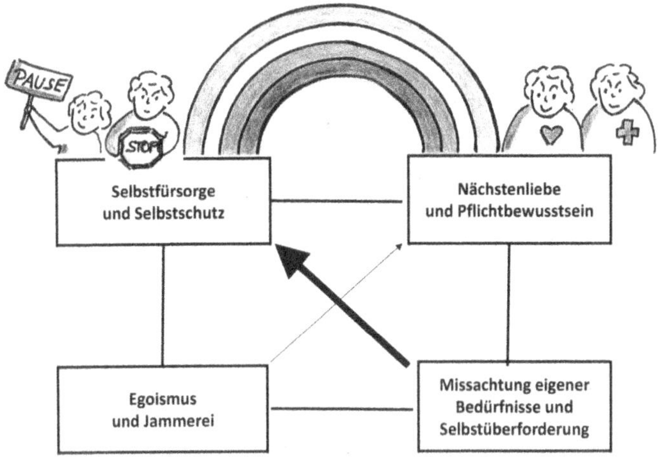

Werte- und Entwicklungsquadrat zur Rehabilitation unliebsamer innerer Anteile bei Theresa Tuchel

Um Ausgewogenheit zu erreichen, hat Theresa Tuchel noch eine wesentliche Entwicklungsaufgabe zu bewältigen. Sie besteht darin anzuerkennen, dass ihre bislang unbeliebten inneren Anteile für ihre Gesunderhaltung und Professionalisierung wichtig sind und einen angemessenen Platz in ihrer inneren Profimannschaft brauchen. Sie haben nun einen neuen Namen verdient. Es ist vermutlich noch innere Überzeugungsarbeit nötig. Damit die beiden rehabilitierten Teammitglieder dann auch positiv wirken können und nicht unkoordiniert übers Ziel hinausschießen, braucht sie Übung und Geduld. Supervision, kollegiale Beratung oder Coaching könnten Theresa Tuchel bei ihrer inneren Teamentwicklung unterstützen.

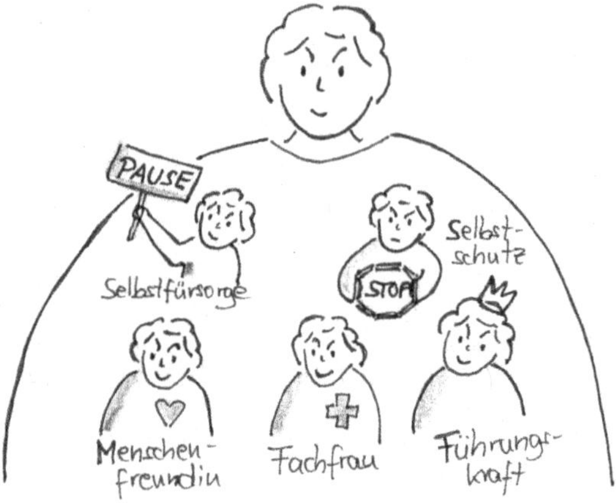

Das Innere Team von Theresa Tuchel nach Integration der Selbstfürsorgenden und Selbstschützerin

Liegt eine völlige Verleugnung bzw. Verdrängung einzelner oder mehrerer unliebsamer innerer Anteile vor, eine Verbannung dritter Stufe, ist psychotherapeutische Hilfe angezeigt und erfolgversprechend. Denn in diesem Falle erkennen wir nicht mehr selbst, wer da verbannt ist. Wenn Sie über einen längeren Zeitraum an Energieverlust, Schlafstörungen oder Interessensverlust leiden, weniger Empathie empfinden, emotionale Ausbrüche und körperliche Beschwerden entwickeln, besteht mit hoher Wahrscheinlichkeit psychotherapeutischer Unterstützungsbedarf.

Wir können festhalten: Jedes unliebsame innere Teammitglied hat eine gute Absicht und einen guten Kern, die es zu entdecken gilt. Mit entsprechendem Ausgleich kann es dazu beitragen, dass wir professionell noch breiter und stabiler aufgestellt sind.

Welche inneren Teammitglieder stören dich bei deiner Arbeit? Versuche eines von ihnen zu identifizieren. Welcher gute Kern steckt in ihm? Was ist die ausgleichende Schwestertugend? Wie könntest du dieser positiven Qualität Raum geben? Wie könnte sie sich in deiner Praxis zeigen?
Gib dem Teammitglied einen neuen Namen, der seine Qualität würdigt.

3.5.4 Neueinstellung eines Teammitglieds

Was aber, wenn wir ein Teammitglied in unserer Profimannschaft brauchen, das uns bislang gänzlich fehlt? Wir Menschen sind lern- und entwicklungsfähige Wesen. Wenn es den Bedarf für ein solches gibt und wir dies wollen, können wir bewusst Neueinstellungen vornehmen und neue Mitglieder in unserem Inneren Team etablieren.

Dafür müssen wir zunächst wissen, wen genau wir einstellen wollen. Welche Funktion soll das neue Teammitglied erfüllen? Welche Qualitäten und Anliegen soll es haben? Im nächsten Schritt können wir uns unser neues Teammitglied möglichst lebendig vorstellen. Was hat es für ein Wesen? Welchen Namen soll es bekommen? Die Kommunikationspsychologin Karen Zoller drückt es so aus: «Je klarer Sie das neue Teammitglied und seine Aufgabe vor sich sehen, desto mehr ‹Geburtsenergie› geben Sie ihm mit» (Zoller, 2017, S. 219). Sehr hilfreich können Vorbilder sein, weil wir sie als innere Anteile integrieren können. Auch literarische Figuren, Tiere oder Fabelwesen können uns Anregungen geben.

Der angehende Heilpädagoge Carlos Martinez möchte seinen Opa als Ruhepol in sein Inneres Team integrieren. Er verkörpert für ihn die Ruhe und Gelassenheit, die er dringend gebrauchen kann. Wenn in ihm mal wieder der innere «Hans Dampf in allen Gassen», der «Pflichtbewusste» und der «Impulsive» das Geschehen bestimmen, holt er tief Luft, ruft sich seinen Opa in Erinnerung und stellt sich vor, wie dieser in der jeweiligen Situation reagieren würde. Schon die Vorstellung führt zu einer Verlangsamung, wie er sagt, und (zumindest eine Spur) innere Ruhe breitet sich in ihm aus.

Welches Teammitglied willst du neu einstellen? Finde einen passenden Namen und fasse seine Kernbotschaft zusammen. Welches Wesen hat dieses Mitglied? Was sind seine Eigenschaften? Wie fühlt es sich an, in seiner Haut zu stecken – auch körperlich?

Stelle dir eine berufliche Situation vor, in der du es brauchst. Woran erkennst du, dass es präsent ist? Was machst du dann anders? Lasse es dazu sprechen!

Sei nachsichtig mit dir selbst und dem neuen Teammitglied. Jeder Neuling braucht Übung, um sich etablieren und seinen Einsatz richtig dosieren zu können.

4 Gemeinsam Haltung zeigen – Kultur entwickeln

Wie die Erzieherinnen Inga, Catarina und Betül auf den dreijährigen Igor reagieren (vgl. Beginn Kapitel 1), den sie am Waschbecken mit Wasser umherspritzen sehen, ist vermutlich nicht nur in ihrer persönlichen Haltung begründet, sondern hat auch damit zu tun, wie ihre Kolleg:innen auf Igor und vergleichbare Situationen reagieren und welche pädagogische Haltung in der Einrichtung üblich ist.

Wir haben Haltung bisher als etwas Individuelles betrachtet, spielt sie sich doch innerhalb einer Person ab und ist eng verbunden mit ihrer Persönlichkeit, Biografie und Identität. Es wird nun Zeit, den Blick zu weiten und Haltung in ihrem sozialen und institutionellen Kontext zu denken. In pädagogischen Berufen arbeiten wir nicht allein, sondern immer eingebettet in ein Team, ein Kollegium, eine Schule oder soziale Einrichtung.

Arbeiten mehrere Menschen zusammen, entwickelt sich aus der pädagogischen Haltung aller Beteiligter eine Kultur – eine Teamkultur, Einrichtungskultur oder Schulkultur. Den Begriff «Kultur» begreife ich hier als eine kollektive Haltung.

Ich habe in den letzten Jahren eine Vielzahl pädagogischer Einrichtungen besucht, um Studierende in ihrer Praxiszeit zu betreuen. In jeder Einrichtung nehme ich eine – ihr eigene – Atmosphäre wahr, die Einfluss auf die dort betreuten Menschen hat. Die Art und Weise, wie die beteiligten Fachpersonen miteinander reden, wie sie ihre Räume gestalten, welche Regeln sie aufstellen und wie sie für deren Einhaltung sorgen, wie sie die Kinder, Jugendlichen oder betreuten Erwachsenen und deren

Bezugspersonen ansprechen und beteiligen, welche Rituale sie etablieren, wie sie Neue willkommen heißen, Konflikte austragen, Herausforderungen angehen, Wertschätzung ausdrücken und sich gegenseitig unterstützen, macht ihre Kultur aus.

Menschen, die tagtäglich in ihr arbeiten, sind durch ihre jeweilige Haltung ein prägender Bestandteil der gelebten Kultur und werden zugleich durch diese beeinflusst. Selbst wenn sie wollten, könnten sie sich ihr nicht entziehen. Auch die äußeren Rahmenbedingungen, wie z. B. Arbeitszeiten, Gehalt, Dokumentationspflichten, Räumlichkeiten, Formen von Kontrolle oder Mitarbeiterbeteiligung prägen diese Kultur und stehen in einer Wechselwirkung mit der Haltung der jeweils Beteiligten (vgl. Kuhl, Schwer & Solzbacher, 2014, S. 108).

Unsere pädagogische Haltung kann nur dann eine kraftvolle und nachhaltige Wirkung entfalten, wenn sie von mehreren geteilt und zu einer gelebten Kultur wird. Es macht einen wesentlichen Unterschied, ob eine Schülerin sich nur von dem Lehrer Markus Meier eingeladen, ermutigt und inspiriert fühlt oder ob es ihr in ihrer Schule grundsätzlich so ergeht.

Was für eine Person eine professionelle Haltung ausmacht, entspricht weitgehend einer lern- und entwicklungsförderlichen Kultur auf der Ebene einer Einrichtung. Wie auch beim Oberhaupt und dem Inneren Team kommt es auf den Umgang zwischen Führungskraft und Mitarbeitenden an – aber auch zwischen den Teammitgliedern. Auch in Arbeitsteams kann es «unliebsame» Teammitglieder geben, und der Umgang mit ihnen ist entscheidend. Als einzelne Fachkraft entwickeln wir unsere Haltung durch Selbstreflexion weiter. Auf Organisationsebene entspricht dies u. a. der Arbeit an einem Leitbild, der Aufarbeitung der Unternehmensvergangenheit, gelebten Feedbackprozessen und kollegialer Unterstützung.

4.1 Ansteckende Wirkungen

Je nachdem, in welcher Kultur wir arbeiten, werden in uns vermutlich unterschiedliche innere Teammitglieder angesprochen und hervorgelockt (vgl. Kap. 1.3.2, Schulz von Thun, 1998, S. 249 ff.).

Vor allem auf noch unerfahrene oder unsichere Mitarbeitende können das berufliche Umfeld und sicher auftretende Fachkräfte eine ansteckende Wirkung entfalten – im positiven wie im negativen Sinne. Dies beobachte ich immer wieder bei Menschen, die im Rahmen eines Praktikums oder eines Freiwilligendienstes ein neues Arbeitsfeld kennenlernen. Das Lernen am Modell erweist sich als besonders nachhaltig, wenn zugleich Sympathie oder persönliche Bedeutsamkeit im Spiel sind und das Verhalten der Vorbilder wirkungsvoll erscheint. Ist eine Haltung noch nicht gefestigt, werden im Inneren Team vor allem die Stimmen agieren und dominant werden, die sich angesprochen und bestätigt fühlen, d. h. die ins aktuelle Umfeld passen. Sie verdrängen dann mitunter andere Stimmen, die z. B. abweichende Sichtweisen einbringen wollen oder (möglicherweise zu Recht) Bedenken signalisieren.

Um unsere berufliche Haltung in einer pädagogischen Einrichtung oder einer Schule leben zu können, brauchen wir

Gleich- oder ähnlich Gesinnte. Im Idealfall entspricht unsere Haltung in relevanten Aspekten der gelebten Einrichtungskultur. Mit Engagement und ausreichendem Rückhalt können wir daran arbeiten, eine bestehende Team- oder Einrichtungskultur weiterzuentwickeln. Schon eine kleine Gruppe Gleichgesinnter kann andere inspirieren, «ansteckende Gesundheit» verbreiten und so die gelebte Kultur voranbringen.

4.2 Führungskultur

«Der Fisch stinkt vom Kopf her», heißt es oft. Der «Kopf» kann im Arbeitsleben allerdings auch frische Luft verbreiten. Die Art und Weise, wie eine Führungskraft ihre Rolle begreift und lebt, hat maßgeblichen Einfluss auf die Kultur einer Einrichtung und die Weiterentwicklung von Haltungen aller Beteiligten. Um professionelle pädagogische Haltungen zu unterstützen und eine für die Entwicklung aller förderliche Kultur zu etablieren, kann sie z. B. Folgendes tun:

1. Sie geht mit **gutem Vorbild voran** und lebt Professionalität vor, indem sie ihr eigenes Denken und Handeln immer wieder reflektierend in den Blick nimmt und bewusst an ihrer eigenen Haltung arbeitet. Aufgrund ihrer hervorgehobenen Position wirkt ihr Vorbild besonders kraftvoll und nachhaltig. Daher braucht sie als Führungskraft zunächst eine eigene Vision von gelungener Pädagogik und Unternehmenskultur.
2. Sie **begegnet den Mitarbeitenden mit derselben Haltung**, mit der diese wiederum mit der Zielgruppe umgehen mögen. Beziehungskultur zeigt sich auf und zwischen allen hierarchischen Ebenen.

3. Sie räumt relevanten **ethischen Werten und einer geteilten Vision** der gemeinsamen Arbeit hohe Bedeutung ein. Dafür kann es gegebenenfalls notwendig sein, Widerstände auszuhalten, Haltung zu zeigen und Konflikte auszutragen.
4. Sie ermöglicht Mitarbeitenden ausreichend **Gestaltungsspielräume**, damit diese sich entwickeln, Verantwortung für ihren eigentlichen Auftrag übernehmen, ihre Haltung umsetzen und weiterentwickeln können.
5. Sie **hört Bedenken und Widerstände** von Mitarbeitenden an, nimmt sie ernst und bezieht sie gegebenenfalls ein – ohne die gemeinsame Vision aus den Augen zu verlieren. Wenn «alle Stricke reißen», kann sie möglicherweise – anders als das Oberhaupt im Modell des Inneren Teams – einzelnen Mitarbeitenden kündigen bzw. einen Arbeitsplatzwechsel empfehlen.
6. Sie achtet bei der **Personalauswahl** neben pragmatischen Kriterien (z. B. der Fächerkombination bei Lehrkräften) auf die pädagogische Haltung einer Person und deren Passung in das Team und zum Leitbild der Institution.
7. Sie stellt **Gelingendes in den Vordergrund** und nutzt die Kraft der pädagogischen Wirksamkeit, um «Engelskreise» zu ermöglichen, zu erkennen und allen Beteiligten Mut zu machen.
8. Sie behält den **Stresspegel** der Mitarbeitenden im Blick. Da Stress, wie u. a. Kuhl und Solzbacher betonen, eine aufmerksamkeitsverengende Wirkung hat und einer professionellen Haltung und der pädagogischen Qualität abträglich ist, müssen sowohl Träger als auch Leitungen von Einrichtungen ein großes Interesse daran haben, die **Arbeitsbedingungen mitarbeiter-**

freundlich zu gestalten (vgl. Kuhl & Solzbacher, 2017, S. 19).

4.3 Kollektive Reflexion

So, wie wir durch Selbstreflexion unsere eigene Haltung kennenlernen und verändern können, kann die Kultur einer Einrichtung durch gemeinsame Reflexion aktiv erkundet und bewusst entwickelt werden. Dafür ist es notwendig, auf die Vergangenheit, die Zukunft und die Gegenwart und zu blicken.

4.3.1 Wie wir wurden, wer wir sind

Wenn eine Einrichtung eine lange oder «schwierige» Geschichte hat, wirkt dies vermutlich auf mehr oder weniger diffuse Weise bis in die Gegenwart. In den vergangenen Jahren haben z. B. viele Einrichtungen der stationären Jugend- oder Behindertenhilfe damit begonnen, die in weiten Teilen von (sexuellem) Missbrauch, Gewalt und Demütigungen geprägte Geschichte der Heimerziehung im 20. Jahrhundert aufzuarbeiten. Dieser – für viele Beteiligte sehr schmerzhafte – Prozess der Betrachtung vergangener Erziehungspraktiken und des damit verbundenen Leids ist die einzige Möglichkeit, sich glaubhaft zu distanzieren und bewusst an der Vision einer besseren Zukunft zu arbeiten.

Was weißt du über die Geschichte deiner Einrichtung?
Was davon ist heute noch spürbar?
Wie setzt du dich gegebenenfalls in deinem Team damit auseinander?

4.3.2 *Was uns leitet und wie wir sein wollen*

Um ihren Auftrag zu erfüllen, d.h. Menschen bei ihren Bildungsprozessen und ihrer Entwicklung wirkungsvoll und nachhaltig begleiten zu können, braucht eine Einrichtung bzw. eine Schule eine geteilte Vision der gemeinsamen Arbeit, einen gemeinsamen Nordstern, ein gelebtes Leitbild oder einen ethischen Kodex. Im besten Fall resultiert all dies aus einem gemeinsamen Prozess des Nachdenkens, an dem alle betroffenen Gruppen beteiligt werden.

Nicht ohne Grund wird der Deutsche Schulpreis immer wieder bewusst an Schulen vergeben, die offenkundig eine gemeinsame pädagogische Haltung leben – u.a. in Bezug auf Beziehungsgestaltung, individuelle Förderung und selbstorganisiertes Lernen (Robert Bosch Stiftung GmbH, 2021). Frank Wagner, Schulleiter der Gebrüder-Grimm-Schule in Hamm, drückt es nach der Verleihung eines ersten Preises so aus: «Unsere Haltung ist die entscheidende Voraussetzung für gelingende Schulentwicklungsarbeit und Wirksamkeitsfaktor Nummer 1 für das Lernen und Leisten unserer Schülerinnen und Schüler. […] Daher war und ist der Prozess des gemeinsamen Bewusstmachens vorhandener Haltungen bzw. eine bewusste Transformation dieser Haltung für uns von entscheidender Bedeutung» (Robert Bosch Stiftung GmbH, 2021, S. 30).

Ein Leitbild ist häufig auf Homepages oder in Hochglanz-Broschüren zu lesen, oder es hängt gerahmt im Einrichtungsflur. Nicht immer ist den Betroffenen allerdings bewusst, wie es entstanden ist, was es konkret bedeutet und welche Verbindlichkeit es hat. Die Qualität einer Schule oder einer sozialpädagogischen Einrichtung lässt sich unter anderem daran erkennen, ob sie eine «lernende Institution» ist. Gibt es das Selbstverständnis bei allen Beteiligten, die Institution stetig verbessern zu wollen? Gibt es eine geteilte Vision? Gibt es gemeinsame Ziele? Sucht sich die Einrichtung regelmäßig Feedback, z. B. von «critical friends» – wie es beim Netzwerk reformpädagogisch orientierter Schulen «Blick über den Zaun» üblich ist? Da sich die Rahmenbedingungen und auch die Menschen im Laufe der Zeit verändern, muss auch eine Institution lebendig, lernbereit und flexibel sein, um den wechselnden Herausforderungen gewachsen zu bleiben.

Gibt es einen ethischen Kodex oder ein Leitbild in deiner Einrichtung? Wie ist es entstanden? Wie aktuell ist es? Weiß jeder, was konkret damit gemeint ist? Wird es von allen Beteiligten tatsächlich gelebt? Wer sorgt dafür, dass es Beachtung findet und von allen als handlungsleitend verstanden wird?
In welche Richtung entwickelt sich deine Institution gerade? Ist das eure gemeinsame Absicht, oder passiert es einfach?

4.3.3 Wie wir jetzt sind

Es ist gar nicht so einfach, die eigene Einrichtungskultur zu erfassen, denn wir kennen nur unsere Wahrnehmung und Perspektive. Die augenblicklich gelebte Kultur ist für uns womöglich selbstverständlich. Vermutlich sind wir, wenn wir schon lange in der entsprechenden Institution arbeiten, betriebsblind. Um einen umfassenden Eindruck zu erhalten, müssen wir die Perspektiven aller Beteiligter kennenlernen. Wie erleben Kinder, Betreute, Eltern, Mitarbeitende und Führungskräfte die Einrichtung? Wie ist ihr Ruf nach außen? Die Wahrnehmung von Externen spiegelt ebenfalls einen Teil der «Wahrheit» wider. Zur Reflexion der eigenen Einrichtungskultur gehört es daher zwingend dazu, mit allen Beteiligten im Gespräch zu sein und zu bleiben, sich Feedback einzuholen und auch die Außenwirkung zu erkunden.

Wie erlebst du die Kultur in deiner Einrichtung?
Wie würdest du diese beschreiben? Was unterscheidet sie von der in vergleichbaren anderen Einrichtungen? Woran machst du das konkret fest?

4.4 Feedbackkultur

Dass eine Feedbackkultur sinnvoll und gut ist, wird niemand bestreiten. Doch was genau können wir uns darunter vorstellen?

Eine Einrichtung braucht eine regelmäßige Rückmeldung, ob sie auch funktioniert wie erhofft, ob die Zielpersonen zufrieden sind und sich tatsächlich gefördert und unterstützt fühlen. In einer Schule geht es nicht zuletzt um die Frage, ob die Bildungseffekte sicht- und messbar sind.

Feedbackkultur zeigt sich an der Frage, ob gegenseitige Rückmeldungen auf und zwischen allen Ebenen erwünscht und selbstverständlich sind und regelmäßig stattfinden. Dabei geht es in einer Schule z. B. um Feedback zwischen und unter Lernenden, Lehrpersonen, Eltern, Schulleitung, weiteren Mitarbeiter:innen und möglicherweise Betrieben.

Wenn wir mit anderen Menschen (zusammen)arbeiten, ergibt sich eine großartige Chance für die persönliche und berufliche Entwicklung jedes einzelnen: Wir bleiben nicht auf unsere Selbstwahrnehmung angewiesen, d. h. müssen nicht «im eigenen Saft schmoren», sondern können uns Rückmeldung von anderen einholen und erfahren, wie wir auf andere wirken bzw. was wir bei ihnen bewirken. So verringern wir nach und nach die Zahl unserer blinden Flecken und können die Folgen unseres Tuns besser steuern. Auch das menschliche Grundbedürfnis, von anderen gesehen zu werden und Anerkennung zu erfahren, findet so Erfüllung. Feedback kann bestärkend und ermutigend wirken, auf Fehler aufmerksam machen und ggf. neue Perspektiven aufzeigen. Zuweilen kann es ein Weckruf für eine Haltungsänderung sein.

Feedback kann mündlich (z. B. in Form eines Gespräches) oder schriftlich (z. B. in Form von Fragebögen) erfolgen und von bzw. an Gruppen oder Individuen gerichtet sein. Entscheidend ist ein Dialog über die gegenseitigen Wahrnehmungen.

Welche Erfahrung hast du bisher mit Feedback gemacht? Welche Formen von Feedback sind in deiner Arbeitsstelle üblich? Was würdest du gerne verändern?

Leider haben viele Menschen prägende Erfahrungen mit destruktiven Rückmeldungen hinter sich und meiden daher Feedback bzw. fühlen sich schnell persönlich angegriffen. Feedback aber kann kein objektives Urteil darstellen. Es beruht immer auf den Wahrnehmungen einer anderen Person, die viel mit dieser Person selbst zu tun haben. Nach Strahm (2008 in Buhren, 2015) und Emminger (2009 in Buhren, 2015) ist konstruktives Feedback

- eine beschreibende, beobachtende Rückmeldung über situatives Verhalten,
- möglichst konkret und nicht verallgemeinernd,

- eher erbeten und nicht überstülpend,
- auf situatives Verhalten, nicht auf Charakterzüge oder unveränderliche Eigenschaften bezogen,
- eher unmittelbar, zeitnah,
- eine Einladung zum Austausch möglicherweise verschiedener Sichtweisen und Wahrnehmungen,
- umkehrbar, d. h., Feedbacknehmer und Feedbackgeber können und sollten wechseln.

Hinter einem wirkungsvollen Feedback steht idealerweise eine interessierte, offene und wertschätzende Haltung. Wer sich umfassend in das Thema «Feedback in der Schule» vertiefen möchte, dem empfehle ich das gleichnamige Handbuch, welches Claus G. Buhren herausgegeben hat (Buhren, 2015).

4.5 Fehlerkultur

Falls die Vorstellung, Feedback zu bekommen, bei uns Angst und Abwehr auslöst, liegt das neben möglichen verletzenden Erfahrungen in unserer Vergangenheit vermutlich daran, dass wir fürchten, bei mehr oder weniger bewussten Schwächen oder Fehlern ertappt zu werden. Das ist besonders dann unangenehm, wenn wir in einer Kultur leben, in der die Fehlerintoleranz besonders hoch ist. Genau das ist nach Vergleichsstudien in Deutschland offenbar der Fall (Dyck et al., 2005). Menschen werden hierzulande für Fehler häufiger sanktioniert und als Versagende etikettiert als in den meisten anderen Ländern und Kulturen – nach dem Motto: «Wer Fehler macht, ist fehlerhaft!» Die spontane erste Frage lautet dann «Wer war das?» anstatt «Woran lag es genau?» oder «Wie können wir das wieder hinkriegen?». Die Konsequenz ist ein dringendes Bestreben, Fehler zu vermeiden. Wenn Fehlervermeidung allerdings unser Handeln leitet, gehen uns allzu leicht Innovationsfreude und -kraft verloren, und wir landen in unkreativer Mittelmäßigkeit (vgl. Marx, 2020). Wenn wir nichts wagen, können wir keine kreativen Lösungen erproben oder unsere Grenzen kennenlernen.

Der Ruf nach einer **fehlerfreundlichen Haltung** wird in den letzten Jahren auch in der Wirtschaft immer lauter. Fehlerfreundlichkeit bedeutet, Fehler *freundlich anzuschauen*, d. h., sie nicht zu verbergen oder zu verheimlichen, sondern sie tatsächlich zu betrachten, um aus ihnen zu lernen. Dies gilt für die eigenen Fehler wie für die anderer. «Freundlichkeit» bezieht sich hier auf die Haltung, Fehler als Lerngelegenheiten, als selbstverständliche und kaum vermeidbare Erscheinungen auf dem Weg zur Professionalisierung zu betrachten – nach dem Motto: «Wer professionell werden möchte, wird auf dem Weg dahin viele Fehler machen».

Indem wir z. B. Fehlverhalten von Mitarbeitenden in sozialen Einrichtungen oder Schulen schon in frühen Stadien erkennen, benennen und gemeinsam an Verbesserungen arbeiten, kann schwerwiegenderen Verfehlungen vorgebeugt werden. Eine Kultur des wohlwollenden Hinschauens und klaren Benennens ist besonders dann wichtig, wenn es um Verletzungen der menschlichen Würde und Integrität geht. «Haltungsfehler» wiegen besonders schwer, wie ich in meiner Mediationsausbildung gelernt habe. Hier ist noch allzu oft eine Kultur des Wegschauens und Schweigens zu finden.

Wie sieht es im Umgang mit Lernenden aus? John Hattie schließt aus zahlreichen Metaanalysen, dass Feedback in der Schule unter anderem dann gelingend zum Lernen beiträgt, wenn Fehler willkommen sind, wenn sie zum Lernen genutzt werden, wenn Lehrpersonen den Lernenden Entwicklung zutrauen und wenn zwischen beiden positive Beziehungen sowie eine wertschätzende Kultur bestehen. Hattie sieht es vor allem als eine Frage der «Geisteshaltung» von Lehrkräften an, wie gut sie Lernende im Umgang mit Fehlern unterstützen (Hattie, 2016).

Wie sieht nun eine erfolgreiche Fehlerkultur im sozialen und Bildungsbereich aus? Um gut aus Fehlern zu lernen, brauchen wir einen sicheren emotionalen Rahmen. Wenn uns Gefühle der Angst, Scham oder Schuld «überschwemmen», sind wir nicht offen für Veränderungsprozesse, schon gar nicht für ein differenziertes Betrachten der Situation oder das Entwickeln neuer Ideen. Nach Oser und Spychiger (2005, S. 169ff.) unterstützen wir andere Menschen – sei es eine Kollegin, einen Schüler oder unseren Chef –, aus ihren Fehlern zu lernen und somit eine fehlerfreundliche Kultur voranzubringen, indem wir u. a.

- kontrolliert und ruhig auf Fehler reagieren,
- gemeinsam den Fehler betrachten und nach Lösungen suchen,
- ermutigen anstatt bloßstellen,
- gemeinsame Werte und Ziele im Blick behalten,
- positive Reaktionen im Team fördern,
- Vorbild für andere sind, d. h. uns selbst Fehler zugestehen und eingestehen.

Wie sieht die Fehlerkultur in deiner Einrichtung aus? Werden Fehler eher als Versagen oder als Lerngelegenheiten betrachtet? Ist es auf allen Ebenen üblich, Fehler gemeinsam anzuschauen und nach Lösungen zu suchen? Welche Emotionen stehen dann im Vordergrund? Was würdest du gerne verändern?

Eine fehlerfreundliche Kultur zeigt sich darin, dass auch Erfahrungen des Scheiterns geteilt und besprochen werden. Auf diese Weise reflektieren und verarbeiten wir Misserfolgserlebnisse ohne Gesichtsverlust, um schließlich, wie die Mediatorinnen Kirsten Schroeter und Regina Harms es in Aussicht stellen, «die Früchte des Scheiterns zu ernten» (Harms & Schroeter, 2020, S. 28).

4.6 Kollegiale Unterstützung

Als Team zeigen wir Haltung und entwickeln unsere gemeinsame Kultur weiter, wenn wir immer wieder gemeinsam unsere Arbeit reflektieren und zugleich an einem Strang ziehen.

Informeller kollegialer Austausch kann ein wesentliches Unterstützungssystem sein und für Entlastung, Stärkung, Ermutigung und Weiterentwicklung sorgen. Das *Wie?* ist dabei entscheidender als das *Wie oft?*. Denn kollegialer Austausch wirkt zuweilen auch destruktiv. Auch wenn es hin und wieder entlastend sein kann, Dampf abzulassen: Ein bewertender Dialog über andere, der im Wesentlichen Missstände thematisiert, anderen Schuld zuschiebt, möglicherweise Zynismus oder Defätismus verbreitet, aber keine Lösungsmöglichkeiten in den Blick nimmt, ist wenig hilfreich. Die kuschelige Verbundenheit von «kritischen» Gleichgesinnten, die durch einen solchen Austauschstil möglicherweise entsteht und gepflegt wird, führt eher zu einer Verhärtung des Destruktiven.

Kollegialer Austausch wirkt dann entwicklungsfördernd und nachhaltig entlastend, wenn sich die Beteiligten zumindest hinreichend öffnen und ihre tatsächlichen Sorgen, Gedanken, Erfolgserlebnisse, Fehler oder Unsicherheiten zum Thema machen und teilen. Eine wesentliche Voraussetzung dafür ist Vertrauen. Wenn sich pädagogische Fach- oder Lehrkräfte gegenseitig aufrichtig interessiert und empathisch zuhören, können sie sich im Dialog konstruktiv über Praxissituationen austauschen, auf Wunsch Rat geben und die Herausforderungen im Beruf als gemeinsame erleben. Dabei schließen aufrichtige Gespräche Humor und Leichtigkeit keinesfalls aus. Humor bedeutet hier, auch über sich selbst lachen zu können.

Konstruktiver kollegialer Austausch ist nicht nur darauf gerichtet, Freude und Leid zu teilen, sondern auch darauf, die Suche nach konstruktiven Lösungen zu erleichtern. Lösungsstrategien wie der Perspektivwechsel oder auch das Bilden von vielfältigen Hypothesen gelingen im Dialog treffsicherer als allein.

Wie gestaltet sich der kollegiale Austausch in deinem Team? Hast du das Vertrauen, auch über Misslungenes oder Schwächen zu sprechen? Bekommst und gibst du kollegiale Unterstützung? Empfindest du den Austausch als empathisch und lösungsorientiert?

Es gibt organisierte Formate, die der vertieften Selbstreflexion von Praxissituationen in Teams dienen: die **Supervision** (mit externer Moderation) und die **Kollegiale Beratung** (ohne externe Moderation). Beide können sehr wirkungsvoll sein, wenn sie sich als feste Reflexionsinstanzen in Einrichtungen oder Teams etabliert haben und nach den «Regeln der Kunst» stattfinden.

Das Verfahren der Kollegialen Beratung basiert auf der Selbstorganisation der Beteiligten. Eine feste Gruppe von Fachkräften trifft sich regelmäßig zur Besprechung von Praxisfällen. Rollen und Ablauf folgen einem vorgegebenen Konzept. Nach einer Befindlichkeitsrunde bringt eine Person als «Fallgeberin» ein Anliegen ein. Themen können z. B. der Umgang mit einem als herausfordernd empfundenen Kind sein, ein bevorstehendes schwieriges Gespräch mit Eltern, Ratlosigkeit in Bezug auf pädagogisches Vorgehen, die Aufarbeitung einer belastenden Praxissituation o. Ä. Eine zweite Person moderiert den Prozess, und eine dritte führt ein Ergebnisprotokoll bzw. visualisiert Wesentliches auf einem Flipchart. Die Rollen wechseln von Mal zu Mal.

Nun schildert die Fallgeberin ihr Anliegen, erläutert kurz die Situation und formuliert eine Fragestellung. Im Anschluss wählt sie aus einer Sammlung bekannter, z. T. erlebnisaktivierender Methoden eine aus, die zu ihrer Fragestellung passt und mit deren Hilfe sie sich Beratung durch die Gruppe wünscht. Die Teilnehmenden führen unter Leitung der Moderation die Beratung durch. Dabei spielen sie z. B. den Fall im Rollenspiel und probieren verschiedene Varianten aus, als Fachkraft angemessen zu reagieren («*Actstorming*»). Oder sie sammeln in Form eines Brainstormings Lösungsideen, die auf Flipcharts festgehalten werden. Die Fallgeberin betrachtet den Prozess und gibt am Ende Rückmeldung, was sie daraus für ihre weitere Praxis mitnimmt. Soweit - in stark verkürzter Form - das Prozedere einer Kollegialen Beratung. Für eine vertiefte Auseinandersetzung mit der Methode empfehle ich das gleichnamige Buch von Kim-Oliver Tietze (2003).

Ist dieses Verfahren in einem Team etabliert, fördert es in besonderem Maße das Kommunikationsklima, die Problemlösungskompetenz und die Offenheit, sich mit eigenen Kompetenzen, Schwächen und Unsicherheiten im Team einzubringen. Somit leistet die Methode nicht nur einen wichtigen Beitrag zu einer lern- und entwicklungsförderlichen Kultur, sondern auch zur eigenen Professionalisierung und Persönlichkeitsentwicklung.

Nachwort

Die vorausgehenden Kapitel befassen sich mit den Fragen, was «Haltung» eigentlich ist, was sie professionell macht, wie wir eine professionelle Haltung (weiter-)entwickeln können und wie sich Haltungen innerhalb einer Einrichtungskultur kollektiv entfalten und zeigen können. Damit ist das Thema Haltung für mich allerdings noch nicht abgehakt: Aus der Praxis heraus ergeben sich weitere Fragen, die ich nun in diesem Ausblick abschließend aufwerfen möchte. Sie in Forschung und Praxis anzugehen, halte ich für eine lohnende Aufgabe.

Welche Bedingungen in einem Studium bzw. in einer Aus- und Weiterbildung begünstigen die Entwicklung einer professionellen Haltung?

Einige dieser Bedingungen lassen sich vor allem aus dem dritten Kapitel dieses Buches ableiten. Auch die Arbeitsgruppe um Julius Kuhl, Claudia Solzbacher und Renate Zimmer (2017) hat sich mit ihnen befasst und ein Konzept zur Stärkung der professionellen Haltung entwickelt. Vorbilder, Lernreisen, Fachwissen, Biografiearbeit, vor- und nachbereitete Praxiserfahrungen, kollegiale Beratung, Ermutigung, Feedback, Selbstreflexion, Selbstreflexion, Selbstreflexion ... – die Ansatzmöglichkeiten sind zahlreich. Doch es gibt Widersprüche zu klären, die in der gelebten Praxis auftreten können:

Wie kann eine angehende Erzieherin zur Entwicklung einer professionellen Haltung angeregt werden, wenn ihre Lehrkräfte oder Anleiter:innen im Praktikum selbst keine klare

Vorstellung davon haben, was das genau ist, welchem «Ich-Ideal» sie folgen, und darüber hinaus keine Offenheit zeigen, sich ihrerseits auf einen persönlichen Entwicklungsweg zu begeben?

Wie z. B. kann sich ein Referendar aufmerksam und empathisch auf Lernende einlassen, sich fehlerfreundlich in seiner neuen Rolle erproben und Verantwortung für sich und seine eigentliche Aufgabe als Lehrer übernehmen, wenn er sich zugleich selbst (gegenüber der Schulleitung, der Mentorin und dem Studienseminar) in einer Schülerrolle wiederfindet, Angst vor Unterrichtsbesuchen und Feedback verspürt und versucht, es den jeweiligen Bewerter:innen recht zu machen, um eine möglichst gute Note zu bekommen?

Sollte die pädagogische Haltung einer Person im Rahmen eines Studiums bzw. einer pädagogischen Aus- und Weiterbildung bewertet werden? Und wenn ja – wie?

Bewertungen in Form von Noten sind nicht nur in allen staatlichen Aus- und Weiterbildungen gesetzlich vorgeschrieben, sondern auch in einem Studium – nach der Bologna-Reform sogar verstärkt. Wenn diese Noten die berufliche Eignung widerspiegeln sollen, gilt es, genau hinzuschauen, wie sie zustande kommen. Was genau wird bewertet? Welche Rolle spielt dabei die Haltung einer angehenden pädagogischen Fach- oder Lehrkraft? Welche Rolle spielt die Haltung der bewertenden Person?

Wenn die Haltung nicht stimmt, ist alles Fach- und Methodenwissen nur Fassade. Daher liegt es nahe, sie auch bei der Bewertung einer beruflichen Eignung zuvorderst zu berücksichtigen. Dazu gibt es verschiedene Ansatzpunkte:

Die Art und Weise, wie selbstkritisch, wohlwollend und begründet ein Mensch seine gelebte Praxis, seine Teamarbeitserfahrungen (zum Beispiel bei Gruppenarbeiten) und seinen eigenen Lernprozess reflektiert, gibt Aufschluss über seine Haltung.

Die Art und Weise, wie eine angehende pädagogische Fachkraft im Hier und Jetzt – das heißt im Klassen- oder Seminarraum – kommuniziert, mit anderen Menschen umgeht, sich in Konflikten verhält, Feedback gibt und annimmt, sich auf Neues einlässt, ihre persönlichen Grenzen schützt und Herausforderungen annimmt, zeigt eine gelebte Haltung, die vermutlich im zukünftigen Berufsleben ähnlich sein wird.

Darüber hinaus können übliche Leistungsnachweise wie Hausarbeiten oder Klausuren den Haltungsaspekt mitberücksichtigen, wenn sie das «Wie?» so wichtig nehmen wie das «Was?». (Wie analysiert eine Person Situationen und beschreibt Menschen? Wie geht sie mit Dilemmasituationen um? Kennzeichnet sie Hypothesen als solche oder neigt sie zu Urteilen und Bewertungen?)

Doch – lässt sich all das wirklich messen und in einer Notenziffer ausdrücken? Kann die Bewertung von Haltungsaspekten hinreichend objektiv sein? Drohen hier nicht Willkür und persönliche Sympathie zu dominieren? Wird mit der Haltung womöglich der Mensch als Persönlichkeit bewertet anstelle einer Leistung, die er erbringt? Lädt eine «Haltungsnote» gar dazu ein, sich zu verstellen, um sein Notenziel zu erreichen, anstatt sich aufrichtig zu entwickeln?

Es ist vertrackt, wie wir sehen. Noten haben es in sich. Sie suggerieren eine Objektivität, die sie oft nicht erfüllen können, und sind möglicherweise kontraproduktiv, wenn sie zur Messung einer beruflichen Eignung verwendet werden.

Wie kann Haltung bei der Personalauswahl erkannt werden?

Da es auf die Haltung letztlich ankommt, suchen Vorgesetzte und Teams sinnvollerweise nach Menschen, die eine möglichst professionelle Haltung mitbringen bzw. die zu der gelebten Einrichtungskultur passen. Wie können sie die Haltung einer Bewerberin möglichst treffsicher erfassen?

Hier betreten wir das umfassend beackerte Terrain von Personalentwicklern. Die hilfreiche Rolle, die sie in der Wirtschaft spielen können, findet allerdings, wenn es um Schule und soziale Einrichtungen geht, noch wenig Beachtung und Anwendung. Ein Blick über den Tellerrand könnte vielversprechend sein.

Wie kann einer (zu) hohen Belastung der pädagogischen Fach- und Lehrkräfte vorgebeugt werden, um ihre Professionalität zu schützen?

Wie wir wissen, schadet Stress der pädagogischen Haltung und kann gar die Anwendung körperlicher und psychischer Gewalt fördern. Eine drängende Frage ist daher, wie gerade zu Zeiten von Personalmangel die pädagogische Haltung der verbliebenen «Aktiven» geschützt werden kann.

Resilienzförderung ist ein Begriff, der in diesem Zusammenhang häufig fällt. Eine professionelle Haltung kann in gewissem Maße Stress vorbeugen. Doch auch hier stellen sich weitere Fragen: Auch wenn es sicherlich hilfreich und nützlich sein kann, Menschen bezüglich ihres persönlichen Umgangs mit Stressoren zu schulen, ihnen Entspannungstechniken zu vermitteln, ihre Ressourcen in den Blick zu nehmen, Unterstützungssysteme zu stärken u. v. m. – wird hier die Verantwortung für den Umgang mit der Arbeitsverdichtung allein den Mitarbeitenden selbst zugeschoben, anstatt vorrangig die Arbeitsbedingungen zu verbessern, die betroffenen Berufe attraktiver zu machen und die Qualität der pädagogischen Arbeit in den Vordergrund zu stellen. Einzelne Träger stellen sich dieser Verantwortung bereits aktiv – mit Erfolg.

Wie kann angemessen mit psychisch erkrankten (angehenden) pädagogischen Fach- und Lehrkräften umgegangen werden?
Viele Menschen – auch und gerade in sozialen Berufen – sind von psychischen Erkrankungen betroffen. Reduzierte Empathie, mangelnde Impulskontrolle, verzerrte Selbst- und Fremdwahrnehmung, ein vermehrtes Kreisen um sich selbst u. v. m. können die Folge sein. Gerade in der Aus- und Weiterbildung wirft dies Fragen auf. Einerseits steht die Person selbst mit ihren Bedürfnissen und Bedarfen im Mittelpunkt und braucht ggf. Unterstützung und Rücksicht. Andererseits geht es letztlich um die Kinder, Jugendlichen oder betreuten Erwachsenen, für die diese Person Verantwortung trägt und der diese in einem Abhängigkeitsverhältnis möglicherweise «ausgeliefert» sind.

Die Frage, ob und wie sich psychische Erkrankungen auf die pädagogische Haltung auswirken, muss differenziert beantwortet werden: Welche Auswirkungen hat genau *diese* Erkrankung bzw. Störung auf genau *diese* pädagogische Arbeit von genau *dieser* Person? Wie ist die Perspektive einer Genesung? Wie ist damit umzugehen, wenn eine Person keine Einsicht in ihre Situation zeigt und sich einer Therapie verweigert? Wann muss einer Person letztlich – zumindest zum jetzigen Zeitpunkt – die berufliche Eignung abgesprochen werden? Wie kann dies justiziabel geschehen?

Hier gibt es aus meiner Sicht noch einen umfassenden Forschungs- und Klärungsbedarf.

Wie können wir konstruktiv Haltungsfehlern begegnen?
Trotz aller Bemühungen können (auch mir) Haltungsfehler passieren. Vielleicht gelingt es mir mal nicht, die nötige Empathie oder Aufmerksamkeit aufzubringen, vielleicht ertappe ich mich bei abwertendem Verhalten oder fühle mich vorschnell persön-

lich angegriffen. Auch hier hilft Fehlerfreundlichkeit weiter, d. h. die Bereitschaft bzw. das Vermögen, den Fehler anzuschauen, unangenehme Gefühle auszuhalten, ohne sich selbst zu verteufeln, sich selbst zu beruhigen, Alternativen bzw. Wiedergutmachungen zu überlegen, aus dem Fehler zu lernen und die eigene Haltung zu verändern.

Manche Haltungsfehler allerdings wiegen besonders schwer. Wenn wir durch unser pädagogisches Handeln grundlegende Bedürfnisse von Menschen missachten, leidet nicht nur die pädagogische Beziehung, sondern wir verursachen auf diese Weise bei anderen Menschen möglicherweise Verletzungen und/oder Verzerrungen der Selbstwahrnehmung, die sie sehr lange beeinträchtigen und die sich auf weitere Menschen übertragen könnten.

Wann also hat Fehlerfreundlichkeit ihre Grenzen? Wie drastisch muss ein Haltungsfehler sein, damit eine Person als nicht mehr berufstauglich gelten kann? Oder geht es selbst hier um ihren Umgang damit, d. h. um die Bereitschaft, den Fehler als solchen anzuerkennen, daraus zu lernen und die eigene Haltung zu verändern?

Wie kann es gelingen, der Entwicklung von «Haltung» und «Kultur» in einer Institution die gebührende Aufmerksamkeit zu widmen und den nötigen Raum zu geben?

Wie kann eine Einrichtung sich darauf verständigen, was ihre «eigentliche Aufgabe» ist?

Was ermöglicht im beruflichen Alltag ein regelmäßiges «Innehalten», um sich darauf zu besinnen, worauf es allen Beteiligten bei der gemeinsamen Arbeit letztlich ankommt und um sich auf diesem Weg zu orientieren?

Wie kann gelingenden Beispielen professioneller Haltung mehr Aufmerksamkeit zuteilwerden, um aus ihnen zu lernen?

Wie können Maßnahmen zur Qualitätssicherung so gestaltet werden, dass alle Beteiligten ihren Sinn erkennen?

Was kann dazu führen, dass ein Leitbild, das sich eine Einrichtung gesetzt hat, tatsächlich gelebt wird?

Wie kann gemeinsam das bereits Gelingende betrachtet, gewürdigt und gefeiert werden?

Wenn sich eine Einrichtung der Beantwortung dieser Fragen mit Ernsthaftigkeit widmet, füllt sie die Aussage «Auf die Haltung kommt es an!» mit verheißungsvollem Inhalt.

Danksagung

Viele Menschen haben auf ihre jeweils eigene Weise zur Entstehung dieses Buches beigetragen:

Mein erster Dank gilt allen, die ich im Rahmen meiner Berufstätigkeit begleiten durfte bzw. noch immer darf. Ohne ihr Vertrauen und die Einblicke in ihren Berufsalltag wäre dieses Buch nicht entstanden. Einige haben mir ihre Erlaubnis gegeben, Ausschnitte aus ihrer gelebten Praxis als Beispiele zu verwenden. Dafür herzlichen Dank!

Ich danke meinen Kolleg:innen aller Hierarchiestufen für die vielfältige kollegiale Anregung und Unterstützung sowie für die Offenheit, den Mut und das Engagement, Schule weniger als Behörde, sondern als Lebens-, Erfahrungs- und Entwicklungsraum für Menschen zu begreifen und diesen Raum gemeinsam weiterzuentwickeln und zu gestalten.

Ein besonderer Dank geht an Prof. Dr. Friedemann Schulz von Thun für die nachhaltig wirkenden «Lehrjahre» (vor «100 Jahren»), die bei mir u. a. ein humanistisches Menschenbild und einen vielseitig einsetzbaren psychologischen Werkzeugkoffer hinterlassen haben. Er hat mich nicht nur ermutigt, dieses Buch zu schreiben, sondern auch die Türe zur Publikation geöffnet und kostbare Anregungen gegeben.

Jakob und Julie Altemüller, Donata Böcking, Ingeborg und Ulrich Halfmann, Tatjana Hof, Ingrid Kaiser, Ute Kümmel und Benno Schulz haben das Manuskript in Teilen oder in Gänze (mein Vater sogar mehrfach!) Korrektur gelesen. Auf jeweils eigene Weise und mit unterschiedlichen beruflichen Hintergründen und Schwerpunkten haben alle gemeinsam dazu beigetragen, dass es nun die Kriterien «praxisnah, inhaltlich schlüssig, sprachlich sauber, verständlich und präzise» annähernd erfüllen kann.

Ich hatte das Glück einer äußerst wertschätzenden und professionellen Betreuung des Manuskriptes bis hin zum fertigen Buch. Für das Lektorat, das mir viel Freude und einen anregenden schriftlichen Austausch beschert hat, danke ich herzlich Julia Vorrath vom Rowohlt Verlag.

Meinem Mann Benno danke ich besonders! Wer sonst hätte mit mir meine Gedanken und Ideen durchdiskutiert, alle Texte zuerst gelesen und Geduld gezeigt, wenn ich am Wochenende oder in den Ferien mal wieder stundenlang hinter dem Laptop verschwunden bin.

Literatur

Aldrup, K.; Klusmann, A.; Lüdtke, O.; Göllner, R. & Trautwein, U. (2018): Student misbehavior and teacher well-being: Testing the mediating role of the teacher-student relationship. Learning and Instruction. Vol. 58. S. 126–136.

Antonovsky, Aaron, und Franke, Alexa (1997, Hrsg.): Salutogenese. Zur Entmystifizierung der Gesundheit. Tübingen.

Bauer, Joachim (2005): Warum ich fühle, was du fühlst. Intuitive Kommunikation und das Geheimnis der Spiegelneurone. München.

Bauer, Joachim (2018): Selbststeuerung. Die Wiederentdeckung des freien Willens. München.

Bauer, Joachim (2019): Wie wir werden, wer wir sind. Die Entstehung des menschlichen Selbst durch Resonanz. München.

Berne, Eric (1970): Spiele der Erwachsenen. Psychologie der menschlichen Beziehungen. Reinbek.

Bieri, Peter (2015): Eine Art zu leben. Über die Vielfalt menschlicher Würde. Frankfurt am Main.

Boll, Astrid, & Remsperger-Kehl, Regina (2021): Verletzendes Verhalten in Kitas. Eine Explorationsstudie zu Formen, Umgangsweisen, Ursachen und Handlungserfordernissen aus der Perspektive der Fachkräfte. Leverkusen-Opladen.

Boos, M., Jonas, K., Backes, S., Büttner, N., Ehrenthal, J., Schütt, M., & Prasse, A. (2007): Göttinger Zivilcourage-Impulstraining. In: Jonas, K., Boos, M., Brandstätter, V. (Hrsg.): Zivilcourage trainieren. Theorie und Praxis. Göttingen, S. 205–262.

Bossemeyer, Constanze (2021): Praxisbuch Kommunikation für Adoptiv- und Pflegeeltern. Das Innere Team: Hilfen im Umgang mit traumatisierten Kindern. Göttingen.

Buber, Martin (2002): Das dialogische Prinzip. Gütersloh.

Buhren, Claus G. (2015, Hrsg.): Handbuch Feedback in der Schule. Weinheim und Basel.
Doose, Stefan (2020): «I want my dream!» Persönliche Zukunftsplanung. Neu-Ulm.
Dyck, Cathy van; Frese, Michael; Baer, Markus; Sonnentag, Sabine (2005): Organizational error management culture and its impact on performance: a two-study replication. In: Journal of Applied Psychology, 90, 6., S. 1228–1240 https://psycnet.apa.org/doiLanding?doi=10.1037%2F0021-9010.90.6.1228 [Zugriff: 28. 04. 2020].
Flosdorf, Peter (2009): Heilpädagogische Beziehungsgestaltung. Freiburg im Breisgau.
Gudjons, Herbert, Wagener-Gudjons, Birgit, & Pieper, Marianne (2008): Auf meinen Spuren. Übungen zur Biografiearbeit. Bad Heilbrunn.
Haas, Sybille (2012): Das Lernen feiern. Lerngeschichten aus Neuseeland. Weimar, Berlin.
Harms, Regina, & Schroeter, Kirsten (2000): Es kann auch schiefgehen! Perspektiven auf Scheitern in der Mediationspraxis. In: Spektrum der Mediation, Ausgabe 80, 2 / 2020, S. 24–28.
Hattie, John (2015): Lernen sichtbar machen. Baltmannsweiler.
Hawellek, Christian (2012): Entwicklungsperspektiven öffnen. Grundlagen beobachtungsgeleiteter Beratung nach der Marte-Meo-Methode. Göttingen.
Höffe, Otfried (2007): Lebenskunst und Moral oder: Macht Tugend glücklich? München.
Hüther, Gerald (2018): Würde. Was uns stark macht – als Einzelne und als Gesellschaft. München.
Jensen, Helle, und Juul, Jesper (2019): Vom Gehorsam zur Verantwortung. Wie Gleichwürdigkeit in der Schule gelingt. Weinheim.
Jonas, K., Boos, M., Brandstätter, V. (2007, Hrsg.): Zivilcourage trainieren. Theorie und Praxis. Göttingen.
Kabat-Zinn, Jon (2019): Gesund durch Meditation. Das große Buch der Selbstheilung mit MBSR. München.
Kaluza, Gert (2018): Stressbewältigung. Trainingsmanual zur psychologischen Gesundheitsförderung. 4. korrigierte Auflage, Berlin.

Kiyak, Mely: Haltung (2018). Ein Essay gegen das Lautsein. Berlin.

Kuhl, Julius (2008): Braucht das Innere Team ein Gehirn? In: Schulz von Thun, Friedemann, und Kumbier, Dagmar (Hrsg.): Impulse für Beratung und Therapie. Kommunikationspsychologische Miniaturen 1. Reinbek.

Kuhl, J.; Schwer, C., und Solzbacher, C. (2014): Professionelle Pädagogische Haltung: Persönlichkeitspsychologische Grundlagen. In: Schwer, Christina, und Solzbacher, Claudia (Hrsg.): Professionelle Pädagogische Haltung. Historische, theoretische und empirische Zugänge zu einem viel strapazierten Begriff. Bad Heilbrunn, S. 79–106.

Kuhl, J.; Schwer, C., und Solzbacher, C. (2014): Professionelle Pädagogische Haltung: Versuch einer Definition des Begriffs und ausgewählte Konsequenzen für die Haltung. In: Schwer, Christina, und Solzbacher, Claudia (Hrsg.): Professionelle Pädagogische Haltung. Historische, theoretische und empirische Zugänge zu einem viel strapazierten Begriff. Bad Heilbrunn, S. 107–120.

Kuhl, Julius, & Solzbacher, Claudia (2017): WERT: Wissen, Erleben, Reflexion, Transfer. Einführung in einen neuen Ansatz zur Persönlichkeitsbildung von pädagogischen Fach- und Lehrkräften. In: Kuhl, J.; Solzbacher, C., & Zimmer, R. (Hrsg.): WERT: Wissen, Erleben, Reflexion, Transfer. Ein Konzept zur Stärkung der professionellen Haltung von pädagogischen Fach- und Lehrkräften. Baltmannsweiler, S. 13–48.

Kumbier, Dagmar, & Bossemeyer, Constanze (2021): Zuversicht trotz Corona-Blues. Psychologisches Handwerkszeug für Pandemiegeschüttelte. Göttingen.

Kumbier, Dagmar (2013): Das Innere Team in der Psychotherapie. Methoden- und Praxisbuch. Stuttgart.

Kurbacher, F., & Wünscher, P. (Hrsg.; 2016): Was ist Haltung? Begriffsbestimmung, Positionen, Anschlüsse. Würzburg.

Kurbacher, Frauke Annegret (2016): Interpersonalität zwischen Autonomie und Fragilität. Grundzüge einer Philosophie der Haltung. In:

Kurbacher, F., & Wünscher, P. (Hrsg.): Was ist Haltung? Begriffsbestimmung, Positionen, Anschlüsse. Würzburg, S. 145–162.
Largo, Remo (2018): Das passende Leben. Was unsere Individualität ausmacht und wie wir sie leben können. Frankfurt.
Latané, Bibb, & Darley, John M. (1970): The Unresponsive Bystander: Why Doesn't He Help? Century Psychology Series. New York: Appleton-Century Crofts.
Marx, Stefanie (2000): Lieber auf Nummer sicher! Der Effekt einer negativen Fehlerkultur auf Entscheidungen in Organisationen. In: Spektrum der Mediation, Ausgabe 80, 2/2000, S. 53–55.
Nentwig-Gesemann, Iris; Fröhlich-Gildhoff, Klaus; Harms, Henriette, & Richter, Sandra (2012): Professionelle Haltung – Identität der Fachkraft für die Arbeit mit Kindern in den ersten drei Lebensjahren. Weiterbildungsinitiative Frühpädagogische Fachkräfte. WiFF Expertise, Band 24. München.
Omer, Haim, und von Schlippe, Arist (2016): Autorität durch Beziehung. Die Praxis des gewaltlosen Widerstands in der Erziehung. Göttingen.
Oser, Fritz, und Spychiger, Maria (2005): Lernen ist schmerzhaft. Zur Theorie des negativen Wissens und zur Praxis der Fehlerkultur. Weinheim und Basel.
Pörksen, Bernhard, und Schulz von Thun, Friedemann (2014): Kommunikation als Lebenskunst. Philosophie und Praxis des Miteinander-Redens. Heidelberg.
Politycki, Matthias, und Sommer, Andreas Urs (2019): Haltung finden. Weshalb wir sie brauchen und trotzdem nie haben werden. Berlin.
Redlich, Alexander (2000): Ressourcenorientierung? Bloß ein weiteres Konzept oder mehr? In: Vogt, K., Venezia, B., Torres Mendes, C., und Redlich, A.: Die Erkundung von Kraftquellen im Leben der Menschen. Drei Ressourcen für die psychosoziale Arbeit und Beratung. Hamburg, S. 4–12.
Robert Bosch Stiftung GmbH (Hrsg., 2021): Der Deutsche Schulpreis. Jetzt lernen, was morgen Schule macht. 2021 Spezial. Stuttgart.
Roick, Matthias (2016): Aristotelismus, Humanismus und die Kritik

am Habitus. Anmerkungen zu einer Geschichte der Haltung in der frühen Neuzeit. In: Kurbacher, F., & Wünscher, P. (Hrsg.): Was ist Haltung? Begriffsbestimmung, Positionen, Anschlüsse. Würzburg, S. 25–40.

Rosenberg, Marshall (2016): Gewaltfreie Kommunikation. Eine Sprache des Lebens. Paderborn.

Schache, Stefan, & Künne, Thomas (2017): WERTvoll: Vier (Um-)Wege zur Selbstkompetenz. In: Kuhl, J.; Solzbacher, C., & Zimmer, R. (Hrsg.): WERT: Wissen, Erleben, Reflexion, Transfer. Ein Konzept zur Stärkung der professionellen Haltung von pädagogischen Fach- und Lehrkräften. Baltmannsweiler, S. 73–99.

Scharmer, C. Otto, und Käufer, Katrin (2008): Führung vor der leeren Leinwand. OrganisationsEntwicklung Nr. 2.

Scharmer, C. Otto (2009): Theorie U: Von der entstehenden Zukunft her führen. Heidelberg.

Schulz von Thun, Friedemann (1981): Miteinander Reden 1. Störungen und Klärungen. Allgemeine Psychologie der Kommunikation. Reinbek.

Schulz von Thun, Friedemann (1989): Miteinander Reden 2. Stile, Werte und Persönlichkeitsentwicklung. Reinbek.

Schulz von Thun, Friedemann (1998): Miteinander Reden 3. Das «Innere Team» und situationsgerechte Kommunikation. Reinbek.

Schulz von Thun, Friedemann (2007): Miteinander Reden 4. Fragen und Antworten. Reinbek.

Schulz von Thun, Friedemann, und Roswitha Stratmann (2004): Zur Psychologie der Zivilcourage. Ein TZI-Lehrversuch. In: Schulz von Thun, Friedemann: Klarkommen mit sich selbst und anderen: Kommunikation und soziale Selbstkompetenz. Reden, Aufsätze, Dialoge. Reinbek, S. 176–204.

Schwartz, Richard (1997): Systemische Therapie mit der Inneren Familie. 4. Auflage 2003. Stuttgart.

Schwer, Christina, und Solzbacher, Claudia (2014, Hrsg.): Professionelle Pädagogische Haltung. Historische, theoretische und empirische Zugänge zu einem viel strapazierten Begriff. Bad Heilbrunn.

Singer, Tania (2020), im Interview mit Hinrichsen, Lisa, und Valldorf, Jörn: Lässt sich Empathie lernen? In: Berufsverband Mediation e. V.: Spektrum der Mediation. Ausgabe 79, S. 24–27.

Slaby, Jan (2016): Kritik der Resilienz. In: Kurbacher, F., & Wünscher, P. (Hrsg.): Was ist Haltung. Begriffsbestimmung, Positionen, Anschlüsse. Würzburg, S. 275–298.

Stavrova, Olga, Ehlebracht, Daniel, & Vohs, Kathleen D. (2020): Victims, perpetrators, or both? The vicious cycle of disrespect and cynical beliefs about human nature. Journal of Experimental Psychology: General, https://doi.org/10.1037/xge0000738 [Zugriff: 06. 04. 2021].

Sze, Jocelyn, und Kemeny, Margaret (2013): Die Kunst der emotionalen Balance. In: Singer, Tania, und Bolz, Matthias (Hrsg.): Mitgefühl in Alltag und Forschung. München, S. 339–350.

Tietze, Kim-Oliver (2003): Kollegiale Beratung. Problemlösungen gemeinsam entwickeln. Reinbek.

Watzlawick, Paul; Beavin, Janet H.; Jackson, Don D. (2000): Menschliche Kommunikation. Formen, Störungen, Paradoxien. Bern.

Watzlawick, Paul (2009): Anleitung zum Unglücklichsein. München.

Weber-Guskar, Eva (2016): Haltung als Selbstverhältnis. Am Beispiel der Würde. In: Kurbacher, F., & Wünscher, P. (Hrsg.): Was ist Haltung? Begriffsbestimmung, Positionen, Anschlüsse. Würzburg, S. 181–195.

Yalom, Irvin D. (2006): Denn alles ist vergänglich. München.

Zierer, Klaus (2021): Unheilsbringer. Süddeutsche Zeitung am 08. 01. 2021.

Zoller, Karin (2016): Schwierige Menschen. So gehen Sie souverän mit ihnen um. Reinbek.